台湾国学丛书

刘东 主编

荀子与古代哲学

韦政通 —— 著

九州出版社
JIUZHOUPRESS
全国百佳图书出版单位

图书在版编目（CIP）数据

荀子与古代哲学 / 韦政通著. -- 北京 ：九州出版
社，2022.1
　（台湾国学丛书 / 刘东主编）
　ISBN 978-7-5225-0701-9

　Ⅰ．①荀… Ⅱ．①韦… Ⅲ．①荀况（前313-前238）
－哲学思想－研究 Ⅳ．①B222.65

　中国版本图书馆CIP数据核字（2021）第241503号

著作权合同登记号：图字01-2021-5849

荀子与古代哲学

作　　者	韦政通　著	
责任编辑	黄瑞丽	
出版发行	九州出版社	
地　　址	北京市西城区阜外大街甲 35 号（100037）	
发行电话	(010)68992190/3/5/6	
网　　址	www.jiuzhoupress.com	
印　　刷	三河市兴博印务有限公司	
开　　本	710 毫米 ×1000 毫米　16 开	
印　　张	17	
字　　数	190 千字	
版　　次	2022 年 4 月第 1 版	
印　　次	2022 年 4 月第 1 次印刷	
书　　号	ISBN 978-7-5225-0701-9	
定　　价	68.00 元	

《台湾国学丛书》总序

在我看来，不管多变的时局到底怎么演变，以及两岸历史的舞台场景如何转换，都不会妨碍海峡对岸的国学研究，总要构成中国的"传统学术文化"的有机组成部分。

事实上，无论是就其时间上的起源而言，还是就其空间上的分布而言，这个幅员如此辽阔的文明，都既曾呈现出"满天星斗"似的散落，也曾表现出"多元一体"式的聚集，这既表征着发展步调与观念传播上的落差，也表征着从地理到政治、从风俗到方言上的区隔。也正因为这样，越是到了晚近这段时间，无论从国际还是国内学界来看，也都越发重视起儒学乃至国学的地域性问题。

可无论如何，既然"国学"正如我给出的定义那样，乃属于中国"传统学术文化"的总称，那么在这样的总称之下，任何地域性的儒学流派乃至国学分支，毕竟都并非只属于某种"地方性文化"。也就是说，一旦换从另一方面来看，尤其是，换从全球性的宏观对比来看，那么，无论是何种地域的国学流派，都显然在共享着同一批来自先秦的典籍，乃至负载着这些典籍的同一书写系统，以及隐含在这些典籍中的同一价值系统。

1

更不要说，受这种价值系统的点化与浸润，无论你来到哪个特殊的地域，都不难从更深层的意义上发现，那里在共享着同一个"生活世界"。甚至可以这么说，这些林林总总、五光十色的地域文化，反而提供了非常难得的生活实验室，来落实那种价值的各种可能性。正因为这样，无论来到中华世界的哪一方水土，也无论是从它的田间还是市井，你都可能发出"似曾相识"的感慨。——这种感慨，当然也能概括我对台北街市的感受，正因为那表现形态是独具特色的，它对我本人才显得有点"出乎意料"，可说到底它毕竟还是中国式的，于是在细思之下又仍不出"情理之中"。

在这个意义上，当然所有的"多样性"都是可贵的。而进一步说，至少在我这个嗜书如命的人看来，台湾那边的国学研究就尤其可贵，尤其是从1949年到1978年间，由那些桴海迁移的前辈们所做出的研究。无可讳言，那正是大陆越来越走向紧张与禁闭，终至去全方位地"破除四旧"的岁月，所以在那种命悬一线的危殆情况下，若不是中国总还保留了那么个角落，仍然活跃着对于文化传统的学术研究，那么，我们曾经长期引以为自豪的、据说在历史中从未中断过的学脉，可能就要面对另一番难以想象的场景了。

正是因此，我才更加感佩那些前辈的薪火相传。虽说余生也晚，无缘向其中的大多数人当面请益，然而我从他们留下的那些书页中，还是不仅能读出他们潜在的情思，更油然感受到自己肩上的责任，正如自己曾就此动情而写的："这些前辈终究会表现为'最后的玫瑰'么？他们当年的学术努力，终究会被斩断为无本之木么？——读着这些几乎是'一生磨一剑'的学术成果，虽然余生也晚，而跟这些前辈学人缘悭一面，仍然情不自禁地怀想到，他们当年这般花果飘零，虽然这般奋笔疾书，以图思绪能有所寄托，但在其内心世界里，还是有说不出的凄苦犹疑。"

终于，趁着大陆这边的国学振兴，我们可以更成规模地引进那些老先生的相关著作了。由此便不在话下，这种更加系统的、按部就班的引进，首先就出于一种亲切的"传承意识"。实际上，即使我们现在所获得的进展，乃至由此而催生出的国学高涨，也并非没有台湾国学的影响在。早在改革开放、边门乍开的初期，那些从海峡对岸得到的繁体著作，就跟从大洋彼岸得到的英文著作一样，都使得我们从中获得过兴奋的"解放感"。正因此，如果任何一种学术史的内在线索，都必然表现为承前启后的"接着讲"，那么也完全可以说，我们也正是在接着台湾国学的线索来讲的。

与此同时，现在借着这种集成式的编辑，而对于台湾国学的总体回顾，当然也包含了另一种活跃的"对话意识"。学术研究，作为一种有机增长的话语，其生命力从来都在于不断的创新，而如此不断创新的内生动力，又从来都来自"后生"向着"前贤"的反复切磋。也是唯其如此，这些如今静躺在台湾图书馆中的著作——它们眼下基本上已不再被对岸再版了——才不会只表现为某种历史的遗迹，而得以加入到整个国学复兴的"大合唱"中；此外，同样不在话下的是，我们还希望这次集中的重印，又不失为一种相应的和及时的提醒，那就是在这种"多元一体"的"大合唱"中，仍需仔细聆听来自宝岛的那个特殊声部。

最后要说的是，在一方面，我们既已不再相信任何形式的"历史目的论"，那么自然也就可以理解，今后的进程也总会开放向任何"偶然性"，无法再去想象黑格尔式的、必然的螺旋上升；可在另一方面，又正如我在新近完成的著作中所讲的："尽管我们的确属于'有限的、会死亡的、偶然存在的'人类，他们也的确属于'有限的、会死亡的、偶然存在的'人类，可话说回来，构成了彼此'主观间性'的那种'人心所向'，却并不是同样有限和偶然的，相反倒是递相授受、薪火相传、永世长存的，由此也便显出了不可抹煞的'必然性'。"在这个意义上，我们就总还有理由去畅想：由作为中国"传统学术文化"总称的国学——当然也包括台湾国学——所造成的"人心所向"和"主观间性"，也总还不失为一种历史的推动力量吧？

刘东

2020 年 6 月 24 日于浙江大学中西书院

出版说明

　　韦政通先生是台湾地区早期"治荀三大家"之一,《荀子与古代哲学》为其荀子研究的代表作。是书一九六六年由台湾商务印书馆初版后,备受读者推崇,常销不衰。然惜于种种原因,简体中文本迟迟未能与大陆读者见面。现将其收入《台湾国学丛书》,以飨广大读者。

　　丛书所用底本,系台湾商务印书馆一九九七年新人人文库本(以下简称"商务本")。本书之编辑,主要做了以下三方面的工作。一是商务本所涉文章著作,或标以双引号,或未作任何标注,今兹统标以书名号;其他标点符号,大体依从商务本,亦偶作调整。二是商务本中的个别语汇,如"包涵""涵义""傅会""惟""藉"等,今分别改为"包含""含义""附会""唯""借"等,以合乎通行之规范。三是商务本所征引之前人、时贤文字,与原书存有颇多差异。其中,个别文字的脱讹衍倒,今多予以修正;而其简略之处,文义畅明,或有作者之主意存焉,故一仍其旧。除极个别情况外,编辑所作改动均不出编者注;所出之编者注,亦仍商务本之体例,为随文注。

　　学力所限,编辑中的错漏在所难免,唯求教于方家。

序

这是一本专研究荀子思想的书，我愿意把它写作的方式和内容处理的方法特点向读者介绍一下。

研究古代哲人的思想，最难得的是有一个比较客观的心境，有了客观的心境，才能接触古哲人思想的真相，在从事文字的传达时，才能做到客观的叙述。当读者阅读一本研究性的专著时，最重要的要求，是希望对所研究者的思想，有一如实且具系统的了解，所以"做到客观的叙述"，实为这类著作的首要条件。

但据我读书的经验，一本研究性的专著，如只是做到客观的叙述（其实这一点也很不容易做到），还是不能满足读者的。一部比较能使读者满意的书，必是既能对所研究者的思想有一客观的理解，又能看到研究者的心得和判断的。一本不具备客观理解的书，只能使读者吸收偏见；一份没有心得和判断的研究报告，不能启发读者对同类的问题作进一步的思考。基于这种原因，本书写作的方式，是"叙述"与"判断"并重的。叙述的部分，我无异是把荀子的思想系统做了一次重建的工作；判断的部分，我不仅一再断定了他在思想史上的地位，且对每一点的重要观念的是非得失，都不放过对它的评价。经由前者，可以使读者对荀子复杂的思想线索、理论架构，有一极明晰的把握；经由后者，可以使读者对荀子各部分的思想价值，有一确定的认识。

再说本书内容处理的方法特点。

第一，本书诠释荀子各部分的思想，是以荀子的整个系统做底子的，所以每一部分的思想，都作过通盘的思索，遇有彼此思想不一致时，就本于"全体决定部分"的原则处理，绝不断章取义，更不敢随一己的私见去曲解古人。这个理想，在本书里究竟做到几分，我不敢说，但所采用的方法，自信是十分正确的。

第二，本书对荀子的思想，不仅是套在周公、孔子、孟子的思想传统中去了解，且是以先秦诸子做背景去了解的。荀子所处的时代，使他成为先秦儒家的一个承先启后的人物，同时也使他成为一个诸子的评论者。因此，不可避免地，荀子和先秦各家，都发生了或远或近的关系。所以孤立地就荀子来了解荀子，虽不是不可能，但绝不是理想的方法，尤其不能给荀子一个适当的评价。

本书共分七章，除第六章曾刊登于《现代学苑》第八期外，其余全未发表过。第一章和第二章为荀子思想系统的核心部分，这都是属于他最基层的理论，也可以说是荀子思想的总论。第三、第四、第五各章是三篇分论，代表荀子思想表现（或推衍）的几个面相。第六章是对荀子与法家（以韩非为主）的关系提出了一个新的解释。第七章对一个初学的读者，是可以当做一篇先秦哲学导论去读的。

本书的研究，虽曾经过一段相当长的时间，但对它的问世，我并不抱奢望。对一个中国古代哲学的研究者，尤其是一个荀子的研究者，它如能变作更上一层楼时的一块垫脚石，于愿已足。

目　次

第一章　荀子"礼义之统"系统的解析

一　隆礼的历史线索

荀子之学，以礼为宗；隆礼，则不能无所承。就先秦儒家所担负的时代使命言，孔、孟、荀实可以说有一共同的理想，此理想即欲以周文为型范而重建一新秩序。先秦的二三百年中，是儒家人文思想自觉的形成时期，此人文思想所以能自觉形成，从历史因缘看，即是由周文之敝的反省而悟入。先秦儒家人文思想的形成与发展，自始至终，未尝离开历史文化意义之礼制典宪。代表儒家人文思想的基本观念——仁，是由孔子对周文（礼制典宪）作反身的解析而悟得。仁即人之所以为人之本，是生命的真几，人只有先恢复其生命的真几，而后能承受礼制法度。故苏醒生命的真几，是创造新秩序所以可能的唯一根据。孔子之仁是由周文之反省而悟得，反省悟得之仁，即正所以成就周文，使周文就现实世界的效用，获得一道德理性的基础；亦即使个体的生命与客观的法度之间，提供了贯通谐和之依据。由文之敝因而反思及人，由人之仁进而成就文，这一主客体之间的往复，奠定了儒家人文思想的基本规格。孔、孟、荀

1

的人文思想，分别地看，尽管各有其意义与内容，但这一切思想总不外是就主客体之间（即人与文之间）之贯通谐和如何可能之问题之探讨而汇成；在此探讨之过程中，有一共同的历史线索，即周文：孔子对周文通过自觉的反省，而善言礼之价值与意义；孟子就孔子所言者更进一步转到人之心性上来，专就礼之根源处立论；荀子则直契周公制礼与孔子从周之义，特侧重礼之客观效用，复就礼制典宪而言礼之统类。

《文心雕龙》论《仪礼》云："《礼》以立体，据事制范。"周公制礼之主要意义，即据事而确立型范；此型范亦即就现实之运用而兴发之广义的政治形式。就历史文化意义言，此型范之确立，使周之所以为周，而有进于夏商；同时亦成了儒家人文思想建立的一条主要历史线索。用新术语说，周公所制之礼，乃孔子创立仁学的必要条件。要了解儒家人文思想之所以形成，必须周孔并观而并重。周、孔虽同是创造中国文化的大圣人，然其创造的意义实又不同。《前汉书·礼乐志》："知礼乐之情者能作，识礼乐之文者能述。作者之谓圣，述者之谓明。"此说若是，只周公创造之义显，得称之谓圣；至于孔子，不仅其创造义不显，亦且不得称圣。后世经生与考据家，因泥于孔子"述而不作"之自述，遂视孔子只能"识礼乐之文"，或祖述六经者，全不问儒家人文思想所以确立之故。周公虽是知"礼乐之情"而创制垂统，然其创造毕竟是顺现实的需要与实事的运用而兴发，他的人文精神是直接表现在具体文化具体生活之中，主客体（人与文）之间，尚未显对反之分裂，只停在原始的谐和中；吾人即就"原始谐和"与"顺事兴发"两义，而说其人文精神仍停留在不自觉的自然状态；在不自觉的自然状态中，可以说有人文精神，但不可说已有人文思想。孔子人文思想的建立，不是顺事兴发，促成之机缘正是在"原始谐和"由于生命的僵化，已显分裂，礼文与个体之生命，已明显地形成主客对立之两极之不相容（此即周文罢敝、礼坏乐崩之切义），此种原始谐和之破裂，乃促使孔子之自省，这反省的意义是自觉地要寻求主客体之间再度谐和可能之基础。在此自觉反省之寻求中，遂有了真正的人文思想。儒家的观念方向，亦在此反省寻求中始得确定。讲中国人文哲学，孔子是一个起点，这代表真正大圣人的创造。周公制礼，质实言之，只可说是大政治家的创造；《汉书》与经生之见，实代表着一种误解。

《论语》中提到"礼"的，据《东塾读书记》，有四十余章，主要是就敬、让、约、节、俭、和、质、文等观念为说，与周公制礼主要在政治形式者有异。因孔子人文思想的始点，是切入周文作反身的解析，故重"人"多过于"文"；上列说礼诸观念，均是表征人之德性的，故《论语》所言之礼，是较偏于人生活方面说的。依孔子，求得生活上的合理，是其他一切事务合理的基础。所以孔子的人文思想，是先通过周文向里收，确立内圣之本，这一内转的方向，适为孟子所承继。人的生活究如何才能合理？孔子只是就具体的生活上指点，至孟子则提供了一理论基础；易言之，孔子朝内圣转的人文思想，到孟子可说有了初步的完成，此即孟子的心性论。不过前文曾说过，孔子由周文悟得的仁，不仅是要成就生活的合理，且是要为个体的生命与客观的法度之间，提供一贯通谐和之基础，这是孔子自觉地建立人文思想的初衷（这在《论语》里是可以找到根据的，见下文）。要完成孔子的初衷，向内转的一面固甚重要，但不能止于此，若止于此，就不免内偏一面；孟子之发展，就正代表这一偏向。这一偏向只承袭了孔子建立人文思想意义的一半。在隋唐以前，周孔并称，孔子的初衷在隐约中似乎尚未全泯没；唐宋以后，转以孔孟并尊，孟子被尊为亚圣，俨然成为儒家学术唯一正统的继承者。以后，宋明理学，大体趋向孟子一路（从义理上看，程［伊川］朱并不能真切近孟子路数，此问题在此不必涉及）。几乎没有人再自觉到孔子创造人文思想的初衷，这实是中国文化发展中的极大不幸。宋以后，儒者的客观意识客观精神均弱，对政治上的许多问题，或不予重视，或束手无策，就显示这不幸的后果。荀子在当时，菲薄孟子虽多不是，但他是自觉地要纠正孟子之偏向的，他不再继孟子向内转，而要向外开，朝外王方向转；向外转，故特重具有客观意义客观精神的"礼义之统"，礼义之统是由历史累积而成的，是儒家客观理想之所本，亦正是孔子最初所急切要成就的。孔子说："郁郁乎文哉，吾从周。""文王既没，文不在兹乎？""天之未丧斯文也，匡人其如予何？"皆足以说明孔子对此理想的坚定态度。孟子因是内转，故对此客观理想实未能予以积极的正视；而积极肯定此理想，并全心全力以赴的，是荀子。故荀子隆礼义、推礼义之统的精神，实是孔子人文思想必有而应有的一步发展。孟荀内转、外转的两步发展综合起来，才足以完成先秦儒家所担负的重建新秩序的时代使命。复次，荀子外转，是一客观意识，是代表客观精神的表现，此中之问题，亦必以"经国定分"的政治问题为主，故荀子的礼义之统的系统，是侧重政治范畴解决外王问题的，对礼在生活修养这方面的效用，远不及对社会政治方面的效用来得注重。荀子对孔子就周文而作自身之解析一义未能相契，不相契，故不解孟子言心性之真义；他直从礼宪着眼，反遥契于周公"据事制范"之直接形态。故荀子隆礼的历史线索，说其承继孔子以斯文为己任之客观理想固可，说其直承周公制礼的精神亦无不可。在荀子的心目中，周公孔子，并无本质上的差别，《儒效篇》中即以周孔同视为大儒，且同由外王之效用上，规定其人格价值。

二 隆礼义而杀诗书

荀子既向外转，故重客观性。他的正面主张"隆礼义而杀诗书""法后王""知统类"，以及重"治辨""分义"，都是为了极成其客观理想而展开的。礼义代表客观之理想，故隆礼义。诗书之义，由主体发，孟子重主体，亦善言诗书。荀子不重主体，故"隆礼义而杀诗书"。隆是推尊，杀是贬抑。就理论上说，荀子的系统，就是以这句话所表示的意义做起点向前推演的。这句话正标示出荀学所要走的方向，这方向是重客观性的。知礼义之统类，是荀子正面主张的究竟义，从"隆礼义"到"知统类"仍有一距离。《儒效篇》中，荀子以能"隆礼义而杀诗书"者为雅儒，而以能"知通统类"者为大儒，即暗示此一距离。所以隆礼义还只是建立"礼义之统"一系列思想的一个始点。他用诗书与之对言，是欲借贬抑一种相反的精神，以显示出其所推尊者之特性，客观性。隆礼义是绝对的隆，礼义之统是他系统中独一的标准；因此我们说他的系统是"绝对性的礼义一元论"。故隆礼义不仅贬抑诗书，凡是不合礼义之统之精神的，皆在贬抑之列。《非十二子篇》就是用这样的独一标准去褒贬进退先秦诸家思想的。

荀子"隆礼义"，"推礼义之统"，为何将"义"与"礼"连言？有人说"礼依义而成，故荀子乃说礼义之统"（见劳思光《牟著〈荀学大略〉读后感》一文）。此说是根据《论语》"君子义以为质，礼以行之"来的，这是把义说成礼的依据。其实荀子说礼义之统，是要就"礼"与"义"而言其统，并不包含礼之依据的问题。又有人说"因礼之见于外为礼义，后复写为礼仪——古义、仪俱从我声"

（见罗倬汉《礼与社会伦纪》一文）。则"义"和"仪"通，"礼义"即"礼仪"。还有人说"有着同样功能的，当然不一定是异名同实，亦可能是异名异实，自不得因此遽予论定谓礼即是义。但礼与义既有着同样的功用，则在功用的观点上，无庸为之细加分别"（见陈大齐《荀子学说》第九章）。说这话的态度是很审慎的，但仍未说出"礼义"何以必连称之故。第一说显然不合荀子义。依第二说，在文字学上"义""仪"虽通，但"仪"是指繁文缛节，繁即不免于杂，而荀子是要即义而彰其统，义是统之义，统与繁杂不相容，故亦不合。陈大齐说"礼与义有着同样的功用"，这话是对的。在荀书中，许多提到"义"字的地方，都可以"礼"代进去，而意义完全一样。

> 以国齐义。（《王霸篇》）

> 义立而王。（同上）

> 义及国而政明。（《致士篇》）

> 临事接民而以义变应，宽裕而多容，恭敬以先之，政之始也。（同上）

> 义者，所以限禁人之为恶与奸者也。（《强国篇》）

> 义者，内节于人而外节于万物者也。（同上）

> 天下之要，义为本。（同上）

凡言"义"者，莫非"礼"义，《大略篇》即径说"义，礼也，故行"。此等例于荀书中不胜枚举。然如说礼即是义，荀子为何不干脆说"隆礼而杀诗书"？说"推礼之统"？尽管礼与义在功用上相同，而荀子以义与礼连称，总当另有其道理。我认为，荀子"礼义"连称，是欲以义来规定礼、限定礼的。荀书凡言义者，多属客观义，与孔孟就理性之当然表现处言义者异。荀子即以客观义之"义"，规定其所隆之"礼"。盖礼在孔孟，主要是在修身上说的；荀子虽亦具备这一面，如说"礼及身而行修"（《致士篇》），但当言"礼义之统"时，则礼纯是代表客观性的。荀子因不满孟子之内转，而要自觉向外转，自觉地要表现客观精神，重客观性，故以具有客观功能之"义"来规定"礼"，同时亦即欲以"礼"来完成"义"的表现，然后就"礼义"而言其统类，使"礼"与"义"这两个概念连称的意义，与孔孟以"仁义"连言的意义，有了显明的区分，这区分，使荀子人文思想的特色凸显出来。复次，荀子言"以义制事"（《君子篇》），则"义"为客观型范义尤显。荀子有时又将"义""法"相连为词，"之所以为布陈于国家刑法者，则举义法也"（《王霸篇》）。有时又将"礼""宪"相连成词，"不道礼宪，以诗书为之，犹以指测河也"（《劝学篇》）。"宪"与"法"相通，则言"礼义"即通于"礼宪"，说"礼义之统"为"礼宪之统"亦无不可。

　　"礼义"之意义弄清楚，则其所以贬抑诗书的原因，就不难有进一步的了解。隆礼义的主要目的，是在"经国定分"（《非十二子篇》），"明分使群"（《富国篇》）。亦即是说，礼义是要尽治道之责的。要尽治道之责，必先识礼义之统类之理；即礼义而识其理，然后能"其有法者以法行，其无法者以类举"（《王制篇》）；然后于"法教之所不及，闻见之所未至"（《儒效篇》）时，则"举统类而应之"。故荀子言治道以"知统类"为本。统者不杂，类者有理，言统类必尚条理，尊秩序。"总方略，齐言行，壹统类"（《非十二子篇》），就是在这样精神下说的。而"诗书故而不切"（《劝学篇》），"故"言其非粲然明备，"不切"言不切近人事。不切近人事，故无用；非粲然明备，故不可言统。诗书虽能兴发人，但无条理，无秩序；无条理，无秩序，即不足以为"道贯"，而"不知贯不知应变"（《天论篇》）。故依荀子，止于诗书之杂，是不足以言治道的。止于诗书之杂者，荀子斥之为"陋儒""散儒"："上不能好其人，下不能隆礼，安特将学杂识志，顺诗书而已耳，则末世穷年，不免为陋儒而已。""故隆礼，虽未明，法士也；不隆礼，虽察辩，散儒也。"（俱见《劝学篇》）止于诗书之杂，不足以言治道；荀子"隆礼义"，则主要是为了成就治道。如《儒效篇》："儒者法先王，隆礼义……人主用之，则势在本朝而宜。"又："法后王，一制度，隆礼义而杀诗书，其言行已有大法矣……是雅儒也。"又《王霸篇》："儒者为之不然，必将曲辨。朝廷必将隆礼义而审贵贱，若是，则士大夫莫不敬节死制者矣。"又《议兵篇》："隆礼贵义者其国治，简礼贱义者其国乱。"又《强国篇》："隆礼尊贤而王。"又《不苟篇》："推礼义之统，分是非之分，总天下之要，治海内之众，若使一人。"此足证明荀子凡是说到礼义的地方，莫不与治道相连，亦莫不是为了成就治道。诗书故而杂，则不足以担负此，故遭贬抑。

荀子所以"隆礼义而杀诗书"另一面的理由，则尚可由荀子之气质及其心灵形态求之。荀子是一诚朴笃实之人，而其心灵又表现为智的形态。诚朴笃实之人，每缺乏超旷之悟，亦不能洞识具体之精微。智之心灵，故重客观性之条理、秩序。牟宗三先生《荀学大略》云："诚朴笃实之人常用智而重理，喜秩序，爱稳定，厚重少文，刚强而义，而悱恻之感、超脱之悟则不足，其隆礼义而杀诗书，有以也夫。而孟子正相反。孟子善诗书，诗言情，书纪事，皆具体者也。就诗书之为诗书自身言,自不如礼义之整齐而有统,崇高庄严而为道之极。然诗可以兴,书可以鉴,止于诗书之具体而不能有所悟,则凡人也。"此即从荀子之气质和心灵形态而言其"隆礼义而杀诗书"之故者。同时亦说明杀诗书实表现荀子之不足。但今亦可就其不足处,反证荀子对其所隆礼义之强度与坚执,由此强度与坚执,扩及全系统,遂成其为礼义一元论。

三 法后王

"隆礼义而杀诗书",足以显示荀子之观念方向与基本精神。但隆礼义在荀子不纯是智之解析之事,目的乃是在成就治道;欲成就治道,便不能徒托空言,在历史文化上必有所本,于是而有"法后王"之说。法后王,一面是在点出礼义的历史根据,一面又是为言统类作准备的。统与类,亦不纯是理智解析的构造品,而是即"后王"而阐发其意义者。

荀子所以法后王,可以由与"法先王"之对举中,寻得其理由;亦可于其对法后王本身意义的阐释中寻得其理由。与"法先王"对举者,如(1)"略法先王而足乱世术,缪学杂举,不知法后王而一制度……呼先王以欺愚者,而求衣食焉……是俗儒者也。法后王,一制度……是雅儒者也"(《儒效篇》)。照此条所举之理由看,荀子所以主张法后王,是因当时有一些俗儒只是叫着先王的名号,在愚者面前逞能,借以骗取衣食。这种行为在荀子看来是"足乱世术"的。很明显,这尚不足说明法后王之充分理由。因"欺愚者而求衣食"和"足乱世术"的俗儒,只表示法先王的一种流弊,法先王而又不乱世术并非不可能。"法先王"与"足乱世术"之间,在理论上并无任何必然之关联。故荀子于此所非者，只是法先王之流弊，不是法先王之本身。故（2）"略法先王而不知其统……是则子思、孟轲之罪也"（《非十二子篇》）。根据这一条所列的理由，其非子思、孟子不在法先王，尤其显明。荀子从不以法先王本身为非，如《劝学篇》："不闻先王之遗言，不知学问之大也。"又《非十二子篇》："劳知而不律先王，谓之奸心。"又《礼论篇》："先王之道，忠臣孝子之极也。"又《非相篇》："凡言不合先王，不顺礼义，谓之奸言。"荀子虽不以法先王本身为非，不过有一点须加注意的，即荀子不以为非之先王，实是因其与后王意义颇相近。所以他认为达成法先王之途径，是以礼为其经纬蹊径的。"原先王，本仁义，则礼正其经纬蹊径也。"（《劝学篇》）此即谓探索先王仁义之本原，其途径不能不由礼。《君道篇》亦云："古者先王审礼，以方皇周浃于天下，动无不当也。"又《富国篇》："先王明礼义以一之。"又《礼论篇》："先王案为之立文，尊尊亲亲之义至矣。"然则荀子所不以为非之先王，乃在其"审礼""明礼义""立文"；凡此数义，皆为后王所涵。故荀子"法先王"之义，不必同于孔孟。孔孟法先王乃祖述尧舜，此非历史文化意义的。《荀学大略》称之谓"立象"。所谓立象者，乃就义理之当然处，直下肯定尧舜之德，旨在为道德人格立一典型，故亦足法。荀子心目中之圣人、圣王、大儒，实为一能知统类并兼笃行之政治家，故言先王与后王之义并不相远。但亦不可遽谓"孟子专法先王，荀子兼法后王"（梁叔任《荀子约注》自序），若言"兼法后王"，则荀子好像亦侧重法先王了，这是绝对不合荀子精神的。说明"先王与后王之义并不相远"，只是说荀子所言先王，其含义与后王是相近的，因其相近，故以法后王为主，亦不以法先王为非。法先王与法后王，在荀子多少是有些含混不清的，他并未自觉地加以鉴别。盖荀子所重者，要在知统类。非子思、孟子谓其“略法先王而不知其统……甚僻违而无类”，则子思、孟子之罪，并不在法先后王，唯在不知统类。荀子意识之先王后王，只有“详”“略”之别，并无本质之异；先王之所以“略”，只是因代远年湮已失去时效。《非相篇》就曾细说法先王之弊，以预示当法后王之义。其文云：

> 妄人者，门庭之间，犹可诬欺也，而况于千世之上乎？……五帝之外无传人，非无贤人也，久故也。五帝之中无传政，非无善政也，久故也。禹汤有传政，而不若周之察也，非无善政也，久故也。传者久则论略，近则论详；略则举大，详则举小。……是以文久而灭，节族久而绝。（《非相篇》）

> 言道德之求，不二后王。道过三代谓之荡，法二后王谓之不雅。（《儒效篇》）

于此，荀子详细说明了先王不足法的理由，这理由或许就是由孔子启发的。《论语》载孔子曰：“夏礼吾能言之，杞不足征也；殷礼吾能言之，宋不足征也。文献不足故也，足则吾能征之矣。”（《八佾篇》）杞殷之礼不足征，即因时久故。孔子所说的，与荀子“文久而灭，节族久而绝”之义正相若。在荀子，不仅五帝在时间上已太久，即禹汤也嫌远，故曰“禹汤有传政，不若周之察”。后一句表明荀子法后王即是法周。这与孔子从周的精神正是一脉相承的。依孔、荀，不言治道则已，欲言治道，必以周文为据。周文是多少已在历史实现的，故据周文重整治道，远比“言必称尧舜”的德化之治之理想来得更切近而有效。孟子由法尧舜而言治道，照荀子的观点，就是有"荡"与"不雅"之弊的了。

荀子所以法后王，尚有后王本身之理由。

> 欲观圣王之迹，则于其粲然者矣，后王是也。彼后王者，天下之君；舍后王而道上古，譬之是犹舍己之君而事人之君也。故曰：欲观千岁，则数今日；欲知亿万，则审一二；欲知上世，则审周道。故曰以近知远，以一知万。（《非相篇》）

> 天地始者，今日是也；百王之道，后王是也。君子审后王之道，而论于百王之前，若端拜而议。（《不苟篇》）

《不苟篇》文，即申述"欲观千岁，则数今日"之义者。本此，则荀子所以法后王：（1）是因后王之粲然明备，粲然明备故可征之以为据。（2）是因后王乃天下之君。这是说历史发展到周，始出现初次一统天下的局面，这局面的维系乃由礼制的凝结，故言治道，必以周文为据。（3）是因能审周道，即足以知上世。周道乃百王之法累积损益而成，故后王即足以代表百王之道。此即所谓"以近知远，以一知万"；亦即孔子"殷因于夏礼，所损益可知也；周因于殷礼，所损益可知也。其或继周者，虽百世可知"之义。

孔子说"其或继周者，虽百世可知也"，除略提因革损益之笼统观念外，但并未进一步申说究竟何以继周，即可知百世？例如荀子只说"百王之道，后王是也""欲知上世，则审周道"，则人是可以起疑的，人可以问，此究如何可能？在当时就正有人提出过这样的问题，荀子极可能是因考虑到这问题，才觉察到如只空说"欲观千岁，则数今日""天地始者，今日是也"一类的话，而不进一步追求其理论上的根据，是有所不足的。本于下文的理由，我们认为荀子统类的观念，就是在如此理论的追逼下而出现。所以"法后王"一义，乃建立礼义之统必然要有的一步过程。

《非相篇》中，荀子曾以斥责的语气，提到当时人对"法后王"一义的质难："夫妄人曰：'古今异情，其以治乱者异道。'而众人惑焉。彼众人者，愚而无说，陋而无度者也。其所见焉，犹可欺也，而况于千世之传也。"质难者是说："古和今，情况不同，古今促成治乱所据之道也异样，你怎么可以说法后王，就可以知百世？"有如此疑难者，非必是妄，而是肤浅。凡是停在常识心灵的人，去观察历史事象之演进，都可能发生类此之疑难。要祛此疑难，必须由常识心灵跃进至逻辑心灵；具备逻辑心灵，遂能由历史杂乱分歧之事象中，发现其共理。能于杂乱分歧事象中把握其共理，则古今虽异情，治乱虽异道，而异情异道之中，必有其领导原理，否则"异"亦不可说。不至此，不足以了解历史的法则，亦不足以言损益。荀子"知统类"之说，便是为发现礼义发展（圣王之迹）中之共理而提供者（此把握共理之说，即较孔子因革损益之观念进一步）。把握礼义之共理，然后始能说"百王之法，后王是也"，始能说"欲知上世，则审周道"，然后"道过三代谓之荡，法二后王谓之不雅""欲观千岁，则数今日""以近知远，以一知万"等语句，始有真实之意义。兹再引荀子文以征之。荀子在提出上文之疑难后，接着就答复道："圣人何以不欺？曰：圣人者，以己度者也。故以人度人，以情度情，以类度类，以说度功，以道观尽，古今一度也。类不悖，虽久同理。"陋而无度，故可惑可欺。能"度"，则古与今、人与人之纵贯关系中，即有贯通之基础；故曰"古今一度"。"类不悖"者，由类之理而不悖；不悖，故"虽久同理"（此义详下节）。《儒效篇》：

"百王之道，一是矣。""百王之道"是分殊，是杂多，必识其统类之理然后能说一。此"一"即历史之法则。必洞识此法则，然后才能控驭历史事象，才能讲治道。故曰："君子审后王之道，而论于百王之前，若端拜而议。……总天下之要，治海内之众，若使一人。故操弥约而事弥大，五寸之矩，尽天下之方也。故君子不下室堂，而海内之情举积此者，则操术然也。"（附注：《天论篇》末节有"百王之无变，足以为道贯。一废一起，应之以贯，理贯不乱。不知贯，不知应变，贯之大体未尝亡也"的一段，正可与上文相发明，此言"贯"，即由统类而言。）

四　统与类

"隆礼义而杀诗书"，表示出荀子的观念方向；"法后王"是说明隆礼义之历史根据；"知统类"一义，则是要更进一步就礼义之发展，点醒其所本之理。得其理，礼义发展的精神始可理解。握其理，而后能言礼义之统类；理即成统成类之根据。至此，已进入荀子正面主张的核心，统与类即代表其正面主张的核心观念。隆礼义，法后王，尚可说前有所承，而言统类则代表荀子之发展。传统的礼义，于此已赋予崭新的意义。要了解荀子的系统，必先对此处所点之理论脉络，及其含义，有一清晰的把握，这是建立其系统的基础；就研究荀子者来说，这是一入路。了解其基础部分的理论，再向前探索，则于其整个系统的问题，始有一明晰之头绪。

荀子雅言"礼义之统"，且欲以化成天下；复以"知统类"为人知之极致，故言"知通统类"则为圣人。然则"统类"之意义究如何？"统"与"类"之异同又如何？是下文要试探寻求的。

首先从荀书所用统类的字义下手。如果我们将《荀子》全书中所用"统类"的句子作一归纳，会立刻发现其中以用"统"与"类"的字义，都至少有四种以上的含意。近人讲《荀子》者，竟有将这些不同的含意，作一例看的，遂多悖谬而难通。以前的训诂家注解《荀子》，虽亦偶能随文而知其异义，但又多未能鉴别何者是属于一般通用的意义，何者是荀子赋予的特定意义；故注解之误，亦不能免。先看荀书中所用的"统"字。荀书中的"统"字，约有四义：

（1）"统"作"纲纪"解。《非十二子篇》："若夫总方略，齐言行，壹统类。"杨倞注：统，纲纪也。

（2）"统"作"本"字解。《非相篇》："听其言，则辞辩而无统。"杨倞注：无统，无本也。又《议兵篇》："此所谓末世之兵，未有本统也。"此"统"显然作"本"解。又《臣道篇》："忠信以为质，端悫以为统。""统"字亦当作"本"解，杨解为"纲纪"是不妥的。盖端悫（端庄谨敬）与纲纪之义不相属。就上句"忠信以为质"看，"统"为"本"义乃显然者。

（3）"统"作"领"字解。《议兵篇》："是岂无坚甲利兵也哉？其所以统之者，非其道故也。"此"统"字显属"领"义。又《仲尼篇》："恭敬以先之，忠信以统之。"此"统"字亦作"领"字解。

（4）"统"作"治"字解。《强国篇》："今君人者，辟称比方，则欲自并乎汤武，若其所以统之，则无以异于桀纣。"杨倞注：制治也。

以上四义，唯（1）作"纲纪"解与荀子思想有关。一言统，必涵纲纪义，识纲纪即识统之理。统由理成，而理由类显；故统由理成，亦由类成；不知类，不足以识统。礼义之所以能说统，其关键实在先知类。故"类"是值得重视的概念。

荀书中用"类"字义亦歧异不一，一般的解释，亦有四义：

（1）"类"亦作"纲纪"解者。《儒效篇》："修修兮其用，统类之行也。"杨倞注：统类，纲纪也。杨氏以"统"为"纲纪"，尚可说，此以"统类"亦解作"纲纪"，则"统类"连称中之"类"，直是成了赘词。即视"类"亦有"纲纪"义，则"统""类"无区别。此征杨氏对荀子言类之特定义实无所知。

（2）"类"作"种类"解。《儒效篇》："苟仁义之类也，虽在鸟兽之中，若别黑白。"类即种类义。又《不苟篇》："善其言而类焉者应矣。"《礼论篇》："先祖者，类之本也。"又："有知之属，莫不爱其类。"《解蔽篇》："类不可两也，故知者择一而壹焉。"《正名篇》："有欲无欲，异类也。"凡所言"类"，皆"种类"义。

（3）"类"作"比类"解。前文言统第（1）条中之"壹统类"，杨倞解"统"为"纲纪"，解"类"为"比类"，此属比附之词，不可通。

（4）"类"作"法"字解。《富国篇》："诛赏而不类，则下疑俗俭，而百姓不一。"王先谦案：类，法也。此处释"类"为"法"是对的。但训诂家执《方言》之说为准，遂以荀子说类之特定义者，皆以"法"作解，则误矣。如《王制篇》："王者之人，饰动以礼义，听断以类。"此处"类"字，王先谦亦作"法"字解，就文义看，似亦可通，但读另外两处以"礼义"与"类"对举的例子，又可证此处之"类"，实是"统类"之"类"。《非相篇》："成文而类……是圣人之辩也。"《性恶篇》："多言则文而类。终日议其所以，言之千举万变，其统类一也，是圣人之知也。"此处所言之"类"，显是"统类"之"类"。"多言则文而类"之"类"为"统类"之"类"，则"成文而类"之"类"，亦当为"统类"之"类"。以此两处句法语意例之，则"王者之人，听断以类"之"类"亦当作"统类"之"类"解。且"终日议其所以，言之千举万变，其统类一也"正可视作"听断以类"之一转语。如此解不误，则《儒效篇》言大儒之稽为"其言有类，其行有礼"之"类"，王先谦解"类"为"法"亦是误的。"其言有类"之"类"，当与上三例所言者同。就荀学的理论意义看，"法"是次于"礼"的概念，而"类"则是比"礼"高一层的概念。解"类"为"法"，明显有误者，尚有两处，一是《劝学篇》："礼者，法之大分，类之纲纪也。"杨倞即以《方言》为据，释"类"为"法"。上文已言"法之大分"，则"类"非"法"义，是再明显不过的。一是《非十二子篇》批评子思、孟子"略法先王而不知其统……甚僻违而无类"之"类"，王念孙亦以"法"说之，其不可通，已无用多辩。荀子言"类"与"法"，显明地为两个不同的概念，其例甚多，训诂家每执一以解，主要是因不了解荀子言"统类"的意义。荀子以"类""法"对举，有的表示"类"之义要比"法"高一层，如《非十二子篇》："故多言而类圣人也，少言而法君子也。"又如《不苟篇》："知则明通而类，愚则端悫而法。"亦有表示"类"之义要比"法"深一层的，如《解蔽篇》："故学者以圣王为师，案以圣王之制为法，法其法，以求其统类，以务象效其人。"

　　既辨"类"与"法"之区分，然则比"法"高一层复又深一层的"类"，其意义究如何？"统"与"类"究有何不同？在前一节中曾提到，"知统类"一义是为发现礼义发展中之共理而提供者，共理者即礼义法制所共有或共同所依之理。止于常识心灵不能得此共理，共理乃由逻辑心灵出，易言之，发现礼义法制之共理，是要通过一抽象的过程。荀子"由智识心"，其心灵表现的是智的形态，故能通过抽象过程而综言礼义之统类。每一类有其成类之理，理即成类之根据。故理由类而见，类由理而成。凡单举类者，理即涵其中。故曰"推类而不悖""类不悖，虽久同理"。《王制篇》言"以类行杂"，唯以类之理，然后能行于杂也。《荀子·儒效篇》，即以识此理与否，定雅儒、大儒之分。

> 法后王，一制度，隆礼义而杀诗书，其言行已有大法矣，然而明不能齐法教之所不及，闻见之所未至，则知不能类也。……是雅儒也。法先王，统礼义，一制度，以浅持博，以古持今，以一持万……倚物怪变，所未尝闻也，所未尝见也，卒然起一方，则举统类而应之，无所儗㤰……是大儒者也。

> 志安公，行安修，知通统类，如是则可谓大儒矣。

以"知通统类"者为大儒，即以知成统成类之理者为大儒。握其理，则于"法教之所不及，闻见之所未至"皆可以类通；以类通，即以同类之理通。理通，故举统类则可以应变。"宗原应变，曲得其宜，如是然后圣人也。"（《非十二子篇》）"举措应变而不穷，夫是之谓有原，是王者之人也。"（《王制篇》）"原"即指统类；"宗原""有原"即所谓"知通统类"；"知通统类"即知通统类之理，知通统类之理，举措应变而不穷。

那么"类"何以又比"法"深一层？荀子说：

> 其有法者以法行，无法者以类举。

"以类举"，即以理举以理通。此所言类，即法制所本之理。意谓：凡是有法制规定的，就照规定去办，如遇没有法制规定时，即可根据法制之理推断而行。法理自比已规定的条文深一层，因法理是条文所以成的标准。

> 有法而无志其义，则渠渠然；依乎法而又深其类，然后温温然。（《修身篇》）

杨倞云："渠渠，不宽泰之貌，志，识也，不识其义，谓但拘守文字而已。""拘守文字"，即只知刻板地守着法制条文，遇到"法教之所不及，闻见之所未至"时，就束手无策，不能以类通；这种人对法只是知其然不知其所以然。荀子称这种人只是"取禄秩"的普通官吏："循法则度量，刑辟图籍，不知其义，谨守其数，慎不敢损益也。……是官人百吏之所以取禄秩也。"（《荣辱篇》）而能不拘泥于文字，且能明制度权物称用的，荀子则称之为卿相之材："守职循业，不敢损益……是士大夫官师之材也。……知明制度权物称用之为不泥也，是卿相辅佐之材也。"（《君道篇》）欲明制度权物称用，则必须有法而又识其义，识其义即是深其类而通乎理。所以类比法要深一层。

同时荀子统类的观念与笃行是不相杂的。

> 知之不若行之，学至于行之而止矣。行之明也，明之为圣人。（《儒效篇》）

于此，知通统类，是知，同时即是行，行不离知，知即在笃行中完成。"行之明也"，行之明，乃由理而明，由理而明，即由统类而明；"明之为圣人"，即知通统类为圣人。于此，"知通统类"之义，在本质上即与笃行有贯通性，荀子所言之大儒、圣人、圣王，皆为能笃行之人甚明。

　　至于"类"与"统"的含义，有相同的一面，亦有相异的一面。《性恶篇》"齐给便敏而无类，杂能旁魄而无用"，即以类与杂为相反义。《非十二子篇》"略法先王而不知其统，犹然而材剧志大，闻见杂博"，此即以"统"与"杂"为相反义。因此可以说，齐一、秩序、条理，是统类共有之属性。至其相异者，单言统可只是泛说礼义之传统或统绪；知其类，然后能识礼义之统之精神，然后礼义之统绪始可理解。因知其类，即知其理，故知类而后能明统。统之明不明，系于理之显不显。止于礼义法制碎杂之表，实无可言统；所以齐一、秩序、条理，乃统类必有之属性。荀子言"礼义之统"，实即涵类而说，有时即径以"统类"连用。孔子说："其或继周者，虽百世可知也。"在荀子，继周不仅是以斯文为己任，亦不只泛说损益三代；若仅以斯文为己任，只泛说损益三代，实尚不至"百世可知"义。欲极成"百世可知"义，必须知周文之统类。知统类，则"以类行杂，以一行万"（《王制篇》），万殊之杂，由统类之理而得其条贯，理贯则不乱，故虽百世亦可知；知即知其成贯之理，知成贯之理，然后或损或益始有理据。统类之于周文，真可谓"若挈裘领，诎五指而顿之，顺者不可胜数也"（《劝学篇》）。故统类若内在于历史说，就有了"万世则"的意思。

　　　　若夫断之继之，博之浅之，益之损之，类之尽之，盛之美之，使本末终始，莫不顺比，足以为万世则，则是礼也。非顺孰修为之君子，莫之能知也。（《礼论篇》）

大意是：倘能就礼文加以正确的判断，然后予以损益而继承之，复进而知其统类，则礼即足以为万世则。本此，荀子知类明统之意，若引而申之，触类而长之，则传统的历史哲学、文化哲学的意识，皆可开出来。荀子能肇创其端绪，后人复无能继之者。这方面正是西方哲人之所长，尤其是德国。这里引一段尼采提到德国哲学家的工作及其独特性格时的一段话，这一段话很可以帮助我们了解荀子所言统类的含义。尼采说：

> 一般研究者，蓄意要使历史文化价值的陈迹，变作意义显豁，趣味清新，理路彰明，效用妥帖；他们的工作在驾驭全部过去的事物，使其纲纪统理，繁而不乱，久而弥新，一一都在掌握之中。这是一种艰巨神奇的工作，一旦完成，自然值得骄傲和矜持。（转引自方东美《黑格尔哲学之当前难题与历史背景》一文）

凡此所言，恰足以道出荀子知类明统所欲达成之目标。在这里，可以明晰地见到，荀子是将孔子从周继周之义，引申发挥，并提供了一套较完整的理论基础。

五　礼与法

荀子自觉地向外转，表现客观精神，故隆礼又复言法。盖言客观精神，不是一句话，亦不只是一客观倾向，或一客观姿态，它必通过若干具有客观意义的概念而构造，而展开。"隆礼义""法后王""知统类"，一系列的观念，就是为构造此客观系统而展开的。法也是如此，而且法是在实际上与被治的人民关联起来的，故云："法者，治之端也。"（《君道篇》）荀子又视法为国家本始之一，"上之与人也，道之与法也者，国家之本作（始）也"（《致士篇》）。国家形成的条件有四，一是土地，二是人民，三是道（礼），四是法。法所以是国家形成的基本条件之一，即是因法是治之端，法是尽治道之责的一个始点。荀子治道的目标在"正理平治"，而正理平治之理想的达到，正赖礼与法之各得其用。《富国篇》："由士以上，则必以礼乐节之；众庶百姓，则必以法数制之。"这即说明礼法之各尽其用，而法在实际上正是与被治的人民最有关联性的。法在外王之治上虽被重视，可是在效用上的意义，毕竟与礼大异。

> 朝廷必将隆礼义而审贵贱，若是，则士大夫莫不敬节死制矣；百官则将齐其制度，重其官秩，若是，则百吏莫不畏法而遵绳矣。（《王霸篇》）

这一节话，和上引《富国篇》之语，都在表明礼与法在效用上意义之不同。其不同在：礼是感化人启发人，积极成就人的；而法，对人却只有消极的防止作用。"百吏莫不畏法"，即言百吏畏法而不敢犯，干犯法纪，即以法数制之，法只是消极防止作用是很显然的。法的意义，如只止于消极防止，其与人民之关联，亦只是消极作用，则法在客观上即失去其普遍有效性，即是说法是可有可无的。荀子系统从正面看，唯是礼义一元；虽不时提到法的观念，而充其量，法只具对礼的辅助性质；就治道之过程言，法只是治之端，故在泛礼义系统的笼罩下，法根本无独立的地位。《解蔽篇》："故学者以圣王为师，案以圣王之制为法，法其法以求其统类，以务象效其人。"圣王之制为礼义，以圣王之制为法，即以礼义为法；以礼义为法，则法之地位即被礼义所取代。照理，法本身之含义，应具公性，应对一切人皆有效，故法应有其独立自足的价值。可是荀子对法之公性一义并不清楚，其能充分意识者为礼，而能隆礼者为君子，故法与君子的对较下，法即更变为无足轻重。

> 有良法而乱者有之矣；有君子而乱者，自古及今，未尝闻也。(《王制篇》)

> 君子者，法之原也。故有君子，则法虽省，足以遍矣。无君子，则法虽具，失先后之施，不能应事之变，足以乱矣。(《君道篇》)

"君子者，法之原也"，荀子既认为法之原在君子，故法与君子对较，法的价值即相对地被贬抑下来，成为无足轻重；"有良法而乱者有之矣"一语，又几乎将法的价值根本推翻；在这一趋势下，即连"法者，治之端也"一义，也是不能极成的。此义不能极成，则法依理虽可切实尽治道之责，荀子却不能尽其用。法不能尽其用，则治道之责，还是由礼来担负，归根究底，即落在能隆礼的笃行君子的身上。所以荀子说："有治人，无治法。……故法不能独立……得其人则存，失其人则亡。"(《君道篇》)荀子以为法既原于君子，故真正足法的是君子，不是法之本身。荀子不知，君子为法之原，与法能具独立自足之价值一义，是可以并存不悖的；与法之公性一义，在理论上亦并无任何的矛盾。一思及"君子者，法之原"，即遽云"法不能独立"，此正证明其对法所代表的价值未能充分意识。荀子对法所意识及者，只止于消极的防止作用，"常法"一观念，在他的系统是不能成立的。

说到礼与法的关系，荀子则明言礼为法之基础。

礼者，法之大分。(《劝学篇》)

礼义生而制法度。(《性恶篇》)

本此，礼与法即不仅如前说的效用不同，且有层次之异；礼是高于法的。

礼节修乎朝，法则度量正乎官。(《儒效篇》)

其百吏好法，其朝廷隆礼。(《富国篇》)

人君者，隆礼尊贤而王，重法爱民而霸。(《强国篇》)

此三例亦表示礼高于法。荀子之法，就效用言，只是消极防止义；就礼与法内在之关联言，法的依据在礼；此两义皆表示荀子对法之本性无充分之自觉；对法之本性无充分之自觉，故一往是隆礼义，极成了他的礼义一元论的系统。

荀子于法之独立自足的价值，未能充分自觉，尚可由其"法之数"与"法之义"之辨知之。

不知法之义而正法之数者，虽博，临事必乱。(《君道篇》)

循法则度量刑辟图籍，不知其义，谨守其数，慎不敢损益也，父子相传，以持王公。(《荣辱篇》)

依后一例，可知"数"是指"法则度量刑辟图籍"而言，则"法之数"即法之迹。照理，"法之数"和"法之义"是不相离的，凡说

"法"必涵此两面：无法之义，则法之数无由生；无法之数，则法之义不能显其用。荀子却将此本不能相离者，割裂而为二，于法之数与法之义之间，遂有轻重之分。故曰："不知法之义而正法之数者，虽博，临事必乱。"荀子只知强调"法之义"的重要，至"法之数"，在与"法之义"之对较下，和"法"与"君子"对较一样，就被视为无足轻重。其所以如此之故，乃因荀子思想的究极标准，一在知统类，一在隆师法。前者为治道之所本（理论的），后者为治道之所以成（行动的）。荀子言法之义，即正是归向此二者。

> 有法而无志其义，则渠渠然；依乎法而又深其类，然后温温然。（《修身篇》）

> 故械数者，治之流也，非治之原也；君子者，治之原也。官人守数，君子养原；原清则流清，原浊则流浊。（《君道篇》）

依前一例，是说明能"深其类"，即知法之义，能知法之义，即无异知统类。依后一例，君子为"治之原"，则法之义即在君子；"君子养原"，即所以养义；则欲知法之义，必须师法君子。如是，唯有知统类，隆师法，然后守法之数，始能临事不乱。离开师法，离开统类，法没有独立自足之价值，亦不能自行。

六　辨与分（附：义、群）

礼义之统的终极目的，是欲以化成天下，真欲见化成之效，则必须对当时的时代问题、社会问题有所措思：先求他祸乱之故，然后拨乱而反于正。此即关乎礼义之功能与实效之问题。荀子尝云："倚物怪变，所未尝闻也，所未尝见也，卒然起一方，则举统类而应之，无所儗怎……是大儒者也。"（《儒效篇》）此即言统类之功能与实效者。然"举统类而应之"这类话，毕竟是原则性的，实尚不能尽化成之切挚义，欲尽化成之切挚义，必须落实到当时的社会和政治问题上来，对当时的社会政治问题有一番处理、安顿。照现在通过民主政治中立法的意义看，一切的社会和政治的问题，都可以由法制的建立，而确定解决的途径。而荀子对法的本性，未能有充分的自觉，故亦不能尽其用，如上节之所言。荀子思想系统要在隆礼，隆礼遂相对地轻法。在外王之治上，荀子是欲以礼运，不是以法治。本节所要分疏的辨、分、义、群，即在以礼为治之要求下出现的；它们统代表着礼的作用与功效。如果说，荀子对当时的社会政治问题所提供的一个总标准是礼，那么对当时社会政治问题解决的内容，即必须通过辨、分、义、群等概念的含义去认取。所以辨、分、义、群指示出化成之途径，代表着外王之治的具体措施。同时，荀子之客观精神，由于辨、分、义、群所具有之功效而大彰著。礼义之统的目的既在化成天下与外王之治，而辨、分、义、群又是指出化成的途径，代表外王内容的；故辨、分、义、群所具之效用义为礼义之统的系统所必涵。由于辨、分、义、群这一系列思想的产生，礼义之统在政治方面的理论与实际、体与用，就逐渐接近完成。而这一套外王理想，最后是否能运作于当时，而尽其用，则有赖于笃行人格（此义详下节）。

　　辨、分、义、群，同是礼之作用的表现，兹先分别考察辨、分之含义，然后再求其与义、群会通。

分不乱于上，能不穷于下，治辨之极也。（《儒效篇》）

万乘之国，可谓广大富厚矣，加有治辨强固之道焉，若是则恬愉无患难矣。（《王霸篇》）

圣人财衍以明辨异：上以饰贤良而明贵贱，下以饰长幼而明亲疏，上在王公之朝，下在百姓之家，天下晓然皆知其非以为异也，将以明分达治，而保万世也。（《君道篇》）

儒者为之不然，必将曲辨。朝廷必将隆礼义而审贵贱，若是，则士大夫莫不敬节死制者矣。百官则将齐其制度，重其官秩，若是，则百吏莫不畏法而遵绳矣。（《王霸篇》）

荀子以"治"与"辨"连言而称"治辨"，不识"荀子言辨原是表达礼之功能"一义的训诂家，对辨字的解释，颇多讹误，如上引第二则中"治辨"之"辨"，王先谦即说辨亦是治。如从王说，则治辨之义全晦。又如上引第四则中"曲辨"之"辨"，杨倞注："辨，理也，委曲使归于理也。"杨氏不知"曲辨"即同于"治辨"。"必将曲辨"文下言朝廷必将隆礼义而审贵贱，百官则将齐其制度、重其官秩等，即展示曲辨之内容并说明曲辨之意义者。而此文言朝廷如何、百官如何，即正上引第一则"分不乱于上，能不穷于下"意义之引申。故"曲辨"同于"治辨"。又《王霸篇》："政令行，风俗美，以守则固，以征则强，居则有名，动则有功。此儒之所谓曲辨也。""曲辨"亦明同于"治辨"。"曲辨"之"辨"不当训"理"，《君道篇》"然后明分职，序事业，材技官能，莫不治理"之"治理"，亦当作"治辨"解。郝懿行以为古无"办"字，遂训"治辨"之"辨"为"办"，其谬不可通，是无待辩的。至荀子所以以"治"与"辨"连言，实是

27

要表明辨是通于治道而言的，故以"治"规定"辨"，以显辨之特色。盖辨之本义，本不必通于治道而言，如义利之辨、是非之辨，即通于德性而言。荀子为欲与通于德性言者有所区别，故言"治辨"。不仅"曲辨"同于"治辨"，上引第三则"圣人财衍以明辨异"之"辨异"，义亦同于"治辨"，故第三则说明"辨异"之文，与说明"治辨""曲辨"者意义亦同。要之，其目的皆不外"明分达治"。复次"辨异"又与"别异"同。盖"别"与"辨"通。《荀子·礼论篇》言"别"者，《史记·礼书》多言"辨"。荀子言"礼别异"（《乐论篇》），又说"礼者，治辨之极也"（《议兵》），"别异"与"治辨"同为礼之作用，故"别异"亦同于"治辨"。《礼论篇》云："礼者养也，君子既得其养，又好其别。曷谓别？曰：贵贱有等，长幼有差，贫富轻重皆有称者也。"然则"别"之意义与"治辨""辨异""曲辨"本无殊。秦汉以来言礼乐者，莫不以"乐以和同，礼以别异"为言，"礼别异"之说当始于荀子，"别异"显于治道上的功用，亦荀子最善言。《论语》中言礼者，如前第一节所说，大都是表征人之德性的。偶亦有关联到治道说的，如《子路篇》："名不正，则言不顺；言不顺，则事不成；事不成，则礼乐不兴；礼乐不兴，则罚刑不中；刑罚不中，则民无所措手足。"这只是由言正名而顺着说下来的，并未见"别异"之义。以"别异"说礼，是荀子言礼之胜义。于此，荀子已将孔孟作为道德规范之礼，扩及于治道，这一步转进正与其客观精神相应合。

※　　※　　※　　※

人之所以为人者，何已也？曰：以其有辨也。……故人道莫不有辨，辨莫大于分。（《非相篇》）

"辨莫大于分",即示分乃辨之极则,故言辨必通于分。辨与分虽同表现礼的作用,而分于社会政治问题上所尽之功能,其范围则远比辨所能尽者为广泛。荀子之理想,对当时而言,志在拨乱而反于正,而"无分"乃荀子认为祸乱之源者。

> 势位齐而欲恶同,物不能澹(同"赡",足也),则必争。争则必乱,乱则穷矣。先王恶其乱也,故制礼义以分之。(《王制篇》)

> 人之生不能无群,群而无分则争,争则乱,乱则穷矣。故无分者,人之大害也。(《富国篇》)

> 离居不相待则穷,群而无分则争。穷者,患也;争者,祸也。(同上)

"无分"乃祸乱之源,反之,"明分"则为拨乱反正之道。荀子说"救患除祸,则莫若明分使群"(《富国篇》),又说"明分达治"(《君道篇》),即明说拨乱反正之道在"明分"。故荀子为当时社会政治所提供的新轨道新秩序,亦由"明分"而见。故曰:

> 人之百事,如耳目鼻口之不可以相借官也。故职分而民不探,次定而序不乱……夫是之谓政教之极。(《君道》)

人之百事,即包含社会政治方面的一切公共事务,人在这一切公共事务中,当各司其职,亦如耳目鼻口之不可相借官。耳目鼻口是各有专司,不能相代替的,因此人在社会政治事务中,亦宜各当其分,不可逾越。此便是明分。在荀子，分之效能之所及，实包含社会政治方面的种种措施与制度。

> 故先王案为之制礼义以分之，使有贵贱之等，长幼之差，知愚能不能之分，皆使人载其事而各得其宜，然后使悫（谷）禄多少厚薄之称，是夫群居和一之道也。（《荣辱篇》）

> 听政之大分：以善至者，待之以礼；以不善至者，待之以刑。两者分别，则贤不肖不杂，是非不乱。贤不肖不杂，则英杰至；是非不乱，则国家治。若是，名声日闻……王者之事毕矣。（《王制篇》）

> 先王恶其乱也，故制礼义以分之，使有贫富贵贱之等，足以相兼临者，是养天下之本也。（同上）

> 有分者，天下之本利也。……故美之者，是美天下之本也；安之者，是安天下之本也；贵之者，是贵天下之本也。古者先王分割而等异之也，故使或美或恶，或厚或薄，或佚或乐，或劬或劳。（《富国篇》）

> 兼足天下之道在明分：掩地表亩，刺中殖谷，多粪肥田，是农夫众庶之事也。守时力民，进事长功，和齐百姓，使人不偷，是将率之事也。高者不旱，下者不水，寒暑和节而五谷以时孰，是天之事也。若夫兼之覆之，兼而爱之，兼而制之，岁虽凶败水旱，使百姓无冻馁之患，则是圣君贤相之事也。（同上）

> 然后皆内自省，以谨于分……然后农分田而耕，贾分货而贩，百工分事而劝，士大夫分职而听，建国诸侯之君，分土而

守，三公总方而议，则天子共己而止矣。(《王霸篇》)

治国者，分已定，则主相、臣下、百吏各谨其所闻，不务听其所不闻；各谨其所见，不务视其所不见。所闻所见诚以齐矣，则虽幽闲隐辟，百姓莫敢不敬分安制以化其上，是治国之征也。(同上)

强胁弱也，知惧愚也，民下畏上，少陵长……如是，则老弱有失养之忧，而壮者有分争之祸矣。事业所恶也，功利好也，职业无分，如是，则人有树事之患，而有争功之祸矣。男女之合，夫妇之分，婚姻娉内送逆无礼，如是，则人有失合之忧，而有争色之祸矣。故知者为之分也。(《富国篇》)

圣王在上，图德而定次，量能而授官，皆使民载其事，而各得其宜。……故天子生，则天下一隆，致顺而治，论德而定次……礼义之分尽矣。(《正论篇》)

总上所引，则贵贱之等，长幼之差，知愚能不能之分，是非之不乱，贤不肖之不杂，美恶厚薄之辨，谁当佚，谁当劳，农当如何，商当如何，百工当如何，士大夫当如何，诸侯当如何，将率当如何，天子三公当如何，圣君贤相当如何，天当如何，老弱如何不失其养，壮者如何使其不争，夫妇如何使其和合，又如何定次，如何授官，总之，凡是一切属于社会问题和政治问题者，莫不由"明分"一义而获得安顿，获得解决。故荀子视分为"安天下之本"，为"兼足天下之道"。其以"义"以"辨"为人之所以为人者，说明荀子视人"自始即为位于'分位等级'中之客观存在体，亦即位于客观理性中之存在体，从未孤离其所牵连之群，与夫其所依以立之礼（理），而空头自其个之为个之自足无待处言人也"（《荀学大略》）。荀子以分为兼足天下之道，更明示其是欲将宇宙人生尽皆统摄于分位等级的客观系统中。其赖以制天者以此，赖以化性者亦以此。故客观分位层级价值的肯定，是"天生人成"一原则之基础。这些意思如能把握，则知荀子所说"序四时，裁万物，兼利天下，无它故焉，得之分义也"（《王制篇》）、"宇中万物、生人之属，待圣人然后分也"（《礼论篇》）并非夸饰之词，乃其礼义一元论终极而又必然之归趋。

※　　※　　※　　※

人之所以为人者，以其有辨也。……辨莫大于分。（《非相篇》）

禽兽有知而无义，人有气、有生、有知，亦且有义。（《王制篇》）

人何以能群？曰：分。分何以能行？曰：以义。（同上）

天下者……至大也，非至辨莫之能分。（《正论篇》）

总此四则，则义、辨、分、群皆可会通。荀子说"辨莫大于分"，又说"非至辨莫之能分"。视辨为人之所以为人者，又视义为人之异于禽兽者。故说"非至辨莫之能分"，即无异说"非义莫之能分"，辨与义同可为行、分之本。由"非至辨莫之能分"说，辨为行、分之本；由"辨莫大于分"说，则分又何尝不可作为行、辨之本？荀子以"义""辨"互用，又以"分""义"连称者，这不是矛盾，亦非观念之混淆，而正表示义、辨、分都同是代表礼的作用，都同是要尽外王之治的。作用与目的既相同，所以位置可以互换，亦可互为其根。

君者，善群也。群道尽，则万物皆得其宜，六畜皆得其长，群生皆得其命。故养长时，则六畜育；杀生时，则草木殖；政令时，则百姓一，贤良服。圣王之制也。（《王制篇》）

言"善群"，即等于言"善分"。"群"不是一堆人之集聚，"群"是社会政治公共事务的各得其宜。说"群"即包含"分"，分是能群之本，故曰："人何以能群？曰：分。"则群亦是可与辨、分、义会通的。

七　"治人"的意义

"序四时，裁万物，兼利天下，无它故焉，得之分、义也。"这说明荀子是欲以达成外王之治之分、义，囊括一切统摄一切；宇中万物、生人之属，皆赖分、义之行而获得其意义与安顿。故荀子系统的功能，是以具有客观效用之分、义笼罩一切，总冒在一切之上为其主导的。我们即可据此义返而认取"荀子乃客观精神之坚决肯定者，及一往表现客观精神"之义。然分、义不能自行，亦如法、类（《君道篇》："法不能独立，类不能自行，得其人则存，失其人则亡。"），故强调"有治人，无治法"。盖"分""义"虽"指示出化成之途径，代表着外王之治的具体内容"，若无笃行人格起用之、实现之，则一切外王理想与实施，仍将落空，外王之治仍无由达成。因此荀子不能不强调"治人"的重要。治人即能笃行之人，能笃行之人，荀子或称之为成人、人师，或称之谓君子、大儒，或称之谓圣人、圣王，其名虽异，而其能笃行则一。此种能笃行之人，以知统类为本，以实施辨、分为用；知是为彰著其用，用是为行其所知；

知与行遂积贯于一人之身。故笃行一义之提出，荀子系统之正面主张始称完备。

近人说荀子政治思想者，尝有就"有治人，无治法"一义，而以为荀子"接近申商者其皮毛，而符合孔孟者其神髓"（萧公权《中国政治思想史》），以为荀子"以德音化人之境界，与孔孟化民成俗，提高人格之旨，尤一贯而不相戾"（金耀基《荀子政治哲学重估》一文），其旨在指陈荀子与孔孟之同，而不能深一层察辨其异。不能察辨其异，则荀子在先秦儒家之地位，及其系统所代表的精神价值，即无从确知。其中关键在不知由孔孟一系之发展，其所欲极成者在内圣之人格；欲成就内圣之人格，故重视主体（仁、心、性）。荀子自始即舍心性（德性义）而转重礼文，其所欲极成者在外王之治，不在内圣人格。孔孟与荀子之圣人，固同可说笃行，而孔孟圣人之笃行，在德性人格之实践；荀子圣人之笃行，则在经国定分，明分达治。孔孟荀亦同可言化民成俗，孔孟是以德化，然本圣人之德究如何落实到现实社会来，完成化民成俗之义，通常孔孟只就德性主体之扩充与仁心之感通上立说，未能相应政治事务之复杂性而显其切挚义。荀子则唯是就"如何落实到现实社会来化民成俗"上措思用心，其措思用心之结果，与今日所言之"新外王"（以民主政治为内容者）比，距离固仍甚远，然其精神发展之方向与问题之转向，实较孟子多走一大步，而为原始儒家外王理想之初期完成者。以其问题与孟子不同，故其所向往所规定之人格形态也就不同；荀子强调"治人"之要，与孔孟及后世儒者所向往之圣君贤相是有差别的，此不可不知。

荀子的"治人"，虽不以"德"定（不以德定，是说不以内圣之人格为极成），然于笃行人格所以立之本，大体亦无悖于孔孟之传统。

孔孟之圣人，以立德为主，立德之基在践仁，践仁然后有德操。荀子所言之成人——能笃行之人，亦视德操为其主要条件之一。盖依儒统，一个人不论其做什么，成个什么形态，根本上总当先成其为一个人，德操即使其成为一个人的。

> 君子知夫不全不粹之不足以为美也，故诵数以贯之，思索以通之，为其人以处之，除其害者以持养之，使目非是无欲见也，使耳非是无欲闻也，使口非是无欲言也，使心非是无欲虑也。……是故权利不能倾也，群众不能移也，天下不能荡也。生乎由是，死乎由是，夫是之谓德操。德操然后能定，能定然后能应，能定能应，夫是之谓成人。（《劝学篇》）

荀子之"成人"，颇类于孟子之贫贱不移、富贵不淫、威武不屈之"大丈夫"，大丈夫就是一个真正的人，一个真正有德操的人。在儒家，人总要先成其为一个人，然后有不朽之功业。在这一点上，孟荀皆信守不渝。不过荀子之君子、成人，除德操外，尚有一重要条件，此即"诵数以贯，思索以通"之"全尽之学"。这是关联着"知统类"说的，盖荀子之笃行人格，是以知统类为本的。知统类是"智"，有德操是"仁"，其笃行人格，亦可以说是仁智兼备（《君道篇》即尝以"仁""知"之极规定圣人）。

> 故君子耻不修，不耻见污；耻不信，不耻不见信；耻不能，不耻不见用。是以不诱于誉，不恐于诽，率道而行，端然正己，不为物倾侧，夫是之谓诚君子。（《非十二子篇》）

此言诚君子与成人同。君子耻不修，耻不信，耻不能，即具德操之征验。具德操，故能不诱于誉，不恐于诽，不为物倾侧。诚君子即能笃行之人。荀子言"诚君子"，而"诚"亦为笃行人格之本者。"圣人为知矣，不诚则不能化万民。……夫诚者，君子之所守也，而政事之本也。"（《不苟篇》）"圣人为知矣，不诚则不能化万民。"诚乃仁之事，此亦言笃行君子必须"知""仁"兼备，然后能化万民。

荀子不仅言诚，亦复言"明"，以"明之为圣人"。而明亦为笃行人格之所以成其为笃行者。

> 不闻不若闻之，闻之不若见之，见之不若知之，知之不若行之，学至于行之而止矣。行之，明也，明之为圣人。圣人也者，本仁义，当是非，齐言行，不失豪厘，无它道焉，已乎行之矣。故闻之而不见，虽博必谬；见之而不知，虽识必妄；知之而不行，虽敦必困。（《儒效篇》）

荀子重视笃行如此，而圣人之明，即由笃行之过程中显现。由过程中显，即由笃行之效用中求明之征验，没有征验的孤悬之明，是无济于事的。杨倞注"行之，则通明于事"，即很适切荀子说"明"之原意。"行之明也"一语，即示"明"不同于"知"。荀子虽重视经验之知，但求经验之知，毕竟只是学习程序中的始点，"学恶乎始？恶乎终？曰：其数则始乎诵经，终乎读礼；其义则始乎焉士，终乎为圣人。"（《劝学篇》）诵经只足以为士，以其只以"知"为主；为学的终极目的在为圣人，故"读礼"之圣人，即能举统类应变，有统类之行的笃行之人。所以说"知之不若行之，学至于行之而止矣"。荀子所言之"明"，亦不同于孔孟之"智"，《中庸》之"明"。孔孟之智,《中庸》之明,都是指生命之通体透明,智与明是护持仁的,故智摄于仁。荀子之明,是"行之则通明于事"之明,明由行显,行由明成,圣人之明,是以成就政治事务为其目的,故"明之为圣人"之圣人即能笃行之人。

> 偷儒惮事,无廉耻而耆饮食,必曰君子固不用力,是子游氏之贱儒也。彼君子则不然,佚而不惰,劳而不僈,宗原应变,曲得其宜,如是然后圣人也。(《非十二子篇》)

"宗原应变,曲得其宜",即言笃行君子之效。荀子非子游氏之理由,一则曰"惮事",再则曰"不用力",即非其不能笃行也,亦反证荀子之笃行固不能离事而言。

荀子又尝以神、固为笃行人格之本,而言"神固之谓圣人"。

> 此其道出乎一。曷谓一?曰:执神而固。曷谓神?曰:尽善挟治之谓神;〔曷谓固?曰:〕万物莫足以倾之之谓固。神固之谓圣人。(《儒效篇》)

此言"道出乎一",下文又说"百王之道一是矣",此"一"自非数目之一,一是代表百王之道的。同篇又云:"并一而不二,所以成积也。……并一而不二,则通于神明,参于天地矣。……积善而全尽,谓之圣人。"可知一且是全尽之道。一是抽象地说道,落在具体的人身上,则由"执神而固"见。"神固谓之圣人",故神固为笃行人格之本。"神固"即相当于成人之德操:"德操然后能定,能定然后能应";能应,即所谓"尽善挟治之谓神";能定,即所谓"万物莫足以倾之之谓固"。荀子以"定""应"并重，"神""固"双彰，即表示不主孤离地言定固之工夫，定固之工夫，即由神应见。亦正与"行之明也""行之则通明于事"之义是一贯的。明由行显，定固由神应见，即笃行人格所以成其为笃行者真正之大本。

> 兼并易能也，唯坚凝之难焉。齐能并宋而不能凝也，故魏夺之；燕能并齐而不能凝也，故田单夺之；韩之上地，方数百里，完全富足而趋赵，赵不能凝也，故秦夺之。故能并之而不能凝，则必夺；不能并之又不能凝其有，则必亡。能凝之则必能并之矣。得之则凝，兼并无强。古者汤以薄，武王以滈，皆百里之地也，天下为一，诸侯为臣，无它故焉，能凝之也。故凝士以礼，凝民以政，礼修而士服，政平而民安。士服民安，夫是之谓大凝。以守则固，以征则强，令行禁止，王者之事毕矣。（《议兵篇》）

天下存亡之关键，在王者之是否能"凝"，则"凝"即王者成就王业之所依，能凝之义大矣哉。据"能定能应，夫是之谓成人；神固之谓圣人；成人圣人即能笃行之人诸义"推之，则足以成就王业之"坚凝"一义，其根据当在作为笃行之本的定固之德操。定固之工夫本即由神应之用而见；故落在王事上而言之坚凝，当即神应之用之极致。凝之与否，正笃行原则是否能尽其用之征验。"兼并易能也，唯坚凝之难焉。""能凝之，则必能并之矣。"这表示荀子所属意之王者（能笃行之人），并非能征善战之英雄，颇有类牟宗三先生所论"凝敛的理性人格"之光武帝（见《历史哲学》第五部）。船山论光武亦谓"数百万人之浮情害气，以一念敛之而有余矣"，即谓光武之得天下治天下，唯赖其"凝敛的理性人格"。历史之光武，是否即符合荀子笃行人格之要求，兹可勿论，然荀子主神固为笃行之本，主坚凝为王业之基，会通两造之义，判断荀子之笃行君子即一"凝敛的理性人格"，以为了解笃行人格形态之一助，当不致全被视为附会吧。

了解了笃行人格（治人）的意义，则于荀子隆师法之义，在这里可附带作一说明。

> 不是师法而好自用，譬之是犹以盲辨色，以聋辨声也，舍乱妄无为也。（《修身篇》）

> 故人无师无法，而知则必为盗，勇则必为贼，云能则必为乱……故有师法者，人之大宝也，无师法者，人之大殃也。（《儒效篇》）

> 圣也者，尽伦者也；王也者，尽制者也；两尽者，足以为天下极矣。故学者以圣王为师。（《解蔽篇》）

荀子所以隆师法，是欲以圣王为师、圣王为法，圣王乃能尽伦尽制者。能尽伦尽制之圣王，即是能笃行之君子，此笃行之君子，为外王理想之完成者，焉得不师？焉得不法？故荀子隆师法是一价值观念，与后世言"三纲"、言"以孝事君则忠"之阿谀权势者，实不可同日而语。

第二章 荀子"天生人成"一原则之构造

一 "天生人成"一原则之引出

"礼义之统"是荀子思想系统的基础,"礼义之统"所涵的一系列观念,是荀子思想系统的基层观念;通过这些基层观念,很清晰地表露了荀子系统的特质;这特质表示荀子思想自始就是一客观的路子,他所要完成的系统,亦是一客观的系统。这系统的基本架构,是以"周文"作引子,以"礼义之统"作基础,到"天生人成"一原则构造出,才表现它的完成。因此,在"礼义之统"系统的解析之后,进一步必须对"天生人成"一原则之构造予以理论的陈述与展示。

要构造一个系统,第一步必须先形成一中心理念,荀子思想系统的中心理念即"礼义之统"。在中国文化中,思想的主要领域,大体不外是对人、对事、对天的三个方面;中国历代的大思想家的系统,大都是根据他的中心理念,对这三方面的问题及其关系所作的陈述。荀子亦不例外。荀子思想的主要部分,即是以"礼义之统"为基础,并于礼义效用的思考中,决定了礼义与人、与事、与天的关系;这一关系确定了,性、天的意义也就同时确定。这种由客观礼义的效用问题，导引到对天人关系上来的思考方式，即是由荀子思想系统的特质所决定的方式。

要了解这一特质，及此特质所决定的特殊方式的意义，与孟子的思路对照起来看，就很明显。孟子思想系统的中心理念是性善，这是就人之本然之善，确立了人之所以为人的大本；它是众善之源，理想之根；孟子的一切思想都是本此中心开出的。性善心亦善，孟子即是以心善作例证（如"四端"之说），建立其性善论，故尽心知性则可以知天。在此一标准下所了解的"天"是"生德"（"天地之大德曰生"）；在此一标准下所了解的"事"是"修德"（《中庸》格、致、正、诚、修、齐，即修德之事；治、平亦莫不以修德为基础）。在孟子的系统中，一是皆以成德为主；孟子的宇宙，亦是道德的宇宙，这宇宙的基础在性善。表现道德的心性，是人之所以为人的主体，所以孟子的思想系统是必然由主体入的。亦即可本此义确定孟子思想的特质是落在主体性与道德性上；这与荀子的系统是由客体（礼义）出，并以"礼义之统"为基础而构造的客观系统是迥然不同的。

牟宗三先生，曾经在他《中国哲学的特质》一讲稿中，对中国哲学的重点何以落在主体性与道德性上，有如下的论断："中国的哲人多不着意于理智的思辩，更无对观念或概念下定义的兴趣。希腊哲学是重知解的，中国哲学则是重实践的。实践的方式初期主要是在政治表现善的理想，例如尧、舜、禹、汤、文、武诸哲人，都不是纯粹的哲人，而都是兼备圣王与哲人的双重身份的。这些人物都是政治领袖，与希腊传统中那些哲学家不同。在中国古代，圣和哲两个观念是相通的。"哲"字的原义是明智，明智加以德性化和人格化，便是圣了。因此"圣哲"二字常被连用而成一词。圣王重理想的实践，实践的过程即为政治活动。此等活动是由自己出发，而关联着人、事和天三方面。所以政治的成功，取决于主体对外界人、事、天三方面关系的合理与调和；而要达到合理与调和，必须从自己的内省修德做起，即是先要培养德性的主体；故此必说'正德'然后才可说'利用'与'厚生'。中国的圣人，必由德性的实践，以达政治理想的实践。"这一段说明两点：（1）中国哲学是，重实践重主体的；（2）政治理想的实现，是以内省修德作基础的。这两点即是以表示中国哲学的特质。很显然，此一特质的陈述，是以孔孟一系的人文思想为典范的，并不能概括荀子的系统。在这一特质的陈述下，荀子当是一个例外。而后来历史上的儒家哲学，是以孟子的心性论与《易传》《中庸》为主流、为正统的。明白这一点，荀子其人其学一直不被重视而遭湮没，便不足为怪了。荀子不入主流，不为正统，并不表示其哲学思想无价值；而是向来哲人在孟子思路的拘囿下，无人能了解其价值，无人能察觉其系统乃代表孟子思路以外另辟的一个新方向；反而在两千多年以后，中国文化百弊丛生要求新出路的今日，给我们带来很大的启示。中国传统的哲学精神，总不免局限于主体的一面，终于转不出来；今天的新哲学精神的要求，重点在如何开出客观精神，要开出客观精神必须重客体。这正是荀子的思路，荀子客观系统所代表的精神。这一精神在前章"礼义之统"系统的解析部分，已有相当的展现；在"天生人成"一原则之构造中，而后能全体透出。

"天生人成"一原则是透过"天""性""伪""心"等观念所组成；因荀子构造系统的思路不是由主体入，而是由客体之礼义出，故其所言性天之意义与孔孟所述者大异其趣。由主体入，故肯定心性皆善；心性善，则由尽心知性而知之天亦善；一向儒家所说成德的基本工夫，即以具有价值意义的心、性、天为本，对治人的私欲，荀子则不然。荀子系统由客观之礼义出，故其价值标准不在主体之心性，乃在客体之礼义。价值标准既在客体之礼义，则实现价值唯在尊礼隆义，及发挥礼义的效用。荀子即以其所尊所隆之礼义为能治之本，返而治性亦治天；则性天在礼义之对治中，皆屈服而为被治的、负面的。众善之源、理想之根唯在礼义，性天只是自然义。在孔孟，礼义由性分中出，礼义乃表现性天价值之客观化，性天与礼义之关系是谐和的。荀子的礼义乃"由人之积习以成，由人之天君（智心）以辩"，它是人为（伪）的，与人的性分无关，礼义与性天之关系遂成为能治与被治之关系。能治之礼义，与被治之性天之对局，即"天生人成"的基本架式。"天生"之"生"，非"天地之大德曰生"之"生"，生即自然而然义；"人成"者，即通过礼义之效用以成。荀子"天生人成"一原则之构造，即纯由礼义之效用问题之思考中而导引出。故"天生人成"的理论，实即荀子效用论的主要部分；荀子的基本精神，亦即由礼义效用的追逼下而步步彰显。

在《荀子》书中有两段重要的话，已说明"天生人成"一原则之所以构成及必须构成之理由。在这两段话中，不仅提到组成"天生人成"一原则的几个基本观念，且启迪了构造这一部分理论的思路，此即本书对"天生人成"一原则之构造之所本。

　　天地者，生之始也；礼义者，治之始也；君子者，礼义之始也。为之，贯之，积重之，致好之者，君子之始也。故天地生君子，君子理天地。君子者，天地之参也，万物之总也，民之父母也。无君子则天地不理，礼义无统，上无君师，下无父子，夫是之谓至乱。（《王制篇》）

性者，本始材朴也；伪者，文理隆盛也。无性则伪之无所加，无伪则性不能自美。性伪合，然后圣人之名一，天下之功于是就也。故曰天地合而万物生，阴阳接而变化起，性伪合而天下治。天能生物，不能辨物也；地能载人，不能治人也；宇中万物、生人之属，待圣人然后分也。(《礼论篇》)

这两段话颇具概括性，可视为"天生人成"一原则理论构造的一个纲领，下文即本此纲领而予以一一展现。

二 天之自然义

荀子说天之自然义，主要见于《天论篇》。

天行有常，不为尧存，不为桀亡。应之以治则吉，应之以乱则凶。

治乱天邪？曰：日月星辰瑞历，是禹桀之所同也，禹以治，桀以乱，治乱非天也。时邪？曰：繁启蕃长于春夏，畜积收藏于秋冬，是又禹桀之所同也，禹以治，桀以乱，治乱非时也。地邪？曰：得地则生，失地则死，是又禹桀之所同也，禹以治，桀以乱，治乱非地也。

天不为人之恶寒也辍冬，地不为人之恶辽远也辍广……天有常道矣，地有常数矣。

这三则即直接阐明天之自然义。"天行有常"，是荀子论天的基本观念，此观念的含义是：天体的运行，有它自身一定的轨道、法则，这种轨道、法则是永恒如如的，天体的一切现象的递变，即无不遵循其自身所具的法则。此法则即近代科学中发现的自然律。它与人世间的治乱兴衰，并无任何意义之关涉。尧与桀，一是圣王，一是独夫；圣王使天下治平，独夫则掀起祸乱；这都是人为的因素所造成，与天是无关的。天只是永恒如如，它不为尧存，亦不为桀亡。"应之以治则吉，应之以乱则凶"，这是说，如果我们对天体的现象，附加上一些颜色或价值的判断，如说其吉或凶，这都是人的心理现象透过现实或治或乱的感受，然后投射于天，附加于天的；天本身并无任何颜色、任何价值的意味；因为天只是生，只是自然。"治乱天邪？……时邪？……地邪？……"一段，是以设问的语气，再申述人间治乱与天、时、地皆不相干；天地与时皆属自然现象，并无任何奥秘或神圣的意味。天既不是神圣，又无任何奥秘可说，因此，天根本就不能成为人冀求怨慕的对象。可是自古及今，人类却总有一深沉的心理，将人生的一切际遇，视与天的赏罚意志息息相关，甚至视天为饱一己私欲的工具，一旦得不到满足就怨天。这种心理，以荀子的论点推之，完全是自愚行为。所以荀子说："不可以怨天，其道然也。""其道然也"即是说天之道只是自然如此；它既无赏罚的意志，更与人间的祸福无关。荀子"天人之分"的二分法，将人与自然的分际剖显出来，将人与天之间一切情感的纽带、情绪的关联打断，"自然当作自然观"，"自然还其为自然"，这就科学的观点言，实具有划时代的意义。罗素于其《科学对社会的影响》一讲稿中，提到西方在十八世纪的科学状况，有三个特别重要的因素，第二个因素是："宇宙自身是自动的永恒体系，那里的一切变动，完全依照自然法则。"这因素"就达成了预兆、巫术、魔鬼等观念的没

落"（邓宗培译本，协志工业丛书出版公司一九六二年初版）。这是
发展科学世界最基源的一组观念。在时间上相当于希腊亚里士多德
的时代的荀子，即已具备这些观念，这不能不说是人类文化中的一
个奇迹。假如荀子能以这方面的理论作中心，而予以积极的探究，
赋予积极的意义；又假如在后世的两千多年中，有人能发现这方面
理论的价值，继续发展下来，我敢断言，中国文化除孔孟的道统以
外，必将有一类似西方近代的科学传统，也不致到今天我们仍在嚷
着发展科学了。然而中国历史的演进，完全不符合我们的假想，不
要说后世无人发现这价值，即连荀子自己亦未自觉到这方面的价值。
天论的思想不是荀学的中心。在这里，我要提醒读者，回想前一节
中，"天生人成"一原则是如何导引出的那些线索。前文说过，"荀
子'天生人成'一原则之构造，即纯由礼义之效用问题之思考中而
导引出"。这一陈述，对把握天论这部分思想在荀子系统中的地位、
意义，是一重大的关键。倘若不了解或不承认这一陈述的意义，势
必导致对天论思想的误解。数十年来，凡是用新方法去整理荀子思
想的人，对这部分的理论，总不免或多或少地犯了一些错误，即由
于他们把天论孤立起来看，把天论的思想和其他部分的思想的关联
割断，这样就会很自然地，将这些自然思想赋予积极的意义，而径
美称之为科学思想，荀子亦成为类似培根的科学家。从胡适的《中
国哲学史大纲》起，就犯了这种错误，后人大体承袭了这种见解。

不久前，严灵峰写了一篇《论荀子不求知天》的短文（《人生》
二六九期）认为《天论篇》"唯圣人为不求知天"这句文字定有夺
误，"致与荀子《天论》全篇大旨相悖"。于是"乞灵于考据"，将此
句文字改为："唯圣人不为、不求、知天"。他的论据，几全不相干，
且把《天论》的原文多曲解了；他考据的结果，实迹近荒诞。他实

弄不清天论思想究竟是什么意义，在荀子系统中究占什么地位。假如他们能知道，《天论篇》的思想只不过是构造"天生人成"一原则的一部分，而且天论思想的真意义，必须套在"天生人成"的架式中去了解的话，这些谬见，将可避免。我要再重复一句：荀子对天这方面的理解，纯是由礼义效用的思考中导引而出，礼义是本，是能治者，是正面的，据是而刺出去所理解的天是末，是被治者，是负面的。末，是说荀子的思想重点在礼义之实施，不在对天之探究；被治是说一切天生而自然者，皆欲落在礼义的效用中，始能得其道，得其成；负面是说天在被治中，不能有任何积极的意义。总之，在荀子，礼义是绝对的中心，是人成之所，是人为之极致；知者知此，行者行此。至于天，它只是"生"，只是"自然"，知其为生为自然即已足；如再作进一步的探究，便是"无用之辩，不急之察"，荀子则主张"弃而不治"。在这一意义上看，荀子不仅缺乏科学活动的自觉，且已割断这方面发展的可能。他说天之自然义，只是欲使天成其为被治的，使人为的礼义的功效能伸展出去。因此，"唯圣人为不求知天"一命题，不仅不"与荀子《天论》全篇大旨相悖"，恰相反，这正是《天论》全篇所要证成的主要命题。

三　不求知天义

不为而成，不求而得，夫是之谓天职。如是者，虽深，其人不加虑焉；虽大，不加能焉；虽精，不加察焉。夫是之谓不与天争职。天有其时，地有其财，人有其治，夫是之谓能参。舍其所以参而愿其所参，则惑矣。列星随旋，日月递炤，四时代御，阴阳大化，风雨博施，万物各得其和以生，各得其养以成，不见其事而见其功，夫是之谓神。皆知其所以成，莫知其无形，夫是之谓天功。唯圣人为不求知天。

此段说明圣人不求知天之故有二：第一，天功只是如如而生，如如而成，我们只能知其已生已成的具体物，而不能知其何以生何以成；万物之生与成，是无形的，是宇宙的奥秘；无形，故非心知所能测度，故曰："皆知其所以成，莫知其无形，夫是之谓天功。"天功之成，成于无形，是自然而然，不似人为之造作，故曰"不见其事而见其功"，故曰"不为而成，不求而得"。此数语皆在说明天之自然义。天之生成万物，既是自然而然，则人就不当对之加虑、加能、加察；加虑、加能、加察即是与天争职，即是违逆自然，即是求对天有所知，亦即是不明"天人之分"。欲明天人之分，欲不与自然相违逆，欲不与天争职，就当该"自然还其为自然"，"自然当作自然观"。此段所言之神、天功、天职，皆自然义。荀子即欲以肯定天之自然义，作为不求知天的一个理由。不求知天的第二个理由，荀子是就能治之人，与被治之天对说。"天有其时，地有其财，人有其治，夫是之谓能参。"这是说天地只是自然，是被治，唯人是能治者；能参即是能治。舍弃能治者不理，反去求知被治者，这不仅是徒劳无功，而且是不明智，荀子称之为"惑"。故"唯圣人为不求知天"。不求知天，是因天只是生，只是自然，只是被治；故不求知天，即反显人所宜求知用力者，当在能治人为的一面。下文又云："君子敬其在己者，而不慕其在天者；小人错其在己者，而慕其在天者。"君子所以敬其在己者，是因人有其治；不慕其在天，是因天只是被治之自然。可见荀子在"天生人成"一架式中，重点只在能治一面之彰著，能治彰著，礼义之效用亦彰著。

圣人清其天君，正其天官，备其天养，顺其天政，养其天情，以全其天功。如是则知其所为，知其所不为矣，则天地官而万物役矣。其行曲治，其养曲适，其生不伤，夫是之谓知天。故大巧在所不为，大智在所不虑。

在前文中，已证明"唯圣人为不求知天"，乃《天论篇》所要证成的主要命题，这里荀子却又说"……夫是之谓知天"，猛一看，这不是明显有矛盾？严灵峰那篇怀疑荀子主张不求知天的考据文字，就因误把"夫是之谓知天"这句话，看成正面陈述的肯定语句，因此他在引了这段话以后，接着就说："以上荀子明白地自己说出如何叫做知天，怎么可以说他不求知天呢？"严先生大概是心中先有一个成见，觉得"唯圣人不求知天"是错误的，所以就没有细按"夫是之谓知天"上下的文义。如果说"夫是之谓知天"是一句正面陈述的肯定语句，那么上文应该全就"天"言。事实上上面那段文字全是就"人为""能治"而言的。天君、天官、天养、天政、天情、天功虽皆天生而自然者，可是天君之清、天官之正、天养之备、天政之顺、天情之养、天功之全，却不再是天生而自然者，而是要通过人为的活动而后然。在"天生人成"的架式中，一切天生而自然者皆不能自成，欲其成，必须经过圣人清其天君等工夫；清其天君等工夫，在荀子是属于"人为""能治"一面的，即有赖于礼义的（《修身篇》："凡治气养心之术，莫径由礼。"）。了解这意思，然后就知道什么是当为的，什么是不当为的。"圣人清其天君"一段，实已清清楚楚说明，当为的是属于能治之人一面，不当为的是属于被治之天一面。所以"如是则知其所为，知其所不为"的文义，正与原书前文中的"舍其所以参而愿其所参，则惑矣"，以及原书下文中的

"君子敬其在己者，而不慕其在天者"，完全一致：实皆证明"唯圣人为不求知天"一义。所以"夫是之谓知天"是一反显语句。原意实是在说：你要求知天吗？那么通过圣人清其天君等工夫，使一切天生而自然者，皆能得其道得其成，这便是知天。荀子可能是甚怕人执着"夫是之谓知天"的字面义，而误解他的原义，所以紧接着就说："故大巧在所不为，大智在所不虑。"这两句是必须和上文连着看的，而严灵峰却将这两句略而不顾。这两句就正好和前文"如是者，虽深，其人不加虑焉；虽大，不加能焉；虽精，不加察焉。夫是之谓不与天争职"呼应上，使原文在曲折展示中仍保持一贯的脉络。同时经过这两句的申说，使"夫是之谓知天"与"唯圣人为不求知天"，在字面上似相矛盾，而在意义上实仍一致。杨倞在这两句下面的注文是"此明不务知天，是乃知天也"，是不错的。其次，"其行曲治，其养曲适，其生不伤"三句，乃承接"圣人清其天君"一节之义，再予以一总持之说明。陈大齐对这三句所说的知天义有一解释，他说："不求知天之所以然，是'不求知天'的又一义。至于用以'曲治''曲适'的知天，其所知的不是天的意志，不是天之所以然，而是天地万物消长变化的现象及其互相间的关系，亦即天地万物所遵行的自然法则。"（陈著《荀子学说》第二章第二节）我在三年前《荀子天论篇试释》（见《人生》杂志）一文中，亦以为此三语"亦只是说'自然还其为自然'义"；陈先生和我从前的解释都是错误的。以前我因《天论篇》中各家的注释错误很多，所以连三句的注文也就忽略了，而对这三句，杨倞的注文实大体是正确的。其文云："其所自修行之政，曲尽其治；其所养人之术，曲尽其适；其生长万物，无所伤害，是谓知天也。言明于人事则知天，物其要则曲尽也。"此可与上文的辨正互相印证。复次，由圣人清其天君等，即可推至"天地官而万物役矣";《天论》第七段又说:"故错人而思天,则失万物之情",天地官万物役即是不失万物之情,而失万物之情之故,在错人而思天,在"舍其所以参而愿其所参";那么,要不失万物之情,使天地官万物役,就不当错人而思天,而宜"君子敬其在己,而不慕其在天者"。杨倞注"则天地官而万物役"一句云:"言圣人自修政,则可以任天地役万物也。"亦是不错的。所以从"圣人清其天君……"到"则天地官万物役"的推论,是在证明"唯圣人为不求知天"一命题的。

由"唯圣人为不求知天"一义,则可以推知荀子制天用天之说,其意义亦是消极的;制天用天之说,仍是由礼义之效用中夹带而出;既夹带出,则制天用天就成为礼义效用之说明。荀子只思及由礼义之效用所及,天必当被制被用,并未进一步措思天究如何才能被治被用,否则荀子就不能非议"大天而思之"之对天用其思;盖制天用天之说如是积极义,则"大天而思之"正是必须的。然则在荀子排斥"大天而思"的同时,所主张的制天用天之说,除了在强调人为能治一面之意义外,是不能有任何积极意义的;不然,又将被荀子斥为"错人而思天"了。

大天而思之,孰与物畜而制之?从天而颂之,孰与制天命而用之?望时而待之,孰与应时而使之?因物而多之,孰与骋能而化之?思物而物之,孰与理物而勿失之也?愿于物之所以生,孰与有物之所以成?故错人而思天,则失万物之情。

四 自然世界为人文世界所主宰义

"不求知天"义，旨在割断人与天之间的意志、情感、情绪等一切纽带关系，这样一面使天还其为自然，一面在说明人的命运，全要由人自身负责：人为善，天不能予之凶；人为恶，天不能使之吉。此便是荀子所说的"天人之分"的二分法。

> 天行有常，不为尧存，不为桀亡。应之以治则吉，应之以乱则凶。强本而节用，则天不能贫；养备而动时，则天不能病；修道而不贰，则天不能祸。故水旱不能使之饥渴，寒暑不能使之疾，祅怪不能使之凶。本荒而用侈，则天不能使之富；养略而动罕，则天不能使之全；倍道而妄行，则天不能使之吉。故水旱未至而饥，寒暑未薄而疾，祅怪未至而凶。受时与治世同，而殃祸与治世异。不可以怨天，其道然也。故明于天人之分，则可谓至人矣。

"强本而节用""养备而动时""修道而不贰"，皆在显"人成"之所以成其为人成者。人成之义显，则与只是生只是自然的天之界限，就完全鲜明，这是二分法的本意，并不如严灵峰所说的"荀子对于'天''人'是并重的"。荀子说"天人之分"义，与"不求知天"义，是为"天生人成"一原则之构造作准备；换言之，此二义皆为"天生人成"一原则之构造之一部分。

荀子既肯定天是被治的、负面的，正面的、能治的是靠人为，是靠礼义之效用，一切被治的、负面的，只要落在礼义之运作中，即能得其道，得其成。所以进一步，在《天论》这一线索中，要极成"天生人成"一原则，断赖"自然世界为人文世界所主宰"一命题之证成。《天论篇》第五段"无用之辩，不急之察，弃而不治。若夫君臣之义，父子之亲，夫妇之别，则日切磋而不舍也"，又第七段"在天者莫明于日月，在地者莫明于水火，在物者莫明于珠玉，在人者莫明于礼义。……故人之命在天，国之命在礼。君人者，隆礼尊贤而王"，即已暗示出这一归向。第八段则全是讲礼义之统的意义，及礼义之统与治乱之关系。如果我们不明了荀子《天论》的思想，最后主要在证成"自然世界为人文世界所主宰"一义，就会误以为最后几段牵涉到礼义的部分，与本篇旨意不合。我最初读《荀子》的阶段，就曾一度持有这种谬见。几年以后，我把握住"天生人成"一原则在荀子系统中的重要性，才将往昔的谬见纠正过来。这使我确信，荀子天论、性论的思想，绝不能孤立起来看，不然，永不能真明白他所以那样讲天讲性的用意。他的讲性说天，都是为了彰著礼义之统之效用，为了完成他那客观的系统。因此，礼义之统，永是他系统的绝对中心，它不仅主宰自然万物，且主宰人伦社会。此即决定荀子系统所以是儒家式的，其与孔孟之不同，在一赖主观之道德心为主宰，一以客观之礼义之统为主宰而已。

然则"自然世界为人文世界所主宰"一命题，究如何证成？仍引荀子自己的话来作证。

> 群道当，则万物皆得其宜，六畜皆得其长，群生皆得其命。（《王制篇》）

> 贤者不可得而进也，不肖者不可得而退也，则能不能不可

得而官也。若是，则万物失宜，事变失应，上失天时，下失地
利，中失人和……则贤者可得而进也，不肖者可得而退也，能
不能可得而官也。若是，则万物得宜，事变得应，上得天时，
下得地利，中得人和。(《富国篇》)

"贤者可得而进也，不肖者可得而退也，则能不能可得而官也"，即
由于群道得当，反之，则由于群道不当。群道即指礼义之效用而言，
群道当表示礼义恰尽其效而无差失；群道不当即表示礼义之未能恰
尽其效而有差失。由此观之，礼义若能恰尽其效而无差失，则天得
其时，地得其利，人得其和，万物皆得其宜，六畜皆得其养，群生
皆得其命；此即《中庸》"天地位，万物育"之义。孔孟由尽心知
性而至之功化境界，荀子即由礼义之曲尽其用而达之。司马迁《史
记·礼书》所云"洋洋美德乎！宰制万物，役使群众，岂人力也哉"
这一段赞美礼的话，恐怕只有用在荀子的系统上，方为允当。在这
里礼义成为宇宙的中心，亦是万事万物的主宰。于此，"自然世界为
人文世界所主宰"一义，遂获得充分证明。

五　性之自然义

前文三节，已将"天生人成"一原则中属于治天一面的构造予
以展现，下文则续就治性一面展示其构造。荀子以礼义为能治之本，
能治之礼义治天复治性；礼义即由自然之性天为其所对，而显其大
用。不过，治天与治性之所以为治之意义实不尽同，此不可不辨。
就自然一义视天，则天体之运行，天地万物之生成，实皆如如而生，
如如而成，它并不受人之意志的影响，亦与人文世界互不关涉。因

此，礼义（能治）所对治之天，其所以为治之意义，并无具体的真实性，只是由礼义效用之充量彰显中带出来的一种姿态，一条虚拟的影子。"天生人成"一架式在治天一面的构造，只止于抽象的意义。在治性一面则不然。荀子虽亦视性为自然，与天同，可是天之为自然，不仅不妨碍天地万物之生成，且天地万物正是自然而生，自然而成，万物之"有"，正由于自然而有。而性之为自然，若顺之发展，则产生人生之过恶，价值之人生并不能由性之自然义衍出，无价值之人生，则人不能说是有意义的存在。故顺性之自然义，人只能有生而无成；有生而无成，是谓弃才。故礼义对治于性，恰能尽其用，礼义之效用，在此有具体的真实性。因此荀子所说"无性则伪之无所加，无伪则性不能自美。性伪合，然后圣人之名一，天下之功于是就也"（《正名篇》），亦有具体的真实性。荀子并不说"无天则伪之无所加，无伪则天不能自美"，更不说"天伪合然后圣人之名一，天下之功于是就"。所以不如此说，即因无具体的真实性（说礼义为宇宙的中心，万事万物的主宰，亦是泛礼义主义推演的结果，并无具体的真实性）。所以"天生人成"一原则，从治天一面看，只是虚拟的姿态，从治性一面看，然后能落实。

荀子论天，说天只是生，只是自然；论性亦从此义出发。

性者，天之就也。（《性恶篇》）

不可学不可事而在天者，谓之性。（同上）

生之所以然者谓之性；性之和所生，精合感应，不事而自然，谓之性。（《正名篇》）

杨注"天之就"，即云"成于天之自然"。"不事而自然""不可学不可事"皆自然义，此与天之为自然并无异。"生之所以然者谓之性"，此语在荀子颇不易寻得确解。陈大齐曾将"生之所以然"与"不事而自然"解作同义（陈著《荀子学说》第三章第二节），这显然不妥。盖由"生之所以然"所说的"性"，与"不事而自然"所说的"性"，两"性"字的意义，必属于不同层次，徐复观在他《荀子经验主义的人性论》一文中，就曾察觉到其间的不同。他说："一般人忽略了荀子言性有两面意义，更忽略了荀子言性的两面的意义，同时即含有两层的意义。此处'生之所以然者谓之性'的'生之所以然'，乃是求生的根据，这是从生理现象推进一层的说法。"这解释大致是不错的，问题在荀子的性论中，是否真能有此"推进一层的说法"存在？荀子若真是自觉地要作此推进一层的思维，则性的意义必超脱生理现象，而与"生"离，亦与"自然"离；则性不只是生，不只是自然。然而荀子《性恶篇》中所论的性，实纯是从生从自然之本能规定性的意义，并无一言表示从这一层的超脱。设若荀子真能将性的问题有推进一层的自觉，则荀子的人性论，必全部改观，而不能只是负面的被治的自然之性。徐先生已发现从"生之所以然者"而言的性，"在他整个的性论中，并没有地位"，在这里我还可以进一步指出："从生理现象推进一层的说法"，与荀子性论的本义是难以相容的。

　荀子性论从性之自然义出发，若仅抽象地说其为自然，则其与天之为自然义并无不同。但性之为自然义，是一个具体的人所具有的自然之性，因此，性之为自然，必是一具体的呈现，其与天之自然义即有别（以其有别，故礼义治性是有效的对治，治天，是无效的对治）。就具体的呈现而观性之自然义，则性即生物生理之本能，此所言之性，亦即人之所以同于禽兽者。

今人之性，目可以见，耳可以听。夫可以见之明不离目，可以听之聪不离耳；目明而耳聪，不可学明矣。(《性恶篇》)

今人之性，饥而欲饱，寒而欲暖，劳而欲休，此人之情性也。(同上)

若夫目好色，耳好声，口好味，心好利，骨体肤理好愉佚，是皆生于人之情性者也；感而自然，不待事而后生之者也。(同上)

凡人有所一同，饥而欲食，寒而欲暖，劳而欲息，好利而恶害，是人之所生而有也，是无待而然者也，是禹桀之所同也。目辨黑白美恶，耳辨音声清浊，口辨酸咸甘苦，鼻辨芬芳腥臊，骨体肤理辨寒暑疾痒，是又人之所常生而有也，是无待而然者也，是禹桀之所同也。(《荣辱篇》)

这四则言论，足以概括荀子说性之自然义。两言"禹桀之所同"，是在强调自然之性的普遍性。《性恶篇》又说："凡人之性者，尧舜之与桀跖，其性一也；君子之与小人，其性一也。""故圣人之所以同于众，其不异于众者，性也。"此一普遍性的肯定，甚关重要，因肯定自然之性为人人所同，即同时反证能治之礼义即对人人有效，则礼义之价值亦具普遍有效性。唯有确定礼义之价值之普遍有效性，"天生人成"一原则乃能极成。其次，单就自然说性，还只是静态地指陈，性是无内容的。性的内容必通过情欲表现而见。好恶属情，色、声、味、利、愉佚之好属欲；此情此欲，即性之表现，即性之内容，这是具体的。

性之和所生，精合感应，不事而自然，谓之性；性之好恶喜怒哀乐，谓之情。(《正名篇》)

性者，天之就也；情者，性之质也；欲者，情之应也。(同上)

"精合感应"一语，即表示性是自然的，同时亦是具体的；以其能感应故具体。性由感应，遂生好恶，遂有喜怒哀乐，此谓之情。这是说情为性所发。但荀子又说"情者，性之质也"，则又以情规定性，此情为性之本质。由此可见，情性实只是一个东西，故荀子即常以"情性"相连为词。欲亦然。荀子说："故虽为守门，欲不可去，性之具也。"(《正名篇》)欲为性之具，即是说欲乃性本身所具备，欲亦即性具体之呈现。前引第二则"饥而欲饱，寒而欲暖，劳而欲休"是欲，荀子即径言"此人之情性也"。然则性、情、欲相连而生，无可云异。由情由欲，自然之性乃能与外物相交接；"欲者，情之应也"，此"应"字即交接之谓。由性情欲相连而生，自然之性的表达过程始显。这种表达的过程，亦是自然而有，故性情欲皆属自然义。自然而有性情欲，是一个事实，凡是人，都不可缺，亦不可无。故只是自然的性情欲，它本身并不含价值的意味：不能说它是善，亦不能说它是恶，它只是自然。然则荀子所说性恶，究由何而起？

六　自然之性与性恶

今人之性，生而有好利焉，顺是，故争夺生而辞让亡焉；生而有疾恶焉，顺是，故残贼生而忠信亡焉；生而有耳目之欲，有好声色焉，顺是，故淫乱生而礼义文理亡焉。然则从人之性，

顺人之情，必出于争夺，合于犯分乱理，而归于暴。……用此
观之，然则人之性恶明矣。(《性恶篇》)

这是荀子由自然之性导生性恶的主要论证。人生而有好利，有疾恶；
生而有耳目之欲，有好声色；这都是人的自然之性，无待而然者。
由自然之性导生恶的关键，全由"顺是"见之；顺是者，顺自然之
情而不知节制之谓。在现实的人生中，人不能无欲，"人生而有欲"
(《礼论篇》)，亦是一普遍的肯定。人不仅有欲，且顺人的情性，总
是"欲多不欲寡"，总是"穷年累世不知足"。于是人与人之间遂生
争夺，遂出于暴。因此顺自然之性的需求，导生"人之性恶"是必
然的。由自然之性到性恶既是必然的，所以要使性的需求向下滚的
趋势止煞住不流于恶，则不能不有赖于客观之礼义（伪）；故礼义是
能治者，而性属被治者之对待性遂显。荀子性论与天论的思想一样，
都不是可以孤立起来看的，亦必须在"天生人成"的架式中，始能
了解其真正的意义。

人之情，食欲有刍豢，衣欲有文绣，行欲有舆马，又欲夫余
财蓄积之富也，然而穷年累世不知足，是人之情也。(《荣辱篇》)

子宋子曰：人之情，欲寡，而皆以己之情为欲多，是过
也。……应之曰：……古之人为之不然，以人之情为欲多而不欲
寡，故赏以富厚，而罚以杀损也。(《正论篇》)

宋子"人之情欲寡"的主张是否能成立，这里不必追究（在第七章
中将有详说）。荀子所说人情欲多而不欲寡是说：在有了较舒适的生

活之后，还要求更富裕的生活，这确是实然人生中之实情。政治上的赏罚之所以有效，就显然是由于对这种实情的深刻了解。"赏以富厚，罚以杀损"的措施，即证明人欲多不欲寡这种心理现象的真实性。荀子性恶论的建立，明是由于此类心理现象，和上述之生理现象的观察。因这些现象都是真实有据的，这遂使荀子对他自己的论点坚信不疑。

> 孟子曰：今人之性善，恶（原文为"将"字，今从刘师培校）皆失丧其性故也。曰：若是则过矣。今人之性，生而离其朴，离其资，必失而丧之。用此观之，然则人之性恶明矣。（《性恶篇》）

> 今人之性，饥而欲饱，寒而欲暖，劳而欲休，此人之情性也。今人饥，见长者而不敢先食者，将有所让也；劳而不敢求息者，将有所代也。夫子之让乎父，弟之让乎兄；子之代乎父，弟之代乎兄，此二行者，皆反于性而悖于情也，然而孝子之道，礼义之文理也。故顺情性则不辞让矣，辞让则悖于情性矣。用此观之，然则人之性恶明矣。（同上）

荀子对孟子的驳斥是否相干，这里亦不拟追究。荀子说明性恶的论点，在他自己，则是很一致的。"朴"与"资"，同于《礼论篇》"性者本始材朴"之"材朴"，"朴""资""材朴"皆自然义。荀子由"生而离其朴，离其资，必失而丧之"证明性恶，这意思是说，性本朴资，本不必恶，可是朴资之性的需求，却必然是"欲多而不欲寡"，故"生而离其朴，离其资"，亦是必然的。以其必然"离"，故恶乃生，"离"即表示由自然之性沦为性恶的关键。这沦落是必然会有的，因此无善恶可言的纯自然之性就必然维系不住，故曰"必失而丧之"。自然之性既必失而丧之，所以实然中的人性，总不免流于恶。这里所说的"离其朴，离其资"，正可作为"顺是故争夺生……顺是故残贼生……顺是故淫乱生……"语中几个"顺是"的注脚看，都表示由自然之性到性恶的关键。上引第二则，言子之让父、弟之让兄，皆反于性悖于情，这类话假如本于孔孟说性的立场来看，那是悖理的，后世儒者多讥刺荀子，甚至根本不愿提到他，多半是因看到这反理悖情的话太刺眼，盖亦不深究其故。殊不知，这类话，本于荀子性论的立场，是必然如此说的，否则就会与其基本论点相矛盾。荀子之性即自然之情欲，顺自然之情欲，必是"欲多而不欲寡"，因之顺自然之情欲即无所谓"让"，亦无所谓"代"。故曰"顺情性则不辞让，辞让则悖于情性矣"。让与代属善，荀子即由让代之善行与情性之悖反处，以证明性恶。

顺着自然的情欲，则必流于恶。这是在现实人生与现实社会中触目皆是的事实，荀子即就此事实而建立其性恶论。依荀子，只有这样的性论，才是有辨合有符验的。

> 凡论者，贵其有辨合，有符验。故坐而言之，起而可设张而可施行。今孟子曰"人之性善"，无辨合符验，坐而言之，起而不可设张而不可施行，岂不过甚矣哉？（《性恶篇》）

"有辨合""有符验"，即符合事实之谓。只有承认并了解这一事实，然后说化导说对治才有可能。"起而可设张而可施行"，即指能化能治言。能化能治者为礼义，假如人之性恶这一事实不存在，试问礼

61

义的效用如何能显？荀子即本此观点以非议孟子，认为孟子说"人之性善"是没有事实之征验的。孟子性论在荀子心目中最大的缺点是，如承认孟子所说的性善，则礼义的效用就根本无从说起。此即"坐而言之，起而不可设张而不可施行"之义。在荀子，礼义是客观的，它代表善的标准；客观的礼义要发挥它的效用，即必须有一组恶的事实和它对应；即有能治能化者，必当有被治被化者，否则礼义即不得其用，礼义亦不足贵。须知隆礼义是荀学的根本宗旨，礼义是系统的绝对中心，是唯一的道；他的一切思想皆以符合此宗旨及完成此道的效用为依归。性恶之论，是荀子完成其道之效用的主要部分，故贵礼义必贱情性。由情性之贱，以证礼义之足贵；由情性之恶，以彰著礼义之为善。所以荀子一再地说：

> 今诚以人之性固正理本治邪？则有恶用圣王，恶用礼义矣哉？（《性恶篇》）

> 故性善则去圣王息礼义矣，性恶则与圣王贵礼义矣。（同上）

> 今将以礼义积伪为人之性邪？然则有曷贵尧禹，曷贵君子矣哉？（《性恶篇》）

荀子由"王理平治"说善，由"偏险悖乱"说恶，"凡古今天下之所谓善者，正理平治也；所谓恶者，偏险悖乱也。是善恶之分也已"，如此区别善恶，又显示两点意思：（1）荀子说善说恶纯是由人之行为着眼，不是从动机说的。这和他由自然之性到性的过程之陈述正相吻合。（2）由偏险悖乱的行为界定恶，则能治之礼义之效用之所及者，只能及于人之行为。客观的礼义，对治外在的行为，荀子之道的表现可全不涉及人的主体一面，这是由客观的礼义做出发点，必然导致的一个结果，这结果，同时亦说明"天生人成"一原则的构造，纯是外在于主体的一个客观系统。

七 化性起伪义

"天生人成"一原则的构造，在治天一面，靠"自然世界为人文世界所主宰"一命题之证成；在治性一面，则归结于"圣人化性而起伪"一义的解析与证明。前两节所说性之自然与性恶二义，是将荀子所说性恶的本义，先暂时孤立地提出来加以分析，了解性恶的本义，然后才能懂得荀子所以视性为被治被化的意义。前文已提到过，性恶论不是孤立的，它是"天生人成"一原则构造中的一部分。和天论一样，荀子性恶论亦是从完成礼义之效用的需要下逼显的。在《天论篇》中，为了说明被治与能治的区分，曾运用了"天人之分"的二分法，这二分法，同样运用在"性""伪"之辨上。

> 不可学、不可事而在人者谓之性，可学而能、可事而成之在人者谓之伪。是性、伪之分也。（《性恶篇》）

> 若夫目好色，耳好声，口好味，心好利，骨体肤理好愉佚，是皆生于人之情性者也；感而自然，不待事而后生之者也。夫感而不能然，必且待事而后然者，谓之生于伪，是性伪之所生，其不同之征也。（同上）

此二则言性伪之分。前一则说法比较抽象，后一则由"感而自然"

与"感而不能然"辨"性""伪"则已进入具体。前一则所说，实已涵在后一则里面。"不可学不可事"，与好色好声好味好利好愉佚，皆自然义，亦皆属"天之就"，全不渗杂一毫经验人为的因素。"伪"却相反，伪非自然而然，故亦非天之就；伪是"可学而能可事而成"者，这是说，它纯是来自经验的人为。用荀子自己习用的名词说，伪来自"积习"；所以《正名篇》说："虑积习，能习焉而后成，谓之伪。""虑积""能习"即"可学""可事"之义。这都是属于经验的。由于伪是经验的，在下文中即将论到的"化性起伪"中的"化"，亦是经验的化、外在的化。

> 情然而心为之择，谓之虑。心虑而能为之动，谓之伪。虑积焉、能习焉而后成，谓之伪。(《正名篇》)

由"心为之择"释"虑"，则"心虑"即是一种心智的抉择能力。"心虑而能为之动"，当即是说通过心智的抉择来指导人的行为。这说明"伪"虽属人为，但不是盲目的，它是经由清明知虑的指导进行的。这种心智抉择能力的磨炼培养，依荀子，仍在经验的积习上。

> 性者，本始材朴也；伪者，文理隆盛也。(《礼论篇》)

"本始材朴"，即本来自然之义。《臣道篇》："礼义以为文，伦类以为理。"又《赋篇》赋礼："非丝非帛，文理成章。"则文理即礼文之理，在此即与"礼义"通用。此言"伪"即礼义之隆盛。伪由积习以成，则礼义亦由积习而成。

故圣人之所以同于众，其不异于众者，性也；所以异而过
众者，伪也。《性恶篇》

圣人之性同于众，这说明自然之性有普遍性。圣人之异于众人者在
其能伪；很明显，圣人之伪是系于圣人之才能。这是没有普遍性的。

总括上文对"性"与"伪"含义的解析，可知"化性起伪"者，
乃欲"根据圣人之才能，通过积习的工夫而成之礼义"以化性。"化
性起伪"，即将"性"与"伪"套入"天生人成"的架式中，显其对
待义、功能义。"性"与"伪"在荀子不仅仅是抽象概念，它们代表
行为系统中被治与能治之两端；唯其属行为系统中的两端，"化性起
伪"的公式，才能落实到具体的人生中来，切实彰显礼义之效用。

故必将有师法之化，礼义之道，然后出于辞让，合于文理，
而归于治。用此观之，然则人之性恶明矣，其善者伪也。故枸
木必将待檃栝烝矫然后直，钝金必将待砻厉然后利。今人之性
恶，必将待师法然后正，得礼义然后治。今人无师法则偏险而
不正，无礼义则悖乱而不治。古者圣王以人之性恶，以为偏险
而不正，悖乱而不治，是以为之起礼义、制法度，以矫饰人之
情性而正之，以扰化人之情性而导之也，始皆出于治，合于道
者也。今之人化师法，积文学，道礼义者为君子；纵性情，安
恣睢，而违礼义者为小人。用此观之，然则人之性恶明矣，其
善者伪也。（《性恶篇》）

故性善，则去圣王、息礼义矣；性恶，则与圣王、贵礼义
矣。故檃栝之生，为枸木也；绳墨之起，为不直也；立君上，

明礼义，为性恶也。用此观之，然则人之性恶明矣，其善者伪也。（同上）

凡此所言，都是将"化性起伪"一公式，化入具体的人生及现实的社会中，所起的实际效用的描述。在此描述中，荀子始终将被治之性与能治的礼义相对而言，相待而显；始终将性与伪紧缚在一起，这说明在"天生人成"一原则中，能治与被治、性与伪的互依性。"无性则伪之无所加，无伪则性不能自美"，即正说明这种互依性。由此互依性，更证明荀子性论不是孤立的；同时，礼义之统亦不是孤立的。性恶说的建立，纯是为了实现并完成礼义的功能；礼义之起，亦由于"人之性恶"一事实的存在。所以荀子说："立君上，明礼义，为性恶也。"又说："凡人之欲为善者，为性恶也。"《礼论篇》释礼的起源，即明说是由于人生而有欲有争而致乱之事实："礼起于何也？曰：人生而有欲，欲而不得，则不能无求，求而无度量分界，则不能不争，争则乱，乱则穷。先王恶其乱也，故制礼义以分之，以养人之欲，给人之求，使欲必不穷乎物，物必不屈于欲，两者相持而长，是礼之所起也。""相持而长"，亦说明性伪的互依性。礼义的无限效用，即在性伪之互依并进中显，所以说"性伪合而天下治"。

到这里，必须作进一步探讨的是，荀子本于伪而化性，这"化"究竟是什么意义？在儒家传统中，化可以有"内化"与"外化"两方面的意思。内化以心性为主，或径顺心性本然之善以导化私情私欲；或通过心性之觉悟透显天理以克制人欲之私。外化则以客观之礼义为主；这是以礼义直接来规范人的行为，使人在行动上有一节制。孔孟与宋明儒重前者；荀子则属后者。所以荀子的化是经验的化、外在的化，亦即教化之化。荀子赞尧舜，即谓其为"天下之善教化者也"（《正论篇》）。《儒效篇》中推尊周公孔子，亦大体就教化之功能而言。荀子心目中的尧、舜、周、孔，都是能"举统类而应之"，或有"统类之行"的政治家。政治家不必教人做尽心知性的内圣工夫，他只尽外化之责，即推行礼义以规范人民的行为。《尚书·舜典》："帝曰：契！百姓不亲，五品不逊，汝作司徒，敬敷五教，在宽。"这就是外化的方式。《儒效篇》："儒者在本朝则美政，在下位则美俗。""美政""美俗"，也就是外化的效果。外化的极致，并不能使人成圣成贤，它只能使人培养成一种高贵的气质和教养。这是"化性起伪"的活动中所能达成的目的，也是礼义效用的极限。

在外化的过程中，荀子认为环境与积习，是助成实现外化的两大因素。

> 性也者，吾所不能为也，然而可化也。积也者，非吾所有也，然而可为也。注错习俗，所以化性也；并一而不二，所以成积也。习俗移志，安久移质，并一而不二，则通于神明，参于天地矣。故积土而为山，积水而为海……涂之人百姓，积善而全尽，谓之圣人。……故圣人也者，人之所积也。……而都国之民，安习其服，居楚而楚，居越而越，居夏而夏，是非天性也，积靡使然也。故人知谨注错，慎习俗，大积靡，则为君子矣；纵性情而不足问学，则为小人矣。（《儒效篇》）

这一段充分说明环境与积习之足以化性。"积也者，非吾所有也，然而可为也"，积即经验的学习。荀子认为积学的过程就是积善的过程，所以说："君子博学而日参己（从俞樾校，省略"省乎"二字），则知明而行无过矣。"（《劝学篇》）又说："君子之学也，入乎耳，箸乎心，布乎四体，形乎动静；端而言，蠕而动，一可以为法则。"（同上）所以他归结道："积善而全尽，谓之圣人。"这里所谓圣人，亦就是最具才能、最有教养的人。"习俗移志，安久移质""居楚而楚，居越而越，居夏而夏"，都在说明环境对人的影响。"故君子居必择乡，游必就士，所以防邪僻而近中正也。"（《劝学篇》）"择乡"即是要选择好的环境，"就士"然后能积学。所以环境与积学是化性，亦是使人有教养的两大因素。然而优良的环境与好的习俗，是推行礼义的结果；积学的主要内容，又在习礼义；所以归根结底，高贵的气质，成熟的教养，仍是由于礼义的功效所致。

"故圣人也者，人之所积也。"从这句话可以知道，"积"在荀子的客观系统中，是彻上彻下的工夫。从上引《儒效篇》一段话，已知积学之足以化性，在下文中将可明白积学的重要性尚不止此。

> 故圣人化性而起伪，伪起（从王念孙校，略"于性"二字）而生礼义，礼义生而制法度。然则礼义法度者，是圣人之所生也。（《性恶篇》）

圣人化性而起伪，伪起而生礼义，然则究如何"起"法，又怎样"生"法？

> 问者曰：礼义积伪者，是人之性，故圣人能生之也。应之曰：是不然。夫陶人埏埴而生瓦，然则瓦埴岂陶人之性也哉？工人斫木而生器，然则器木岂工人之性也哉？夫圣人之于礼义也，辟则陶埏而生之也。然则礼义积伪者，岂人之性也哉？（《性恶篇》）

圣人之生礼义，犹如陶人埏埴而生瓦，工人斫木而生器。而陶人、工人所以能造瓦制器，很明显是靠后天的学习和累积的经验，那么圣人之起伪而生礼义，亦赖经验之积学甚明。

> 今人之性，固无礼义，故强学而求有之也；性不知礼义，故思虑而求知之也。（《性恶篇》）

> 今使涂之人伏术为学，专心一志，思索孰察，加日县久，积善而不息，则通于神明参于天地矣。故圣人者，人之所积而致矣。（同上）

> 圣人积思虑，习伪故，以生礼义而起法度，然则礼义法度者，是生于圣人之伪，非故生于人之性也。（同上）

此皆言伪之起、礼义之生全靠积学。于此，积学不仅能直接化性，且是圣人起伪而生礼义的主要工夫。因此，积学成为"天生人成"一原则的根本支柱；换言之，没有积学的工夫，"天生人成"的构造即不可能（"为之贯之，积重之，致好之者，君子之始也。故天地生君子，君子理天地。"理天地之君子，即本于"为之贯之，积重之"之积学工夫）。必须根据这一线索，对于荀子在《劝学篇》中，于经验之学所以要那样重视，才能有一明确的认识。

我们也可根据这一线索，证明荀子乃"由智识心"者（此义详说见第四章）。盖重经验之学，其心必为经验的认知心。由智识心，故建立"知性主体"。荀子视性纯是一生理生物之本能，纯是被治被化者，性不能作为人的主体。可是在礼义外化的过程中，若人自身没有主体的透现，去自动接受礼义的导化，则被化亦不可能。譬如禽兽，它只由本能作主，而无任何意义的主体，所以禽兽没有被化的可能。荀子虽视人性为本能，可是却不视人自身只是本能；人如只是本能，则同齐于禽兽，无可言化。荀子从人自身除发现人的动物性外，还发现了浮在情欲之流上层的认知心。荀子虽不识德性主体，他却充分自觉认知主体具有辨识的功能。因认知心有辨识的功能，于是使性之被化为可能。盖本能一面的表现，只是盲目的冲动，它自身并无所谓"过"与"节"的问题，而知其为过而当节者，则由上层认知心的辨识。认知心一方面能主动接受礼义的导化，一方面又能辨情欲之过而当节，于是使能化与被化之间的关系打通，亦使化成为真实可能。在这里，认知主体，成为外化过程中的中枢。然而认知心的辨识能力，却不是天赋的，认知心辨识能力的磨炼，仍在积学上，这可使认知主体与积学的工夫结合在一起。唯有将二者结合在一起，认知心的效用始获彰显。于此，可以得到两点结论：（1）"化性起伪"一义，尚只能使"天生人成"有形式的可能性；（2）认知主体透出再加上积学的工夫，才能使"天生人成"一原则具有实际的可能。本此结论，又可知"以心治性"之义，为"天生人成"一原则所必涵者。

八　以心治性义

故人心譬如槃水，正错而勿动，则湛浊在下而清明在上，则足以见须眉而察理矣。微风过之，湛浊动乎下，清明乱于上，则不可以得大形之正也。心亦如是矣。故导之以理，养之以清，物莫之倾，则足以定是非、决嫌疑矣。小物引之，则其正外易，其心内倾，则不足以决庶理矣。（《解蔽篇》）

以水喻心之心，即认知心。认知心与性、情、欲对应着说，一是"清
明在上"，一是"湛浊在下"。此清明在上之心的功能，一在"足以
见须眉而察理"，一在"足以定是非、决嫌疑"。从"清明""湛浊"
之分，可知荀子视心性为两层；由以察理定是非为心之功能，故荀
子主张"以心治性"。"以心治性"，根据下文的分析，便知并非以认
知心直接治性（据《解蔽篇》"成汤监于夏桀，故主其心而慎治之"，
似乎有时荀子也以心直接治性），而是通过认知心辩知（"辩知"一
词，本《性恶篇》"夫人虽有性质美，而心辩知"）的能力，使心能
中理（即合礼），即以所中之礼义以治心。所以"以心治性"一义，
亦不是孤立的，它仍是"天生人成"一原则构造的一部分，且是重
要的部分。盖"天生人成"一原则，重点在彰著礼义的效用，效用
的有效对象在性之情欲，而礼义所以能达乎情欲以化之，枢纽则全
在"心之所可中理"上。若无中理之心活动于其间，则人自身即无
接受礼义之主体。礼义虽能化，无能接受之主体，而实不化。所以
"心辩知"是外化过程中的中枢。

　　下文再就《正名篇》"异类"与"治乱"之分，以明"以心治性"
之义。

　　　　凡语治而待去欲者，无以道欲，而困于有欲者也。凡语治
　　　　而待寡欲者，无以节欲，而困于多欲者也。有欲无欲，异类也，
　　　　生死也，非治乱也。欲之多寡，异类也，情之数也，非治乱也。

在先秦，主张去欲的是道家，主张寡欲的是墨家；《荀子》书中对这
两家的思想评骘颇多。"去欲""寡欲"之说，即其中之一例。"凡
语治而待去欲……凡语治而待寡欲……"云云，即表示批评去欲寡

欲的立场，是治道的立场。在治道的立场，荀子是主张"养之以欲，给之以求"的，因人的自然情欲是不能去，亦不当去的。"有欲无欲，异类也……非治乱也；欲之多寡，异类也……非治乱也。"这是要说明"有欲"与"无欲"、"多欲"与"寡欲"为不同类，且亦与治乱问题无关，借以明去欲寡欲之非。"有欲"与"无欲"，"多欲"与"寡欲"，在名词上的含义是不同的，不同故不类。"有欲""多欲"是顺，"无欲""寡欲"是逆，顺与逆悖反，故不同类。持"去欲""寡欲"之说，以非"有欲""多欲"，在名理上是不可以的。何况"人之情为欲多而不欲寡"，是谁也不能否认的心理现象；荀子即根据这种心理现象而坚持欲不可去，亦不必寡。然而荀子认为人情欲多不欲寡，而主张养欲给求；前者不过是一事实，后者不过是政治上的一种目的，而真正成就治道的根据，却不从欲这里说。"非治乱也"云云，即是说治乱的问题，不能从"有欲"与"无欲"，或"多欲"与"寡欲"这些争论中去寻求答案。治乱问题是另有所系的。

欲不待可得，而求者从所可。欲不待可得，所受乎天也；求者从所可，受乎心也。天性有欲，心为之制节（此九字今本阙，此本胡适《中国哲学史大纲》，据久保爱所据宋本及韩本增）。……故欲过之而动不及，心止之也。心之所可中理，则欲虽多，奚伤于治？欲不及而动过之，心使之也。心之所可失理，则欲虽寡，奚止于乱？故治乱在于心之所可，亡于情之所欲。……以所欲为可得而求之，情之所必不免也；以为可而道之，知所必出也。故虽为守门，欲不可去，性之具也。虽为天子，欲不可尽（胡适云：此下疑脱四字）。欲虽不可尽，可以近尽也；欲虽不可去，求可节也。……道者进则近尽，退则节求，

天下莫之若也。凡人莫不从其所可而去其所不可，知道之莫之
若也，而不从道者，无之有也。……故可道而从之，奚以损之
而乱？不可道而离之，奚以益之而治？

"欲不待可得，所受乎天也"，与"性者，天之就也"义同。"求者从
所可，受乎心也；天性有欲，心为之制节"是说，人虽以所欲为可
得而求之，而求的活动却不能不受心的制约：心许可的，便是当求
的；心不许可的，便是不当求的。因此，欲求虽然过多，而实际的
行为上却往往不及（欲过之而动不及），为什么？这就是受心节制的
结果，"欲虽不可去，求可节"。所以荀子主张欲不必去，但求导欲；
欲不必寡，但求有节。《礼论篇》开宗明义即说礼的目的在"以养人
之欲，给人之求，使欲必不穷乎物，物必不屈于欲，两者相持而长"。
养欲给求是导欲，欲不穷乎物，是节欲，导之即所以节之，而能节
者在礼义。上引"心为之制节""心止之也"，并不表示心本身直接
起"止"与"制节"的作用，心之所以能节能止，是因"心合于道"
（亦《正名篇》语），"心之所可中理"。"中理"即中礼，"合道"即
合礼，礼是善的标准，"心合于道"即心合于善。"心之所可中理"，
即心由辩知而知礼义为善，并即以此为许可或不许可的标准。因此，
人的欲求只要通过心之辩知认为是合符礼义的，虽多亦不致妨害治
道；反之虽然寡欲，亦无以止乱。此即"心之所可中理，则欲虽多，
奚伤于治；心之所可失理，则欲虽寡，奚止于乱"之义。归根结底，
礼为能节不能节的根据，亦是治乱之所系。荀子由"异类""治乱"
之分转出的"以心治性"一义，在"天生人成"一原则之构造中，
所担负的责任，主要是在说明礼义效用之必然性。

九 "天生人成"的理想——人文化成

在儒家，"人文化成"一义，可就个人人格言，亦可就社会政治言。就个人人格言，人文化成，即是以人自身具有的道德理性以化成气质；并相信，经由人自强不息的慎独工夫，即足以达成人各得其所、各正性命的理想。这是人文化成的主观形态。就社会政治言，人文化成，即是以历史文化意义的礼义之统，运用于社会政治的事务上，使达成经国定分、正理平治的理想。这是人文化成的客观形态。孔孟传统侧重前一义：孔子说："克己复礼，则天下归仁。"孟子说："一正君而国定"，"其身正而天下归之"（《离娄篇》），并认为推扩保民如保赤子之心，即足以王天下。荀子则属于后者，所以说："国无礼则不正，礼之所以正国也。"（《王霸篇》）又说："礼者，人主之所以为群臣寸尺寻丈检式也，人伦尽矣。"（《儒效篇》）又说："礼者，贵贱有等，长幼有差，贫富轻重皆有称者也。"（《富国篇》）荀子"天生人成"一原则所欲达成的理想在人文化成，而人文化成的意义，是属客观形态的。此即表示荀子与孔孟达成理想的途径有差别。这差别并不是说他们之间不能相容；相反地，他们的理想实都以礼为主要线索，荀子不过比孔孟在客观上多转进一步罢了。

在前一章中，一开头我们就曾经说过："就先秦儒家所担负的时代使命言，孔、孟、荀实可以说有一共同的理想，此理想即欲以周文为型范而重建一新秩序。"可是，实现此理想的途径，孔孟是内转而重主体，荀子则外转而重客体。内转重主体，故以礼义本于人之性情，礼义之教即性情之教，目的在圣贤人格的完成。在这途径中，治道亦落在圣德之功化上说。孔子曰："为政以德，譬如北辰，居其所而众星共之。"(《论语·为政篇》)朱注引范氏的解释:"为政以德,则不动而化,不言而信,无为而成。所守者至简,而能御烦;所处者至静,而能制动;所务者至寡,而能服众。"此即由圣德之功化上以见化成之效,重点唯是在修身立德,德立身修可至天下平。在这里,礼治与德治合一,礼义悉收缩在至简至易无为的德化中,而不能尽其在社会政治一面的效用。这是主观的道德形态。主观之意义是它自始至终扣紧个体的人格说话。到荀子,他的问题,唯是一客观问题,故外转而重客观之礼义。在荀子,性情属自然本能,故礼义不从性情出,而生于圣人之伪。其目的不在人格之完成,而在明分使群。在这途径中,治道不落在圣德之功化上说,而唯是就礼义之效用言。"天生人成"一原则的构造,就是要从礼义的功能上,以见化成之效,重点唯在隆礼义,知统类;能知能隆,则天下治。在这里,礼治与德治分离,礼义乃能彰显在社会政治一面的效用。这是客观的礼义形态。客观的意义是它自始至终扣紧作为群治基础的礼义说话。

基于以上的分析,荀子人文化成一理想,唯是基于对社会政治事务的关切;圣人所欲极成的,也就是这些社会政治的事务。

> 人之生不能无群,群而无分则争,争则乱,乱则穷矣。故无分者,人之大害也,有分者,天下之本利也。……百姓之力,待之而后功;百姓之群,待之而后和;百姓之财,待之而后聚;百姓之势,待之而后安;百姓之寿,待之而后长。父子不得不亲,兄弟不得不顺,男女不得不欢。少者以长,老者以养。故曰:天地生之,圣人成之。此之谓也。(《富国篇》)

"分"即礼义的客观形式。力之功，群之和，财之聚，势（位）之安，寿之长，父子之亲，兄弟之顺，男女之欢，少得其长，老获其养，这都是偏重社会政治事务方面的，这一切事务，皆由分而得其成，此即人成之极致，亦即人文化成一理想的具体内容。孔子尝自言其志："老者安之，朋友信之，少者怀之"，此有类于荀子之理想。不过此理想在孔子乃由圣德之功化中彰显；在功化中显，只表示此理想必为圣德功化所涵摄，并无具体实现此理想的真实途径。而荀子客观礼义的形态，却正代表实现此理想的真实途径。在这一义上，荀子的客观系统，确是代表孔子精神的一步发展。这一步发展，虽未达到近代法律政治国家的客观形态，但在问题的方向上，精神的途辙上，总是相应的。

第三章 荀子的政治思想

荀子因自觉地要纠正孟子内转的偏向，所以向外开，向外王方面转；因此，荀子系统中的政治思想的内容，要比孟子丰富得多。政治思想是讲客观的问题，他对客观问题的广泛兴趣，与孟子重主体的系统，遂成一显明对照。在这一章里，我主要的目的，就是将荀子的政治思想所涉及的客观问题，作一系统的整理，看看在这一方面荀子与孔孟的异同如何，并借以了解礼义之统在政治领域内的运用，究竟达到了怎样的一个程度。

一 礼治主义

通常言儒家政治思想者，总有所谓德治、人治与礼治之说；其实在孔孟，人治与礼治亦以德治为本，并无本质上的差别。德治的意义是：在治者一面说，是修德爱民；在被治一面说，是要求每一个人自身人格的完成，所以政制与刑法都只是辅助完成此一理想的助缘，在原则上并不是必要的。孔子说：

> 道之以政，齐之以刑，民免而无耻；道之以德，齐之以礼，

有耻且格。(《论语·为政篇》)

从这一节话可以知道,以德、礼为本,以政刑为末,自孔子已然;此即已奠定德治的型范。礼在这里,与德相属,而与政刑相对立;可知礼只是德的直接显现,与荀子由客观分位说礼者有异。孟子继承孔子内圣的途径发展,而尚论王道,王道的基础则在人君的"施仁政于民""发政施仁"。从以羊易牛的故事,而点醒齐宣王,"是心足以王"(均见《梁惠王篇》)。盖以羊易牛之心即不忍人之心,亦即仁心。故孟子言王道一往是以德治为本的。

荀子就比较不同。荀子的治道,以礼义为本。礼义并不本于德性,礼义就是治道的最后根据。如要说儒家有礼治主义,那只有荀子足以代表。尽管《荀子》书中亦偶然可以找到符合德治的话头,如"故仁人在上,则农以力尽田,贾以察尽财……夫是之谓人伦"(《荣辱篇》),又如"人主有能明其德,则天下归之"(《致士篇》)。可是我们并不能就此证明荀子具备孔孟式的德治理想。关此,我们作如下的说明:(1)德治主义是儒家政治思想的传统,荀子虽有意要开辟一个新的途径,可是在意识中并不能完全摆脱传统的影响,亦未能彻底自觉地处处鉴别出自己的论点和孔孟的不同处,故在不自觉中就夹带出类似德治的言论。(2)在荀子的心目中,"仁""德"等名词的含义,不必同于孔孟所常说的那种意义;所谓仁,所谓德,都是以礼义为标准来说的。前一点是本于我们的推测,后一点是可以在《荀子》书中找到根据的。如说"将原先王,本仁义,则礼正其经纬蹊径也",又如"学至乎礼而止矣,夫是之谓道德之极"(均见《劝学篇》)。根据这两则,荀子所说仁与道德,无异是礼的代名词。所以我们说,只有荀子足以代表儒家的礼治主义,这一判断是可以成立的。

　　然而荀子却明说"有治人，无治法"，这种言论又足以启后人将荀子的政治思想朝孔孟的人治主义方向去想，而把他笼统地归并入孔孟一路，这是近来讲荀子政治思想的人，共同犯的一个错误，这错误的形成，主要是因未能把握荀子的基本精神，及重视其客观性；在此，亦不能不略加辨析。

　　……有治人，无治法。……禹之法犹存，而夏不世王。故法不能独立，类不能自行；得其人则存，失其人则亡。法者，治之端也；君子者，法之原也。故有君子，则法虽省，足以遍矣；无君子，则法虽具，失先后之施，不能应事之变，足以乱矣。(《君道篇》)

　　故有良法而乱者有之矣，有君子而乱者，自古及今，未尝闻也。(《王制篇》)

　　故天地生君子，君子理天地；君子者，天地之参也，万物之总也，民之父母也。无君子则天地不理，礼义无统，上无君师，下无父子，夫是之谓至乱。(同上)

　　倘将这三则言论孤立起来看，表面上的确看不出与孔孟的人治理想有什么明显的不同，尤其是"得其人则存，失其人则亡"，和孔子的"文武之政，布在方策，其人存则其政举，其人亡则其政息。……故为政在人"(《中庸》第二十章)的话，更看不出有什么两样。但是荀子这些话，是不可以孤立地了解的；这些话离开荀子的基础理论，并不能有何自足的意义。根据基础理论的设定，礼义之统是治道的最后根本，而能尽治道之责的圣王、大儒，就是由知通统类和有统类之行来规定的。"圣也者，尽伦者也；王也者，尽制者也。"（《解蔽篇》）尽伦尽制之圣王，即能本礼义之统类而尽治道之责的人。所以荀子这里所说的"得其人则存"的"治人"，"君子理天地"的"君子"，当同于尽伦尽制之圣王。其本性不由主观之德性定，而由客观之礼义定。落在治道之用上说，他的目的，亦不在使人各归自己，各正性命，成为一道德的存在；而只是要人落在差等之分位中，成为一礼义的存在。因此，孔孟的人治与德治不相离，而荀子的人治则与礼治合辙。我们就本此义，判定孔孟的政治思想为主观的道德形态，荀子的政治思想为客观的礼义形态。同时亦就其客观礼义形态一义而界定其为礼治主义。

如要说孔孟荀的政治思想可归并一路，则必须推进一步看。若推进一步看，荀子之为客观形态，仍只是就礼义的表现上说的，还不是近代法律国家的客观形态。根据我们现在的了解，客观形态必须表现为法律国家的形态，乃为充分而有效。所以站在近代法律国家的客观形态的观点去反省先秦儒家的政治思想，则不论是孔孟的德治，或荀子的礼治，实具备一共同的政治形式，此一共同的政治形式，即广义的道德教化的形式。盖荀子在治道的作用上，虽欲使人人成为一礼义的客观存在，但达成的方式，与孔孟并无本质的差异，即同是通过"教"与"化"的方式：孔孟主张以身教，以德化；荀子主张以统类教，以礼义化；教化之所本不同，教化的方式是一样的。孔孟荀同不能使人具有像近代法律国家形态下的人权自觉，而真正建立政治主体，使人成为一公民、一政治的存在。荀子的礼义虽未自觉地以德性为本，但这只能说是荀子的缺陷；据先秦儒家政治思想的传统看，荀子的礼治实只能视为孔孟德治的延伸与客观化，而不能看作孤立，完全自外于德治的系统。所谓礼义的存在，亦只是道德的客观形式。因此荀子的政治思想，在近代法律国家的政治形态对照下，本质上仍只是道德教化的形式；而道德教化的政治形式，亦即儒家古典政治思想的特质。在这里，我们可以发现荀子客观形态的限度。在下文各节所讨论的问题中，这种限度更是显然的。

二 君道（附：尚贤）

在孔孟的政治思想中，喜称美尧舜禅让；称美禅让，是因其让位于贤，不传位于子。传子是私天下，让贤是公天下。天下为公就是孔孟在政治上树立的最高理想，也是要从德性上为君立一个标准。后世的儒家，大体承继这理想而不悖。荀子在这一点上却持异议，而主张无让。

> 世俗之为说者曰：尧舜擅（禅）让。是不然。天子者，势位至尊，无敌于天下，夫有谁与让矣？道德纯备，智惠甚明，南面而听天下，生民之属莫不振动从服以化顺之，天下无隐士，无遗善，同然者是也，异焉者非也，夫有恶擅天下矣？曰：死而擅之。是又不然，圣王在上，图德而定次，量能而授官，皆使民载其事，而各得其宜……圣王已没，天下无圣，则固莫足以擅天下矣。……故天子生则天下一隆，致顺而治，论德而定次，死则任天下者必有之矣。夫礼义之分尽矣，擅让恶用矣哉？曰：老衰而擅。是又不然。血气筋力则有衰，若夫智虑取舍则无衰。（《正论篇》）

荀子很不客气地把尧舜禅让，斥为世俗之说，而主张无让。理由有三点：（1）天子的地位至尊至贵，统天下没有一个能和他匹敌的，要说禅让，去让给谁？（2）"死则任天下者必有之矣"，是说天子死了，一定会有担任这个职务的人出来，用不着在死以前去作任何安排。（3）天子的血气筋力虽有老衰，但其智虑取舍却没有老衰，所以也无从说让。根据第一点，是说在同一个时代里，至尊、至贵的天子只有一个，他道德纯备，智惠甚明，无异是道的化身，这是荀子为君立的一个最高标准，这个标准与孔孟并没有什么差别，所以就第一点说，荀子反对尧舜禅让的理由是不充分的，甚至是不相干的。荀子不问尧舜禅让之说，是关乎君位传递的问题；也许禅让不是最完整的理想，因传贤不传子，贤不必有，即有其地位也没有客观的保证。但禅让说对君位传递的问题，却总提供了一种解决的方法。而荀子竟忽视了这样重要的问题，坚持无让之说。究竟无让说的充分理由在哪里，无让说比禅让说究竟好在什么地方，荀子都没有进一步的说明，在君位传递的大问题上，却只茫然地说"死，则任天下者必有之矣"。这便是他无让说的第二点理由，这表示对君位传递的问题，只是听其自然，诉诸命运。从第三点理由，我们才比较能看出荀子立无让说的真正意旨。血气筋力有老衰，是就气说；智虑取舍无老衰，是就理说；所以荀子理想中的君由理定，不由气定。由理定，即表示荀子论君的第一义，只是就君之所以为君的本质而立一纯理念，这是属于理想的问题，与历史事实无关；而君位传递的问题，则是属于历史事实范围的；荀子对这问题未能提出较详细的论证，表示其对这问题并未予以积极的正视。荀子的无让说，如此而已，就其立说的中心意旨，与天下为公的禅让说，并不必然不能相容。可见荀子排斥尧舜禅让说，只是作为立无让说的一个楔子，并不是针锋相对的批评。

　　荀子的无让说，究竟有什么价值，是不定的；因无让说应用到历史上，可以有好的引申思考，也可以有坏的影响：从好的一面说，由无让可引发人向君位传递的客观制度的方向去思索。因禅让虽传位于贤，毕竟只是个人的选择，无法得到全民的公认，究竟谁贤谁不贤，是永远有争论而不能一致的；既不能得到一致的公认，就没有合法的保证，无让说则可以启发人另寻一条有合法保证的途径。从坏的一面说，君位既无可让，那就只有通过革命的方式。不幸在秦汉以后，中国的历史却正表现了这种坏的影响。在私天下的君主专制形态下，徙朝改制，就只有英雄比武打天下的一条路，这造成中国历代的祸乱之源。可是荀子却不能负这个责任，因无让说在荀子只是重视君当由理定，为君的本质立一个纯理念，这是属于君的理想问题。落在历史上，荀子所说的君，除不悖孔孟以德论君的传统外，大部分的理论仍表现了他的客观礼义形态的特质：主张君是"善群"，是"管分的枢要"，强调君当"以礼治天下"之义。

　　荀子论君不悖于孔孟传统者，即其"主道利明不利幽，利宣不利周"之说。

　　　　世俗之为说者曰：主道利周。是不然。主者，民之唱也；上者，下之仪也。彼将听唱而应，视仪而动。唱默则民无应也，仪隐则下无动也，不应不动，则上下无以相有也。若是，则与无上同也，不祥莫大焉。故上者下之本也，上宣明则下治辨矣，上端诚则下愿悫矣，上公正则下易直矣。治辨则易一，愿悫则易使，易直则易知。易一则强，易使则功，易知则明，是治之所由生也。上周密则下玄疑矣，上幽险则下渐诈矣，上偏曲则下比周矣。疑玄则难一，渐诈则难使，比周则难知。难一则不

> 强，难使则不功，难知则不明，是乱之所由作也。故主道利明
> 不利幽，利宣不利周。(《正论篇》)

"周"，杨倞注："密也，谓隐匿其情不使下知也。"幽与周的意义相
同。荀子所斥责的世俗之说，即法家之说。法家论君之心术，主周
密，主幽险，主偏曲，荀子力驳其非，主张人君应具"旦明，端诚，
公正"之德，此与前引天子"道德纯备，智惠甚明"之义正相合。
就这里说，荀子似无悖于孔孟的传统。然复须知，孔孟言君之德，
要在注意此德究如何可能的问题，故进而重视修德之工夫，"文王之
德之纯，纯亦不已"，即是就君德之工夫言。这一层义理，乃"由仁
识心"之孔孟所必至者。荀子乃"由智识心"者，由智识心，故其
所说的宣明，实是由智达，而非由仁显。荀子说"知明而行无过"
(《劝学篇》)，行为的有过无过，是由智之照明与否来决定，那么，
"主道利明"之明，亦即是知之照明，非即仁心的直接敞开，所以他
说"易直则易知"，"易知则明"。

　　复次，孔孟言君德，重在立体，有体而后有用。例如仁与智，是
孔孟传统中的根本观念，仁者心之德，为本心所具，仁的表现，方显
智之用。荀子也视仁且智为人君之宝，可是荀子所说的仁与智，并非
体用的意义，而是一体从作用上看，也可以说同是一样知之照察。

> 为人主者，莫不欲强而恶弱，欲安而恶危，欲荣而恶辱，
> 是禹桀之所同也。要此三欲，辟此三恶，果何道而便？曰：在
> 慎取相，道莫径是矣。故知而不仁不可，仁而不知不可，既知
> 且仁，是人主之宝也，而王霸之佐也。不急得不知，得而不用
> 不仁。无其人而幸有其功，愚莫大焉。(《君道篇》)

本此，视为人主之宝的仁且知，不过是人君选取部属的一种条件，其意义只相当于知的照察。也可以说，仁与知就是"知明"的另一种说法，"明"不是君之体，而是君的一种才能。

> 天下者，至重也，非至强莫之能任；至大也，非至辨莫之能分；至众也，非至明莫之能和。此三至者，非圣人莫之能尽，故非圣人莫之能王。（《正论篇》）

这就说"明"是君的才能。《儒效篇》："不闻不若闻之，闻之不若见之，见之不若知之，知之不若行之，学至于行之而止矣。行之，明也，明之为圣人。"杨注："行之则通明于事也。""明"由笃行中显，故明不属君（圣人）之体；明落在事上显，更证明"明"只是一种才能。所以荀子"主道利明不利幽，利宣不利周"之说，从表面上看，虽无悖于孔孟的传统，若作进一步的分析，究有所不同，此不同亦即正表现荀子基本精神之特色者。

> 请问为人君。曰：以礼分施，均遍而不偏。请问为人臣。曰：以礼待君，忠顺而不懈。请问为人父。曰：宽惠而有礼。请问为人子。曰：敬爱而致文。请问为人兄。曰：慈爱而见友。请问为人弟。曰：敬诎而不苟。请问为人夫。曰：致功而不流，致临而有辨。请问为人妻。曰：夫有礼则柔从听侍，夫无礼则恐惧而自竦也。此道也，偏立而乱，俱立而治，其足以稽矣。请问兼能之奈何。曰：审之礼也。古者先王审礼以方皇周浃于天下，动无不当也。（《君道篇》）

"以礼分施，均遍不偏"，此即人君当以礼治天下之义。人间的关系，以五伦为主；荀子即此发挥了礼与五伦的关系。凡孔孟以仁义孝悌为说者，荀子一律以礼代之；礼成了人伦秩序的纲维网，及维系人道于不坠的唯一支柱。礼义的精神流到哪里，就成就到哪里，"礼以定伦"（《致士篇》）就是这个意思。"偏立而乱"，是说礼如果只在人伦中发挥了一部分的效用，遂不免于祸乱；所以说"一物失称，乱之端也"（《正论篇》）。"俱立而治"，是说礼的效用如能贯彻到人伦的各部分，于是天下大治；所以说，礼是"县天下之权称"（《正论篇》）。"均遍而不偏"的责任在君，"审之礼"者也要靠君，君虽五伦中的一分子，但因职位的关系，他的担负就特别重。依荀子对礼与五伦关系的说明，君不仅是治之原，亦是教之本。此即证明荀子的政治思想与孔孟主观的道德形态对较时，虽为客观的礼义形态，但仍不能脱离道德教化的形式。不过孔孟的道德教化，以成就五伦为主，而荀子的重点都放在政治社会的事务上。所以礼的运用亦不以五伦为限，而需扩充到政治、社会、国家等各方面去。经过这一步扩充，礼的效用才能充量发挥；也只有经过这一步扩充，才能看出荀子的系统有进于孔孟的地方。

在极成礼义的客观功效的要求下，荀子提出一个很重要的观念："群"。透过群这个观念，可以使我们了解荀子礼义之统在政治社会国家诸领域的运用中所达到的高度效用。而能群善群者则是君，故群道即君道的主要部分，能群善群即君的才能之表现。

> 力不若牛，走不若马，而牛马为用，何也？曰：人能群，彼不能群也。人何以能群？曰：分。分何以能行？曰：义。故义以分则和……故人生不能无群，群而无分则争，争则乱，乱

则离，离则弱，弱则不能胜物。故宫室不可得而居也，不可少顷舍礼义之谓也。能以事亲谓之孝，能以事兄谓之弟，能以事上谓之顺，能以使下谓之君。君者，善群也。群道当，则万物皆得其宜，六畜皆得其长，群生皆得其命。(《王制篇》)

人能群而禽兽不能群，即表示群不只是一堆人的集聚；假如只是一堆人的集聚，则不能免于争夺，不能免于争夺之群，则群中之分子原则上同于禽兽。故人能群必有群之道，群之道即"分"。而分是代表礼的客观功效的，所以人之能群，是因人能守礼尽礼。事亲之孝，事兄之弟，事上之顺，即皆因其能守礼尽礼，而君为总其事者，所以说"君者，善群也"。善群即能以礼使人民达到"群居和一"、不争不乱的境地。这一段话，点出群这一观念对人类的重要性，并对群道的意义作一总说。在下引之文中，始分论群道所及的广泛范围，群道的范围也就是君道的范围，群道君道的范围亦即礼义之统运用的主要领域。

君者何也？曰：能群也。能群也者何也？曰：善生养人者也，善班治人者也，善显设人者也，善藩饰人者也。善生养人者人亲之，善班治人者人安之，善显设人者人乐之，善藩饰人者人荣之。四统者俱，而天下归之。夫是之谓能群。(《君道篇》)

善群所及的范围，共有四目，荀子谓之"四统"，即生养、班治、显设、藩饰。"四统"的内容，在《君道篇》中，荀子也有较详细的说明。

省工贾，众农夫，禁盗贼，除奸邪，是所以生养之也。天

> 子三公，诸侯一相，大夫擅官，士保职，莫不法度而公，是所
> 以班治之也。论德而定次，量能而授官，皆使其人载其事而各
> 得其宜：上贤使之为三公，次贤使之为诸侯，下贤使之为士大
> 夫，是所以显设之也。修冠弁衣裳，黼黻文章，雕琢刻镂，皆
> 有等差，是所以藩饰之也。

根据"四统"的说明，第一统的生养，是属于社会民生问题；第二统的班治，是关于国家设官分职之事；第三、第四统是为国家建立用人制禄的标准，这标准就是"德必称位，位必称禄，禄必称用"（《富国篇》），这标准即第二统设官分职之所依。总之，君者善群，就是要实行"四统"，"四统"是荀子礼治主义的主要内容，这些内容如能一一付诸实施，即"四统者俱"，"四统者俱，而天下归之"，"天下归之之谓王"（《正论篇》）。可见"四统"的实行，是礼义功效的极致，亦是君道的极致。

在"四统"中既已建立"德必称位，位必称禄，禄必称用"的标准，接着我们要谈谈荀子尚贤的理论。这是关于国君用人的问题。礼治的理想虽好，但在用人的问题上如不能获得妥善的解决，理想仍将无法推行而落空。所以用人之道实也是君道的一个重要部分。

> 墙之外，目不见也；里之前，耳不闻也；而人主之守司，
> 远者天下，近者境内，不可不略知也。……然则人主将何以知
> 之？曰：便嬖左右者，人主之所以窥远收众之门户牖向也，不
> 可不早具也。故人主必将有便嬖左右足信者然后可。（《君道篇》）

> 人主者，以官人为能者也；匹夫者，以自能为能者也。……

今以一人兼听天下，日有余而治不足者，使人为之也。大有天下，小有一国，必自为之然后可，则劳苦耗悴莫甚焉。如是，则虽臧获不肯与天子易势业。以是县天下，一四海，何故必自为之？为之者，役夫之道也，墨子之说也。论德使能而官施之者，圣王之道也，儒之所谨守也。（《王霸篇》）

上引第一则，说明国君必须用人的理由。第二则就直斥以一人兼听天下，不能官人者为役夫之道，并以为"人主以官人为能"，同时点出官人之道在"论德使能"。论德使能即尚贤之谓。依荀子，明主与暗主的分别，就看是否能尚贤使能。故曰："明主尚贤使能而飨其盛，暗主妒贤畏能而灭其功。"（《臣道篇》）

关于尚贤在君道中的重要性，我们可以引下列几则言论。

选贤良，举笃敬，兴孝弟，收孤寡，补贫穷，如是，则庶人安政矣。庶人安政，然后君子安位。……故君人者欲安，则莫若平政爱民矣；欲荣，则莫若隆礼敬士矣；欲立功名，则莫若尚贤使能矣。是君人者之大节也。（《王制篇》）

王者之论：无德不贵，无能不官，无功不赏，无罪不罚；朝无幸位，民无幸生。尚贤使能，而等位不遗。（同上）

案然修仁义，伉隆高，正法则，选贤良，养百姓，为是之日，而名声刲天下之美矣。……夫尧舜者一天下也。（同上）

仁者必敬人：凡人非贤，则案不肖也；人贤而不敬，则是禽兽也。（《臣道篇》）

尚贤使能为王者之论，为人君之大节；选贤良为尧舜所以和一天下者。可知尚贤与否，在礼治理想的实施过程中，是一决定性的关键。然仅就尚贤说，仍只是用人的一个最高原则，此原则究如何实际运用？选贤良究怎样选法？这也很重要。

> 请问为政。曰：贤能不待次而举，罢不能不待须（须史）而废，元恶不待教而诛……虽王公士大夫之子孙也，不能属于礼义，则归之庶人。虽庶人之子孙也，积文学，正身行，能属于礼义，则归之卿相士大夫。……夫是之谓天德，（是）王者之政也。（《王制篇》）

开宗明义，为政第一件大事，就是举用贤能；举用之道，是"贤能不待次而举"。"不待次"的含义有二：（1）是不遵循一定的官序，按等升迁；（2）也不必管他原来的社会地位。贤能者乃非常之人，举用非常之人，不能不用非常之法，故云"不待次"。举贤能是用人之道积极一面的表现；罢不能，诛元恶，是用人之道消极一面的表现。孔子说："唯仁者能好人，能恶人。"（《论语·里仁篇》）荀子亦说："贵贤，仁也；贱不肖，亦仁也。"（《非十二子篇》）又说："以善至者，待之以礼；以不善至者，待之以刑。两者分别，则贤不肖不杂，是非不乱。"（《王制篇》）又说："权谋倾覆之人退，则贤良知圣之士案（彼）自进矣。"（同上）皆好恶在政治上的运用。好恶并用，举贤良，罢不肖，双管齐下，然后贤者可久居其位，尽其责。

在上引一段文字中，有两点重要的含义，需加以申说。第一，"积文学，正身行，能属于礼义"，是说明怎样才算是贤，以及怎样才能成其为一个贤者。荀子在《君道篇》中曾提到："取人之道，参之以礼"，通在这里合并了解，所谓"取人之道，参之以礼"，可涵：国君取用人，须待之以礼；被取用者的行为要符合礼。了解这一点，我们可以知道，尚贤虽是先秦儒家政治思想传统中的通义；而荀子所尚之贤，与孔孟所尚之贤，其所以为贤者又不同：不同在孔孟之贤以德定，荀子之贤以礼义定。这种区别，和他们在政治形态上的那点区别，正是一致的。第二，根据"虽王公士大夫之子孙也，不能属于礼义，则归之庶人。虽庶人之子孙也，积文学，正身行，能属于礼义，则归之卿相士大夫"一段话，则知荀子已为后世在政治上定下人格平等的原则。这是尚贤一义所必涵的。先秦儒家对中国历史文化贡献之一，就是建立了人格平等的原则。例如士在春秋以前，只是贵族的一级，他的位和禄是世袭的，与是否贤能无关。士与庶人根本属于不同的两个阶级，是不平等的。自孔子聚徒讲学，解放民智以后，才逐渐打破了这种不平等的现象。到孔子，士不再是贵族的一级，而是知识分子或有德有智者的通称，于是树立了人格平等的原则，这原则的肯定，对中国的历史影响很大：对过去它加速封建贵族政治的崩溃；对后世复下开布衣卿相的风气。孟子承继了这重要原则，大加发挥，指出人人有贵于己者之良贵，本良贵之说，遂有天爵人爵之分。荀子更将此一原则运用到政治领域中来。在中国，两千多年，一直未出现民主政治，因此也缺乏政治上的平等，及法律保障人权等观念，而儒家人格平等的原则，即多少弥补了这方面的缺陷，为后世知识分子开辟了无穷生机（进可以取，退可以守）。荀子视人格平等的原则为"天德"，颇类于近代西方"在上帝面前人人平等"之说。今天我们要实现民主政治，先儒之说，仍可是一领导原则，岂可敝弃不顾？

在荀子尚贤的理论中，除上述各点外，还举了许多尚贤的实例，也不妨引在这里，因这些实例，正足以说明尚贤一原则，在实际运用上可能发生的效果。

> 上好礼义，尚贤使能，无贪利之心，则下亦将慕辞让，致忠信，而谨于臣子矣。如是，则虽在小民，不待合符节、别契券而信，不待探筹、投钩而公，不待衡石、称县而平，不待斗、斛、敦、概而啧。故赏不用而民劝，罚不用而民服，有司不劳而事治，政令不烦而俗美，百姓莫敢不顺上之法，象上之志，而勤上之事（"勤"原作"劝"，今从卢文弨校），而安乐之矣。……夫是之谓至平。（《君道篇》）

是说国君尚贤使能，则臣下皆谨于其事，百姓忠信，而多安乐。

> 能当一人而天下取，失当一人而社稷危（"一物失称，乱之端也"，"失当一人"与"一物失称"义同），不能当一人而能当千百人者，说无之有也。既能当一人，则身有何劳而为，垂衣裳而天下定。故汤用伊尹，文王用吕尚，武王用召公，成王用周公旦。卑者五伯，齐桓公闺门之内，县乐奢泰游抏之修，于天下不见谓修，然九合诸侯，一匡天下，为五伯长，是亦无它故焉，知一政于管仲也。是君人之要守也（杨注：要守在任贤也）。知者易为之兴力而功名慕大（杨注：知者，知任贤之君），舍是而孰足为也？故古之人有大功名者，必道是者也。（《王霸篇》）

是说国君任用贤能然后有大功名。

夫文王非无贵戚也，非无子弟也，非无便嬖也，倜然乃举太公于州人而用之（倜，超也），岂私之也哉！以为亲邪？则周姬姓也，而彼姜姓也。以为故邪？则未尝相识也。以为好丽邪？则夫人行年七十有二，齫然而齿堕矣。然而用之者，夫文王欲立贵道，欲白贵名，以惠天下，而不可以独也，非于是子莫足以举之，故举是子而用之。于是乎贵道果立，贵名果明，兼制天下，立七十一国，姬姓独居五十三人，周之子孙苟不狂惑者，莫不为天下之诸侯。如是者，能爱人也，故举天下之大道，立天下之大功，然后隐其所怜所爱，其下犹足以为天下之显诸侯。故曰：唯明主为能爱其所爱。（《君道篇》）

是说文王用太公之贤，而周有天下。到此，尚贤已成为人君治国的第一要义。

三　臣道（附：革命）

关于荀子臣道的理论，俱见于《臣道篇》。在《臣道篇》中，荀子首先将臣子分成四类，这四类是态臣、篡臣、功臣、圣臣。

内不足使一民，外不足使距难，百姓不亲，诸侯不信，然而巧敏佞说，善取宠乎上，是态臣者也。上不忠乎君，下善取誉乎民，不恤公道通义，朋党比周，以环（读为营，解为惑）主图私为务，是篡臣者也。内足使以一民，外足使以距难，民亲之，士信之，上忠乎君，下爱百姓而不倦，是功臣者也。上则能尊君，下则能爱民，政令教化，刑下如影，应卒遇变，齐

　　　给如响，推类接誉，以待无方，曲成制象，是圣臣者也。

态臣的"态"字，杨注"以佞媚为容态"。在荀子的心目中，视态臣为最下最恶；所以然者，盖态臣既无能复无功，只凭巧言取悦于君，欺上蒙下，莫此为甚。用一"态"字，可谓极尽形容。篡夺之臣，不忠乎君，其所以为恶，只在一"私"字；然虽私而不流于媚，犹胜态臣一筹。功臣与圣臣，爱民已同，圣臣有胜于功臣者，在"推类接誉（同与），以待无方"，即言其有统类之行也。据此，荀子把臣子分成四类，实际就是分成四等。

　　　故用圣臣者王，用功臣者强，用篡臣者危，用态臣者亡。态臣用则必死，篡臣用则必危，功臣用则必荣，圣臣用则必尊。故齐之苏秦、楚之州侯、秦之张仪，可谓态臣者也。韩之张去疾、赵之奉阳、齐之孟尝，可谓篡臣也。齐之管仲、晋之咎犯、楚之孙叔敖，可谓功臣矣。殷之伊尹、周之太公，可谓圣臣矣。

此言国君任用这四类臣子的后果。王、强、危、亡不同的后果，即表示四类实分四等。言"必死""必危""必荣""必尊"，是加重语，亦有理上必如此之意。所举例证，以伊尹太公为圣臣，此可获万世之共许。视张去疾、奉阳、孟尝君为篡臣，也有历史事实作根据。视苏秦张仪之流为最下最恶的态臣，现实之显赫纵横不能掩其恶，此正亦表现荀子之卓识。

　　尚贤使能是君道的主要部分，而如何事君则是臣道的主要部分。故次言事君之道。荀子曾为君立一个理想的标准，论事君之道，又有圣君、中君、暴君的类别。因君之性质有别，故事君之道亦有异。

此不全从理想言，而兼及事实为说。

> 事圣君者，有听从无谏争；事中君者，有谏争无谄谀；事暴君者，有补削无挢拂。

> 恭敬而逊，听从而敏，不敢有以私决择也，不敢有以私取与也，以顺上为志，是事圣君之义也。忠信而不谀，谏争而不谄，挢（强也）然刚折，端志而无倾侧之心，是案日是，非案日非，是事中君之义也。调而不流，柔而不屈，宽容而不乱，晓然以至道而无不调和也，而能化易，时关内之，是事暴君之义也。

两则皆言事君之道，前一则简约，后一则是就前说加以申述，而道出其所以然。事圣君"有听从无谏争"者，盖圣君无异至道之化身，所过者化，所存者神，行无不当，故无谏争；有谏争，则非圣君矣（此自只是从理想上悬此一格，事实上是没有的）。事中君"有谏争无谄谀"者，盖谏争是直，而谄谀是曲，二者是不相容的。唯有刚强正直而无倾侧之心者，乃能谏争，反之则为谄谀，故有谏争无谄谀。事暴君最难，"有补削无挢拂"，亦不得已之言。荀子紧接此言补充说："迫胁于乱时，穷居于暴国，而无所避之，则崇其美，扬其善，违（读讳）其恶，隐其败，言其所长，不称其所短，以为成俗。"此言与孔子"邦有道，危言危行；邦无道，危行言逊"义同，虽是明哲保身之训，但皆不免出于无可奈何之心境，若不善会其义，而误以为孔荀有意教人做顺民，则大谬矣。荀子说"调而不流，柔而不屈，宽容而不乱"，即表示事暴君虽说无挢拂，但亦不是要人做顺民，只是说值暴君势力刚形成的时候，只能尽其在我，在暴风雨中先站住自己，等待情移境迁，时机成熟以后，即不妨易君之位。所以荀子一面主张对暴君无挢拂，一面又盛倡革命之说（此义详见下文）。

其次，事君复以尽忠为主，而所以尽之方又多端，故荀子继之有大忠、次忠、下忠之说，全悖者则为国贼。

> 有大忠者，有次忠者，有下忠者，有国贼者。以德复（同"覆"）君而化之，大忠也；以德调君而补之，次忠也；以是谏非而怒之，下忠也；不恤君之荣辱，不恤国之臧否，偷合苟容，以之持禄养交而已耳，国贼也。若周公之于成王也，可谓大忠矣；若管仲之于桓公，可谓次忠矣；若子胥之于夫差，可谓下忠矣；若曹触龙之于纣者，可谓国贼矣。

大忠者以德覆君，化之于无形，非圣臣莫能办，故以周公作例。此乃后世所绝无者。次忠以德调君而补之，补之即辅之，言以德调和君心，而辅成其功。以是谏非因而触怒其君为忠之最下者；然欲以是谏非，非刚强正直者不能。由此可知，尽忠实不易，后世有误以顺君为忠者，岂不谬甚！知君之非而不能力谏，一味阿其所好，以顺为忠，正荀子所谓"取宠乎上"之态臣，"偷合苟容"之国贼。

上文已提到谏、争、辅、拂，然究竟怎样才算是谏、争、辅、拂，荀子也有进一步的规定。

> 君有过谋过事，将危国家、殒社稷之惧也，大臣、父兄有能进言于君，用则可，不用则去，谓之谏。有能进言于君，用则可，不用则死，谓之争。有能比（合）知（读智）同力，率群臣百吏而相与强君挢君，君虽不安，不能不听，遂以解国之

大患，除国之大害，成于尊君安国，谓之辅。有能抗君之命，窃君之重，反君之事，以安国之危，除君之辱，功伐足以成国之大利，谓之拂。故谏、争、辅、拂之人，社稷之臣也，国君之宝也，明君所尊厚也……伊尹、箕子可谓谏矣，比干、子胥可谓争矣，平原君之于赵可谓辅矣，信陵君之于魏可谓拂矣。传曰："从道不从君。"此之谓也。

圣君世绝无，故君不能无过；君既有过，臣子对付国君，恐亦不外谏、争、辅、拂的几种方式，这才是事君之道的真正内容。从这内容看，为人臣欲尽臣道真不易。从两千多年历史看，表现谏、争者偶亦有之，能符合辅之义者，恐怕绝少。至于"抗君之命，窃君之重，反君之事""从道不从君"，不要说是行动，即是在思想上，也不是一般儒者所敢想的了（儒者不能郑重此义，结果使历史堕为英雄打天下与强盗造反的暴乱循环，祸延两千年）。而"从道不从君"，正代表着荀子的革命精神。

※　　※　　※　　※

荀子关乎革命的言论，《臣道篇》有一则：

通忠之顺，权险之平，祸乱之从声，三者非明主莫之能知也。争然后善，戾然后功，出死无私，致忠而公，夫是之谓通忠之顺。信陵君似之矣。夺然后义，杀然后仁，上下易位然后贞，功参天地，泽被生民，夫是之谓权险之平。汤武是也。

《议兵篇》有三则：

> 仁人之兵，所存者神，所过者化，若时雨之降，莫不说喜。是以尧伐骓兜，舜伐有苗，禹伐共工，汤伐有夏，文王伐崇，武王伐纣，此四帝两王，皆以仁义之兵行于天下也。故近者亲其善，远方慕其德，兵不血刃，远迩来服，德盛于此，施及四极。

> 汤之放桀也，非其逐之鸣条之时也；武王之诛纣也，非以甲子之朝而后胜之也，皆前行素修也，此所谓仁义之兵也。

> 汤武之诛桀纣也，拱挹指麾，而强暴之国莫不趋使，诛桀纣若诛独夫。故《泰誓》曰：独夫纣。此之谓也。

《正论篇》有二则：

> 世俗之为说者曰：桀纣有天下，汤武篡而夺之。是不然。……汤武非取天下也，修其道，行其义，兴天下之同利，除天下之同害，而天下归之也。桀纣非去天下也，反禹汤之德，乱礼义之分，禽兽之行，积其凶，全其恶，而天下去之也。天下归之之谓王，天下去之之谓亡。故桀纣无天下，而汤武不弑君，由此效（明）之也。

> 昔者武王伐有商，诛纣，断其首，县之赤旆。夫征暴诛悍，治之盛也。杀人者死，伤人者刑，是百王之所同也。

总上所引，实不外孟子"闻诛一夫纣，未闻弑君也"之义。孟子之说见《梁惠王篇》答齐宣王之问："齐宣王问曰：'汤放桀，武王伐纣，有诸？'孟子对曰：'于传有之。'曰：'臣弑其君，可乎？'曰：'贼仁者，谓之贼；贼义者，谓之残；残贼之人，谓之一夫。闻诛一夫纣矣，未闻弑君也。'"儒家革命之说（见于典籍者，通常以《易经·革卦》象词"汤武革命，顺乎天而应乎人"为最早，其实《易》象词乃战国中期以后作品，晚于孟子）由孟子首倡之，荀子盛言之，于是革命之说，遂成为先秦儒家政治思想之一部分。此说之兴，实与当时之时代有关。《荀子·尧问篇》有云："孙卿迫于乱世，鳍于严刑，上无贤主，下遇暴秦，礼义不行，教化不成，仁者绌约，天下冥冥，行全刺之，诸侯大倾。当是时也，知者不得虑，能者不得治，贤者不得使。故君上蔽而无睹，贤人距而不受。"这便是荀子所处的时代。孟子的时代，大致亦相距不远。孟荀同不惜倡革命以护持仁义。儒家思想，千变万殊，要之归本仁义。孟荀的革命理论，表面虽是说暴君当革当杀，而骨子里仍只是一好善恶恶的价值意识；崇汤武，恶桀纣，所争者亦只是此。这只是一理想。因此，汤武革命之说，亦只是拿历史的事例，来做他们理想主义革命论的注脚，把汤放桀、武王伐纣的事迹也连带着理想化了，不必是历史的事实。依《易经》，革命者要"顺乎天应乎人"；依荀子，革命的军队，要是仁义之兵，孟荀都说"行一不义、杀一无罪而得天下，不为也"（荀子此说见《王霸篇》和《儒效篇》），这都是理想主义的话。试问，在现实中的革命，不行一不义，不杀一无辜，可乎？明乎此，则知后世英雄打天下式的革命，与孟荀所说的革命，根本上是两回事。汤武革命是理想的、理性的；后世英雄打天下式的革命是现实的、生命的。英雄打天下虽亦以替天行道为标榜，此只是假借孟荀之理想，与孟荀革命之说是无关的。

四 贵 民

在前文第二节中，根据《王制篇》的一段话，知荀子已提出人格平等的原则。此原则运用在政治上，于是有尚贤使能的观念；而使此一原则的效用普遍化的就是"贵民"。这是积极一面的表现；消极一面的表现则为"非相"。据杨倞的注释，"相，视也，视其骨状以知吉凶贵贱"。就人先天的貌相，遂论断人之贵贱吉凶，这种相术，无异承认贵贱是天生的，因此和"德必称位，位必称禄"的平等原则相悖反；荀子肯定平等的原则，故有非相之说。在《非相篇》中，荀子坚决反对根据人的形状颜色，即判断人吉凶贵贱的相术。他说："相形不如论心，论心不如择术；形不胜心，心不胜术，术正而心顺之。"荀子认为，人的善恶，取决于人的心术之正否，与人的形相无关。故云："形相虽恶而心术善，无害为君子；形相虽善而心术恶，无害为小人。"君子小人之辨，即吉凶贵贱之判。据此，非相之说，在荀子系统中，也不是孤特的。不过由"非相"，只能消极地反显人格平等一原则；而"贵民"则积极表现此一原则。

尚贤与革命，为先秦儒家所尚论，贵民更是先秦儒家的通义。世人知孟子有民贵君轻之说，罕知贵民一义，在荀子的系统中也占有相当重要的地位。以往大家都以为荀子是法家的先驱，尚法尊君，于是这方面的思想遂不为人所重。不过有一点，我们也不能为荀子隐讳：贵民一义，在孟子的思想中，因其能肯定道德主体，以人性皆善，所以贵民即为道心的直接扩充，贵民一义是有本根的；荀子主性恶，未能透显道德主体，贵民一义只是顺着并未通过十分自觉的人格平等的原则外延地说，故此义在荀子的系统中，严格来说，是没有本根的，而且正与性恶说对反。人性如只是自然的情欲，则又何贵之有？故其被视为法家的先驱，也并不是全没有原因的。

我们既肯定贵民是人格平等一原则效用的普遍化，而贵民一义的实施，又必须落在事上说。

> 王者之等赋政事，财（裁）万物，所以养万民也。田野什一，关市几而不征，山林泽梁以时禁发而不税，相地而衰政，理道之远近而致贡，通流财物粟米，无有滞留，使相归移也，四海之内若一家。故近者不隐其能，远者不疾其劳，无幽闲隐僻之国，莫不趋使而安乐之。夫是之谓人师，是王者之法也。（《王制篇》）

等赋、政事、裁万物，皆是事，通过这些事，即所以养民之道，而养民即贵民的第一义。我国自古有民以食为天之说，为政者最大的事，就是民生问题，这也是儒家政治思想的大传统。荀子以礼义为系统的骨干，而以为"养人之欲，给人之求"，是礼之所以起，故说"礼者养也"。通到贵民一观念说，养欲给求就是贵民的具体表现；不能养欲给求，荀子就认为是触发人民革命的因素之一。

> 今之世而不然，厚刀布之敛以夺之财，重田野之税以夺之食，苛关市之征以难其事。不然而已矣，有（又）掎挈伺诈，权谋倾覆，以相颠倒，以靡敝之。百姓晓然，皆知其污漫暴乱，而将大危亡也。是以臣或弑其君，下或杀其上，粥其城，倍其节，而不死其事者，无它故焉，人主自取之也。（《富国篇》）

"厚刀布之敛以夺之财"等三语，即言其不能养，人君不能养万民，就违反了贵民之义，即将招致弑君、背节、不死其事的严重后果。

养欲给求，就是爱民利民的表现；贵之即所以爱之利之。假如人主不能爱民，不能利民，荀子推得的结论是"不灭亡，不可得也"，因此坚决主张"人主欲强固安乐，则莫若反之民"。

> 故有社稷者而不能爱民、不能利民，而求民之亲爱己，不可得也。民不亲不爱，而求其为己用、为己死，不可得也。民不为己用、不为己死，而求兵之劲、城之固，不可得也。兵不劲、城不固，而求敌之不至，不可得也。故至而求无危削、不灭亡，不可得也。危削、灭亡之情举积此矣，而求安乐，是狂生者也。狂生者，不胥（须）时而落（一说作"乐"）。故人主欲强固安乐，则莫若反之民。（《君道篇》）

"反之民"者，是说人主如欲使国家强固安乐，必须从差失中返回来着重爱民利民之事，否则国必亡。"故君人者，爱民而安，好士而荣，两者无一焉而亡。"（《君道篇》）又说："爱民者强，不爱民者弱。"（《议兵篇》）爱民与不爱民，在这里，成为国家强弱存亡的关键。不论是荀子还是孟子，为了强调贵民一义的重要性，都不惜贬抑君的地位，而倡民贵君轻之说。

> 传曰：君者，舟也；庶人者，水也。水则载舟，水则覆舟。此之谓也。故君人者，欲安，则莫若平政爱民矣……是君人者之大节也。（《王制篇》）

天之生民，非为君也；天之立君，以为民也。（《大略篇》）

这两则言论，都涵有民贵君轻的意思。这种观念虽是先秦儒家的通义；可是，无论是荀子或孟子，贵民思想的倡说，来自时代外缘的影响多，来自政治本身自觉的成分甚少。由于后者的理由，这种观念在他们的系统中，尽管言之反复，并无积极的意义，因此不能视为政治思想的重心。假如这种观念，纯是通过政治本身的自觉而提出，则民主政治的意识必然将被转出来。这一点，不仅孟荀未具备此种自觉，两千多年来的中国政治思想史，一直未出现此种自觉。荀子本较有客观精神，但亦未能向此意识转，即充分暴露其客观礼义的形态的客观精神表现的限制。

五　富国与强国

在儒家传统中，富强的观念，是始终不占重要地位的，甚至是受排斥的，这种思想显然是受孟子的影响。孟子的思想，千言万语，总在彰著仁义。因其思想核心在仁义，故强调义利之辨，故有为富不仁之说，故视致富强之徒为民贼。孟子说："今之事君者皆曰：'我能为君辟土地，充府库。'今之所谓良臣，古之所谓民贼也。君不乡道，不志于仁，而求富之，是富桀也。'我能为君约与国，战必克。'今之所谓良臣，古之所谓民贼也。君不乡道，不志于仁，而求为之强战，是辅桀也。"此自是针对战国之情势而言，非全无理者。然孟子直视仁义之理与富强之术为对反，则不免识小。以为求富求强就是辅桀，这也是武断的。《史记·孟荀列传》视富国强兵为孟荀共有之时代趋向，也就是每一个诸侯共同的要求；照理我们不能认为这一种趋势和要求，完全与仁义相悖。孟子排斥富强，就正认其与仁义相悖。这表现孟子所守之仁义，只在修身的范围内有充分的自觉，他不知富国强兵，亦可以是仁义的大开放。孟子的道德理论，在格局上总不免是封闭的。因封闭在身心的范围内说道德，故对利、战、富、强诸客观问题，多不能平视而有激词。北宋大儒李觏，就曾有过这样的批评："孟子谓何必曰利，激也。焉有仁义而不利者乎？"（《直讲李先生文集》卷第二十九《原文》）非利是激词，非战、非富、非强亦无不是因不能平视而生的激词。孟子的激词，后世儒者竟奉为金科玉律，而讳言富强，这流弊是很大的。反观荀子则不然。他能正视时代的共同趋向和共同要求，标礼义而不讳言富强。今存的《荀子》书中，有《富国》和《强国》两篇，在荀子政治思想中，占有相当重要的地位。

孙卿子曰：凡在大王，将率末事也，臣请遂道王者诸侯强弱存亡之效，安危之势。君贤者其国治，君不能者其国乱。隆礼贵义者其国治，简礼贱义者其国乱。治者强，乱者弱，是强弱之本也。（《议兵篇》）

观国之强弱贫富有征：上不隆礼则兵弱，上不爱民则兵弱，已诺不信则兵弱，庆赏不渐则兵弱，将率不能则兵弱。上好功则国贫，上好利则国贫，士大夫众则国贫，工商众则国贫，无制数度量则国贫。下贫则上贫，下富则上富。故田野县鄙者，财之本也；垣窌仓廪者，财之末也。百姓时和，事业得叙者，货之源也；等赋府库者，货之流也。故明主必谨养其和，节其流，开其源，而时斟酌焉，潢然使天下必有余，而上不忧不足。

如是则上下俱富，交无所藏之，是知国计之极也。(《富国篇》)

这两则言论，可作为荀子富强论的纲要，主要的含义有下列四点：（1）"士大夫众则国贫"，是说政府不可用冗员浪费国帑，当节其流。（2）"百姓时和，事业得叙者，货之源也。""下贫则上贫，下富则上富。"前者是说开源之道，后者是说国家当散财于民，藏富于民。所以要开源，就是为了要富民，民富然后上下俱富。（3）"田野县鄙者，财之本也"，"工商众则国贫"，是说重农抑商。（4）礼义是富强之本。下文当一一申说其义。

（1）（2）两点合起来，是一最古老的经济原则：开源节流。节流就是节用，开源就是裕民。节用裕民两大项，是荀子富国论的主要部分。且看荀子自己对这两大项的解释。

> 足国之道，节用裕民而善臧其余。节用以礼，裕民以政。彼裕民，故多余。裕民则民富……上以法取焉，而下以礼节用之。余若丘山，不时焚烧，无所臧之，夫君子奚患乎无余？故知节用裕民，则必有仁义圣良之名，而且有富厚丘山之积矣。……不知节用裕民则民贫……上虽好取侵夺，犹将寡获也，而或以无礼节用之，则必有贪利纠诉之名，而且有空虚穷乏之实矣。(《富国篇》)

"节用以礼"，是说政府固不可设冗员，但依乎礼而当有者，亦不可省，所以节用之当否在礼。"节用以礼"的礼，究竟是什么意义，荀子在下文中紧接着就有解释："礼者，贵贱有等，长幼有差，贫富轻重皆有称者也。"等差有称，都是政治的纲纪，为了维护这些纲纪，财用上是不能省的。故政府在财用方面的支配，唯在尽礼，过此则为浪费。政府浪费则民贫，"百姓虚而府库满"，荀子称之为"国蹶"，"倾覆灭亡可立而待"（均见《富国篇》）。荀子富国之论，在消极一面是主张政府当"节用以礼"，在积极一面则主张"裕民以政"。

> 轻田野之税，平关市之征，省商贾之数，罕兴力役，无夺农时，如是则国富矣。夫是之谓以政裕民。（《富国篇》）

苛捐杂税，滥使劳役，是病民；因此荀子主张轻赋税，罕兴力役，使人民安于田，勤于耕。安于田，勤于耕，然后国富，然后足以养民情（《大略篇》："不富无以养民情。"）。养民情的另一说法就是足欲，而足欲就是裕民的主要内容。这表示荀子已很重视人民的幸福。荀子认为礼的起源就是因"人生而有欲"，人既生而有欲，所以"养人之欲，给人之求"，是治道中最大的目的。养欲给求即足欲之谓。墨子非乐，主张俭、节用，荀子就认为近乎瘠（"瘠"之义同于《庄子·天下篇》评墨子"其道大觳"之"觳"）。瘠则不能使人民足欲，后果是很坏的。荀子说："我以墨子之非乐也，则使天下乱；墨子之节用也，则使天下贫。……将蹙然衣粗食恶，忧戚而非乐，若是则瘠，瘠则不足欲，不足欲则赏不行，赏不行则贤者不可得而进也；贤者不可得而进也，不肖者不可得而退也，则能不能不可得而官也。若是则万物失宜……天下敖然，若烧若焦。"（《富国篇》）墨子尚苦行，尚苦行，故"其行难为"，"天下不堪"（《天下篇》评墨子语），所以荀子反对他而主张足欲；足欲是关乎人民幸福的事，这在任何时代，总是政治上最重要的大事。然要达到人民足欲的目的，必须减轻人民的负担，必须藏富于民。为了实现这目的，所以荀子反对人君好利，反对政府聚敛财富。

> 上好利则国贫……故田野荒而仓廪实，百姓虚而府库满，夫是之谓国蹶。（《富国篇》）

> 聚敛者亡，故王者富民。（《王制篇》）

荀子富国论中，以为"田野县鄙者，财之本也"，又说"工商众则国贫"，故有重农抑商的主张。这种主张，显然是被当时农业社会的经济现实局限所致。孟荀在经济思想方面，皆被囿于当时的时代及当时生存的环境；对经济问题的思考，都局限于农业的静态的经济社会，全不能了解动态经济的意义，这也是影响中国贫弱的因素之一。孟子倡仁义之说，视仁义与富强为对反，在政治上只悬王道的理想。荀子比孟子能正视时代的客观趋势，故不讳言富强，且积极主张足欲，这都是有价值的观念。可是通过重农抑商的主张，可以发现荀子支持富强足欲的经济理论，又薄弱得可怜。荀子并不能察觉，重农抑商的后果，甚至可与富强足欲的目标相悖。这说明荀子虽重外王，重客观精神，终未能彻底冲破传统的道德教化的政治形式所给予的限制。荀子未能本于富强足欲的观念向深处想，是很令人惋惜的。

以上是荀子富国论的大要。荀子对强国的主张，透过他对秦的评论，可以知其大概。

> 应侯问孙卿子曰：入秦何见？孙卿子曰：其固塞险，形势便，山林川谷美，天材之利多，是形胜也。入境观其风俗，其

百姓朴，其声乐不流污，其服不挑（杨注：挑，偷也，不为奇异之服），甚畏有司而顺，古之民也。及都邑官府，其百吏肃然，莫不恭俭敦敬，忠信而不楛，古之吏也。入其国，观其士大夫，出于其门，入于公门，出于公门，归于其家，无有私事也，不比周，不朋党，偶然莫不明通而公也，古之士大夫也。观其朝廷，其间听决，百事不留，恬然如无治者，古之朝也。故四世有胜，非幸也，数也。是所见也。故曰：佚而治，约而详，不烦而功，治之至也。秦类之矣。虽然，则有其諰矣。兼是数具者而尽有之，然而县之以王者之功名，则偶偶然其不及远矣。是何也？则其殆无儒邪？……此亦秦之所短也。（《强国篇》）

在当时，秦是最强的国家，荀子入秦所见，就是强国的一个典型例子。荀子称美秦之强盛，然亦不讳言其短；秦之所短在无儒，无儒即无礼义（《性恶篇》："以秦人之从情性，安恣睢，慢于礼义故也。"可参证）。"礼者，治辨之极也，强国之本也，威行之道也，功名之总也。"（《议兵篇》）本此，则强国之本，王者之功名，仍在行礼义。故荀子所言之强，不是一般的国威，如是一般的国威，这只是力术，而荀子论强国之道，却主张"力术止，义术行"，主张"益地不如益信"，主张"节威反文"。"反文"者，即欲以礼义为强国之本也。

荀子以礼为强国之本，言富亦然。故说："儒术诚行，则天下大而富，使而功，撞钟击鼓而和。《诗》曰：'钟鼓喤喤，管磬玱玱，降福穰穰。降福简简，威仪反反，既醉既饱，福禄来反。'此之谓也。"儒术即礼义，此言礼乐即富国之本。荀子的系统，礼义笼罩一切，是一绝对的中心，言富强之道，最后亦终归于是。归于是表示能始终撑握住礼义作纲领，万变不离其宗，故其系统甚严整；同时也因其必归于是，故未能本于富强足欲的观念向深处思索。荀子的礼义本表示客观精神，因执之太强，于是对许多客观问题，都未能面对着单独思考，反影响了客观精神的开拓，在这方面，荀子的系统，是很叫人惋惜的。

六　王与霸

先秦儒家向有王霸之辨，而其说多不一。孔子虽尝谓"天下无道，则礼乐征伐自诸侯出"（《论语·季氏》），然于桓公管子颇能大其功而称美之，前一说是道德的判断，后一说则又表示一历史的判断；这是孔子之大处。尊王黜霸，始自孟子。齐宣王问曰："齐桓晋文之事，可得闻乎？"孟子对曰："仲尼之徒，无道桓文之事者，是以后世无传焉，臣未之闻也。无以，则王乎？"（《孟子·梁惠王篇》）这便是孟子的尊王黜霸论。孟子之说彻头彻尾是一道德意识。《孟子·公孙丑篇》又云："以力假仁者霸，霸必有大国；以德行仁者王，王不待大。"以"力"与"德"为王霸的区别，表示孟子未能对桓公管仲之霸业有相应的了解。由孔子称管仲"如其仁，如其仁"，即足反证孟子"以力假仁者霸"之说之不当。其所以然者，即因其纯是一道德的判断，而不能如孔子兼有历史的判断。不能兼有历史的判断，故于历史事象不能有如实相应的评骘。此足见孟子识量之不广。荀子王霸之辨，能直承孔子之大处；他亦以王为最高的理想，但尊王而不黜霸。

仲尼之门人，五尺之竖子言羞称乎五伯，是何也？曰：然。彼诚可羞称也。齐桓，五伯之盛者也，前事则杀兄而争国；内

行则姑姊妹之不嫁者七人，闺门之内，般乐奢汰，以齐之分（半
也），奉之而不足；外事则诈邾袭莒，并国三十五。其事行也，
若是其险污淫汰也。彼固曷足称乎大君子之门哉？（《仲尼篇》）

这一段是对桓公的贬词，相当于孔子斥管仲之器小。由道德的判断，
桓公管仲固不免于小器。然荀子知其小，复能识其大，紧接上文一
转就称美桓公有大节、大知、大决。

若是（指器小）而不亡，乃霸，何也？曰：于乎！夫齐桓
公有天下之大节焉，夫孰能亡之？倓然见管仲之能足以托国也，
是天下之大知也。安忘其怒，出忘其仇，遂立以为仲父，是天
下之大决也。立以为仲父，而贵戚莫之敢妒也；与之高、国之
位，而本朝之臣莫之敢恶也；与之书社三百，而富人莫之敢距
也。贵贱长少，秩秩焉莫不从桓公而贵敬之，是天下之大节也。
诸侯有一节如是，则莫之能亡也；桓公兼此数节者而尽有之，
夫又何可亡也？其霸也宜哉！非幸也，数也。

桓公的大节、大知、大决，即霸之所以为霸者。《王霸篇》中则复以
桓公管仲为古之大功名者的代表。

齐桓公闺门之内，县乐奢泰（汰）游抏（玩）之修，于天下
不见谓修。然九合诸侯，一匡天下，为五伯长，是亦无它故焉，
知一政于管仲也；是君人者之要守也。知者易为之兴力，而功
名綦大。舍是而孰足为也？故古之人有大功名者，必道是者也。

此皆见荀子对桓公管仲有如实相应之评价。荀子虽对桓公管仲作历史的判断而不泯其功，但亦不以此为止足，在霸者之上，仍悬一更高之理想；这即表示荀子一面能对历史真相作如实的了解，同时在理想上却不以此为限。依荀子，此一更高之理想，即"修礼者王"（《王制篇》）的王者。在上引两则《仲尼篇》文后接着又一转：

> 然而仲尼之门人，五尺之竖子言羞称乎五伯，是何也？曰：
> 然。彼非本政教也，非致隆高也，非綦文理也，非服人之心
> 也。……彼王者则不然，致贤而能以救不肖，致强而能以宽弱，
> 战必能殆之而羞与之斗，委然成文以示之天下……故道岂不行
> 矣哉！

"本政教""致隆高""綦文理""委然成文"，皆就礼义言。此即言桓公、管仲之短在不能行礼义也。行礼义与否，是荀子王霸之辨的根据。荀子理想中的王者，就是能行礼义的。故云："王者之人：饰动以礼义，听断以类……夫是之谓有原。"荀子视王霸亦有"粹而王，驳而霸"（见《强国篇》）之分，而"粹"是指全用儒术，荀子之儒术即礼义。下文再看荀子对王霸之辨，作进一步的申说。

> 彼霸者不然，辟田野，实仓廪，便备用，案谨募选阅材伎
> 之士，然后渐庆赏以先之，严刑罚以纠之。存亡继绝，卫弱禁
> 暴，而无兼并之心，则诸侯亲之矣。修友敌之道，以敬接诸侯，
> 则诸侯说之矣。所以亲之者，以不并也，并之见则诸侯疏矣；
> 所以说之者，以友敌也，臣之见则诸侯离矣。故明其不并之行，
> 信其友敌之道，天下无王主（"王"字下本有"霸"字，今从王

念孙校，删），是常胜矣。是知霸道者也。……彼王者不然，仁
眇（高也，下同）天下，义眇天下，威眇天下。仁眇天下，故
天下莫不亲也；义眇天下，故天下莫不贵也；威眇天下，故天
下莫敢敌也。以不敌之威，辅服人之道，故不战而胜，不攻而
得，甲兵不劳而天下服。是知王道者也。（《王制篇》）

这一段对王霸意义的申说，可约简为"义立而王，信立而霸"两句。
这两句出于《王霸篇》，该篇对此义复有极详尽的发挥，其主要意思，
实不出上引《王制篇》之文。在《王霸篇》中，荀子以"行一不义、
杀一无罪而得天下，仁者不为"为义立而王之王所当守者，此与前
引"不战而胜，不攻而得，甲兵不劳而天下服"，明只是一理想的境
界，在现实上为不可能者。荀子在他处屡次说"用圣臣者王"（《臣
道篇》），"天下归之之谓王"，"非圣人莫之能王"（《正论篇》），都只
表示王只是一理想的境界。王业既只是悬一最高的理想，为现实的
事功立型范，则不能不称美桓公管仲的霸业，比之孟子似不免降格
以求，然亦正示荀子在政治思想上较孟子为切要典实。其实在荀子
的心目中，有时候，霸者与王者是相去不远的。

礼义教化，是齐之也。故以诈遇诈，犹有巧拙焉；以诈遇
齐，辟之犹以锥刀堕（毁也）太山也，非天下之愚人莫敢试。
故王者之兵不试。……齐之田单、楚之庄跻、秦之卫鞅、燕之
缪虮，是皆世俗之所谓善用兵者也，是其巧拙强弱则未有以相
君也，若其道一也，未及和齐也……齐桓、晋文、楚庄、吴阖
闾、越勾践，是皆和齐之兵也，可谓入其域矣（杨倞注：入礼
义教化之域。孟康曰：入王兵之域也）。

此言齐桓晋文诸霸者之兵为和齐之兵；"礼义教化，是齐之也"，则和齐之兵，即行礼义教化之兵也。杨倞及孟康之说皆不误也。此即足表示王霸不相远之义。即就"义立而王，信立而霸"说，义信虽不尽同，然亦绝不相远。《王霸篇》即尝以"明礼义以道（同"导"）之，致忠信以爱之"，同为王者得民之道。前引《王制篇》言王道与霸道，其相去亦无几：霸者之"存亡继绝，卫弱禁暴，无兼并之心"，即王者之"仁眇天下"也。"修友敌之道，以敬接诸侯"，即"义眇天下"也。他处如"隆礼尊贤而王，重法爱民而霸"（《强国篇》），"善日者王，善时者霸……王者敬日，霸者敬时"（同上）诸说，亦无不表示荀子王霸不相远之义。以荀子之智，绝不致混淆其分际，而含糊其词，盖因荀子实知王道的理想虽可贵，然其毕竟是理想，在现实上，其行实难为。在现实上，桓公管仲的霸道，已是了不起的功业，已足以为后世建立事功的矩矱。孟子尊王黜霸，至荀子则王霸同尊。尊王止于理想，尊霸，则是尊一历史之事实；所以说在政治思想上，荀子称美桓公管仲之霸道实较空悬一价值观念之王道之孟子为切要典实也。

七　议　兵

孟子视辟土地充府库者为民贼，言善战者当服上刑；后世儒者亦多以兵为凶器（《史记》主父偃有此句），去兵为王者之盛饰（苏轼《教战守策》语），故不论兵。荀子较典实，具客观精神，虽亦重视客观理想的价值，但不讳言军旅之事，故有《议兵》之篇。此与言富强同显其心灵之特异。

　　临武君与孙卿子议兵于赵孝成王前。王曰：请问兵要？临武君对曰：上得天时，下得地利，观敌之变动，后之发，先之至（《孙子兵法·军争第七》有"后人发，先人至"，与此同），此用兵之要术也。孙卿子曰：不然。臣所闻古之道，凡用兵攻战之本，在乎壹民。弓矢不调，则羿不能以中微；六马不和，则造父不能以致远；士民不亲附，则汤武不能以必胜也。故善附民者，是乃善用兵者也。故兵要在乎善附民而已。临武君曰：不然。兵之所贵者势利也，所行者变诈也。善用兵者，感忽悠暗，莫知其所从出，孙吴用之，无敌于天下，岂必待附民哉？孙卿子曰：不然。臣之所道，仁人之兵，王者之志也。君之所贵，权谋势利也；所行，攻夺变诈也，诸侯之事也。仁人之兵，不可诈也。彼可诈者，怠慢者也，路亶者也（王念孙：路单犹羸惫也。上不恤民，则民皆羸惫），君臣上下之间，滑然有离德者也。故以桀诈桀，犹巧拙有幸焉。以桀诈尧，譬之若以卵投石，以指挠沸，若赴水火，入焉焦没耳。……且夫暴国之君，将谁与至哉？彼其所与至者，必其民也。而其民之亲我欢若父母，其好我芬若椒兰；彼反顾其上，则若灼黥，若仇雠。人之情，虽桀跖，岂又肯为其所恶贼其所好者哉？是犹使人之子孙自贼其父母也，彼必将来告之，夫又何可诈也？故仁人用，国日明。……孝成王、临武君曰：善。

此为《议兵篇》之首段。杨倞注"临武君盖楚将，未知姓名"，乃或然之辞，临武君其人，仍当存疑。若果有其人，盖亦效孙吴而不远者。本此两段辩论，荀子与临武君所持论点与层域，皆极分明。临武君所重所行者在权谋势利，在攻夺变诈，同于《孙子兵法》"出其不意，攻其不备"之"诡道"（《始计第一》），而不探"用兵攻战之本"者，荀子论善用兵者在善附民，善附民者，谓能得百姓之亲近爱戴也。得百姓之亲近爱戴，则上下通情，此之谓"壹民"，此之谓"攻战之本"。《孙子兵法·始计第一》又云："故经之以五事，校之以计，而索其情：一曰道……道者，令民与上同意，可与之死，可与之生，而不畏危也。""令民与上同意"，即类乎荀子"附民"之说。孙子论"兵者，诡道也"，乃兵之权，不得已而用之，非如临武君"孙吴用之（"之"指权谋势利、攻夺变诈），无敌于天下，岂必待附民哉"之说狭陋，故其为效孙吴而又不逮者。荀子论攻战之本在壹民附民，同篇中答李斯之问，基本论点，亦与此同。

> 李斯问孙卿子曰：秦四世有胜，兵强海内，威行诸侯，非以仁义为之也，以便从事而已。孙卿子曰：非女所知也。女所谓便者，不便之便也；吾所谓仁义者，大便之便也。彼仁义者，所谓修政者也，政修则民亲其上，乐其君，而轻为之死，故曰：凡在于军，将率末事也。秦四世有胜，諰諰然常恐天下之一合而轧己也，此所谓末世之兵，未有本统也。故汤之放桀也，非其逐之鸣条之时也；武王之诛纣也，非以甲子之朝而后胜之也。皆前行素修也，此所谓仁义之兵也。今女不求之于本，而索之于末，此世之所以乱也。

李斯以为秦之强盛，非由仁义，并即以其强盛之事实，以为治国不必本仁义，故荀子斥其言为"世之所以乱"。李斯全为秦之强威所震慑，以为此即最高之理想，此可见李斯心灵之层次。荀子死后，李斯相秦而不获善终，即为其心灵层次所决定。后世多以为李斯助秦为虐，大败天下之民，是受荀子影响，读其斥李斯之文，可知李斯之败，与荀子实无涉。荀子在世，毫不为强秦之威势所慑服，亦不为其实然之富强而蔽其思，此所以为"刚强宏毅，庄重凝定"。秦虽四世有胜，但荀子斥之为"末世之兵，未有本统"。末世之兵，即临武君所云以"权谋势利，攻夺变诈"为兵要者也；秦之并吞，不过"以诈遇诈"而已。以诈遇诈，虽四世有胜，然仍不免"諰諰然常恐天下之一合而轧己也"。荀子论兵以仁义为先，以修政为主，"政修则民亲其上，乐其君，而轻为之死"，故修政即所以附民。修政附民为攻战之本，此义即欲以政治为军事之本；政治不能得民心于平日，则军事决难取胜于临时。荀子言汤放桀、武伐纣之成功，在前行素修，亦此义也。即在今日，此观念之价值效用，仍觉历久而弥新。荀子称前行素修的汤武为仁义之兵，非言兵卒皆仁义之士，乃言用兵者以仁义修政为本也。关此，荀子在《议兵篇》中有极详尽之发挥。兹只简引两则：

> 请问王者之兵，设何道何行而可？（此仍为孝成王问）孙卿子曰：凡在大王，将率末事也。臣请遂道王者诸侯强弱存亡之效，安危之势。臣贤者其国治，君不能者其国乱；隆礼贵义者其国治，简礼贱义者其国乱。治者强，乱者弱，是强弱之本也。……隆礼效功上也，重禄贵节次也，上功贱节下也，是强弱之凡也。好士者强，不好士者弱；爱民者强，不爱民者弱；政令信者强，政令不信者弱；民齐者强，民不齐者弱……重（难也）用兵者强，轻用兵者弱。

> 陈嚣（荀子弟子）问孙卿子曰：先生议兵，常以仁义为本。

仁者爱人，义者循理，然则又何以兵为？凡所为有兵者，为争夺也。孙卿子曰：非女所知也。彼仁者爱人，爱人，故恶人之害之也；义者循理，循理，故恶人之乱之也。彼兵者，所以禁暴除害也，非争夺也。故仁人之兵，所存者神，所过者化，若时雨之降，莫不说喜。……故近者亲其善，远方慕其德，兵不血刃，远迩来服，德盛于此，施及四极。

第一则荀子言强弱存亡之效，安危之势，取决于隆礼贵义，"隆礼贵义者其国治"，则隆礼贵义即相当前言之修政，亦王者用兵之本也。前一节论王霸，曾引《议兵篇》"礼义教化，是齐之也"一段，即言王者如汤武，霸者如齐桓晋文，其所以有大功名，在其所用"皆和齐之兵"，而能和齐者在礼义教化，与上引第一则文合观，则荀子以礼义为攻战之本明矣。礼义为攻战之本，本固然后能成其末。荀子云"凡在大王，将率末事也"，非言将率之事不重要，盖物有本末，事有终始，欲济其末，必先立其本。孝成王所问者为王者之兵，非一般攻战之方。王者之兵首重立本，言将率末事，正欲显政修礼义之为本也。杨倞注此文以为"荀卿欲陈王道因不答其问"，即不解荀子立言之本末分际，故有荀子答非所问之误解。第二则引文陈嚣之问，即将仁义与兵视为不相容者，所以说"仁者爱人，义者循理，然则又何以兵为"。此与后世空言王道，视兵为凶器者之立言层次相同。荀子之答辩谓："仁者爱人，故恶人之害之也；义者循理，故恶人之乱之也。"这是将内在之仁义客观化，极尽其功能。谓兵乃"所以禁暴除害，非为争夺"，是将凶器之兵，赋予价值之效用而为实现仁义者。如此，仁义与兵表面之矛盾相即解除，本末之间亦即打通，此正荀子论兵之精义。

礼者，治辨之极也，强国之本也，威行之道也，功名之总也。王公由之，所以得天下也；不由，所以陨社稷也。故坚甲利兵不足以为胜，高城深池不足以为固，严令繁刑不足以为威。由其道则行，不由其道则废。

此仍为《议兵篇》文，说明"礼义修政为攻战之本"一义最显豁。荀子论兵以探本为主，探本但不遗末，故《议兵篇》又有为将与军制之论。兹先言为将：

请问为将。（仍为孝成王问）孙卿子曰：知莫大乎弃疑，行莫大乎无过，事莫大乎无悔。事至无悔而止矣，成不可必也。故制号政令，欲严以威；庆赏刑罚，欲必以信；处舍（营垒）收藏（财物），欲周（密）以固；徙举进退，欲安以重，欲疾以速（杨注：静则安重而不为轻举，动则疾速而不失机权）；窥敌观变，欲潜以深，欲伍以参（杨注：伍参犹错杂也，使间谍或参之或伍之于敌之间，而尽知其事）；遇敌决战，必道（行）吾所明，无道吾所疑，夫是之谓六术。无欲（好）将而恶废，无急胜而忘败，无威内而轻外，无见其利而不顾其害，凡虑事欲孰（精审）而用财欲泰（不吝赏），夫是之谓五权。所以不受命于主有三：可杀而不可使处不完，可杀而不可使击不胜，可杀而不可使欺百姓，夫是之谓三至。……敬谋无圹（即"旷"，下同），敬事无圹，敬吏无圹，敬众无圹，敬敌无圹，夫是之谓五无圹。慎行此六术、五权、三至，而处之以恭敬无圹，夫是之谓天下之将（杨注：天下莫及之将）。

弃疑之知，无过之行，无悔之事，盖言遇敌决战，胜败之数难卜，唯尽其在我耳。"成不可必"一语很好，曾国藩于身经百战之后，乃知军事之胜负，三分人力，七分天命，亦"成不可必"之义也。所谓六术，多言临阵应敌之方："遇敌决战，必道吾所明，无道吾所疑"，此知己也；"窥敌观变，欲潜以深，欲伍以参"，此知彼也；知己知彼，百战不殆，亦《孙子兵法》语也（《谋攻第三》）。"五权"，杨注："五者，为将之机权也。""无欲将而恶废"，是说待部下不可徇私情。"无急胜而忘败，无威内而轻外"，是说不可骄。"无见利而不顾其害"，是说心智不可为利所蔽。"虑事欲孰"是说谨慎，"用财欲泰"是说当赏者不可吝。皆临阵之要术也。"三至"谓大将当坚守之原则，故杨倞注"至，谓一守而不变"。将在外，君命有所不受，三至即言不受君命之故；必如三至然后可抗君。盖将贤而君不必贤，故荀子立此义，使为将者有独立自处之道。王无圹无异说五敬，有敬则必无圹。有敬欲其不苟，无圹欲其负责，其义一也。敬谋则虑必中，敬事则事可成，敬吏则吏亲，敬众则众和，敬敌则不骄，亦皆临阵之要术也。次言军制：

> 请问王者之军制。孙卿子曰：将死鼓，御死辔，百吏死职，士大夫死行列。闻鼓声而进，闻金声而退，顺命为上，有功次之。令不进而进，犹令不退而退也，其罪唯均（等）。不杀老弱，不猎禾稼，服者不禽，格者不舍，犇（奔）命者不获。凡诛，非诛其百姓也，诛其乱百姓者也。百姓有扞（蔽）其贼，则是亦贼也。以故顺刃者生，苏（向）刃者死，犇命者贡。

荀子论军制可概括于下列五点：（1）将士临阵，可死而不可弃职守；

（2）将士临阵必须服从军命；（3）行军之际必须爱民恤民；（4）敌人愿投降者放其生；（5）乱百姓之祸首，诛而不舍。就荀子论为将论军制之说合而观之，无一点不肯要，无一点非兵家之奥义通义，后世论兵者，其大纲大目，无有能外于此者。荀子论兵，虽以探本为主，但亦不遗末。

第四章　荀子的认知心及其表现

一　何以说荀子所识之心为认知心？

前面各章，大体已由礼义为中心，将荀子正面主张的各方面，予以系统的解析与疏导，到此，好学深思的读者，或许会问：荀子此一客观系统的建构，在根源上究竟是一种什么精神在作支柱？内在于系统说，即荀子何以不继承孟子内圣的路数向前走，而要向外开，朝外王方向转？何以认为知通统类者才是大儒、圣王？以及在心性问题上又何以必归于以心治性？答复这些问题，从荀子所处的时代，和当时社会政治方面的情况，或可以找到一部分外缘上的理由，但绝不能说明其系统何以必如此的充分理由。这充分理由究竟在哪里？我们认为必须从荀子心中所识之心的性质求之。如果了解荀子心中所识之心的性质，我们就可以确定他的系统属于何种形态，和根源上是一种什么精神在作支柱。这一点，是本章首先要探讨的。

本书对荀子思想系统有一根本的认识，即荀子乃"由智识心"者，此与孔孟"由仁识心"者不同。孟子与荀子，在观念方向上、思想内容上，都明显是两个不同的系统，但要真了解两系统在思想上所生的一切歧异之故，就必须先认识两家心中所识之心的性质之不同。本书在解析与疏导荀子系统各部分的思想时，作者心目中就是以这一根本的认识作准绳的。

荀子"由智识心"，即是说荀子心中所识之心的性质是一理智性的认知心；孔孟"由仁识心"，其所识之心的性质是一道德性的德性心。这代表人心表现的两种基本形态。克就中国传统说，这两种基本形态，正与内圣外王相对应，盖仁性内润，智性外发，故一内圣，一外王。暂不言孔孟，而问：何以说荀子所识之心为认知心？《荀子》书中是否有供直接采证的？这问题的答案是肯定的。

> 凡以知，人之性也；可以知，物之理也。（《解蔽篇》）

> 所以知之在人者，谓之知；知有所合，谓之智。（《正名篇》）

"凡以知，人之性也"，是说人的本性就是"知"，与"所以知之在人者，谓之知"乃同义语。以"知"规定人之"性"，即无异以"知"规定人之"心"。此性乃智性之性，与性恶之性有异。由智性而见之心，即认知心，此属能知；有能知，必有所知，盖认知心的表现，必落在关系境域中。认知心的表现既必落在关系境域中，故能知主体，必关联上所知的对象；能知主体运作于对象之中，即"知有所合"之"合"。合者心通于物之谓，故合然后能形成对物之知识，此即"可以知，物之理也"，有"知有所合谓之智"之义。"理"与"智"即对物的知识。这就是认知心表现的成果。这两则言论，不仅能证明荀子所识的心为认知心，且也显示出一原初型的知识论；而知识论正是认知心表现中直接涵摄的一套问题与内容。

故心不可以不知道。心不知道，则不可道而可非道。……
心知道，然后可道；可道，然后能守道，以禁非道。……何以
知道？曰：心。（《解蔽篇》）

这里所说的心，属认知心，是再清楚不过的了。在荀子，认知心认
知的主要对象是道（指礼义），认识了道，然后可道，可道然后能守
道而不悖，守道而不悖，则行为中理。依是，《劝学篇》中"君子博
学而日参己，则知明而行无过"的一节话，通在这里，遂可获一确
解。行为之中理与否，在心之是否能知道，心知道是行为中理的依
据，此正与"知明而行无过"一义相合。希腊哲人苏格拉底的哲学
中有一基本原则："知识即道德"，本此原则处理人行为问题时，苏
格拉底也提出"有知无过"说，此亦正与荀子"知明而行无过"一
义合。可知在认知心的表现中，人行为之善恶，取决于人之知道与
否，在理论上实是必然的。

上文既证明荀子所识的心是认知心，可是在今存的《荀子》书
中，有少数的几则言论，却明显地表示荀子所识之心尚可有另一种
性质，这里也列举出来，并试作一解说。

心也者，道之工宰也。（《正名篇》）

心者，形之君也，而神明之主也。出令而无所受令，自禁
也、自使也，自夺也、自取也，自行也、自止也。故口可劫而
使墨（默）云，形可劫而使诎申，心不可劫而使易意，是之则
受，非之则辞。（《解蔽篇》）

"心者，道之工宰"，与"心者，形之君也"义同，皆说明"心之主宰"义。"出令而无所受命"以下，则提出"意志自由"的观念。两义合起来，正说明荀子所识之心的另一点含义，正是孔孟"由仁识心"的道德心。即是说，由意志自由而显之主宰之心，此心本身即直接可说是善的，与认知心之因知道可道合道而后涵有善义是不同的。因此，认知心之欲为善，只能间接说。这一点区别，对了解荀子十分重要。近人研读荀子因忽略了这一点根本上的区别，遂使对荀子思想系统的了解，起了很大的混乱，结果导致错误的判断。且举两个例子。第一，陈登元曾有《荀子之心理学说》一文，在该文中他曾引了孟荀两家类似的话，加以凑泊附会，最后他的判断是："孟荀两家皆主心善，荀子性恶之性，非孟子性善之性。"说孟荀言性之义不同，这当然不错，但说"两家皆主心善"，则大有问题。假如陈登元这话是真，我认为荀子绝大部分的思想，皆将不得其解，这后果是极其严重的。自然陈登元的判断，也非全凭空妄说，他的根据恐怕就是上文所引的两则言论。但我们仍不能不说，他这一结论显然未能通观《荀子》全书的精神，亦未能对荀子各部分的思想有一综合的理解，这真如荀子所说的"蔽于一曲，而暗于大理"了。本书对荀子系统的一个根本认识，即在"由智识心"这一点上，所以否定"孟荀两家皆主心善"一判断。至于作为此一判断依据的那两则言论，何以在荀子思想中出现，留在下文再说。第二个例子举叶绍钧，他在《荀子选注》的"绪言"中，曾有与陈登元极类似的话，他说："试读《解蔽篇》论心的文字，与孟子'恻隐之心人皆有之'……的话对照，他们两个人确然在一条路上。"叶绍钧说这话的根据，可能与陈登元相同，他的错误自然也因为只是将极少数的言论孤立起来，见其偏而不见其全，即遽然下结论。导致他们走向歧路的另一个原因，很可能是因道德心的表现是儒家一贯的传统，这在国人是比较熟悉的，而认知心的表现非中国古代哲人之长，即有之，亦不予重视，所以理解上比较生疏。因此会想：荀子既是儒家，则其学说如有意义，必是与孔孟有直线相承的关系。或就由于这种习心，一旦在《荀子》书中找到了可作为道德心解释的话，就欣喜不置，以为果然"皆主心善"，遇到与此相异的言论，就不能不曲解了。毫厘之差，千里之谬，就由于这一点习心成见，对荀子的误解是不难想象的。

本书认定荀子乃"由智识心"者，并认为在根源上支持其系统的精神即理智的精神。故本此根本了解，对孟荀之异途，以及荀子各部分的思想加以照明，皆一一获其解。荀子所识之心为认知心，即是可以说有善的含义，亦绝不同于孟子所说之心。孟子言心善，是就人心直下之恻隐、羞恶、辞让、是非之感的呈现处说的，且肯定心本身即为万善之根，尽心即能知性，心性为不相离者。荀子言心有善的含义，他并不是由人直下之恻隐之感处认取心之善，因此不能说心自身即是善的。依荀子，只能从"心之所可中理"（《正名篇》），以及心之能治性之效用处见心之善义；故善不属于心本身，而是在心之中理与对治之关系而显的。由心之中理与对治的关系始能见心善，故尽心只能知道，知礼义之统类，而不能知性。心与性成为能治与被治的关系："以心治性"。这也是在认知心表现的领域中，讨论人性问题，必有的一个归结。

荀子认知心本身既不能直接说是善的，那么前引可以直接解为道德心的两则言论，究如何解说？关此，我曾作过几种试探的努力：最初我想是不是能找出资料，证明这少数的几则言论，不是属于荀子的？我翻遍了与荀书内容有相重的典籍，如《大戴礼记》《韩诗外传》等，也读过几篇近人关于荀子与其书真伪考证的文字（顾颉刚编《古史辨》第四册有五篇，第六册有三篇），发现这条路是走不通的。其次，我又想，荀子这种思想或许是属于他晚年的？因人的思想早期的和晚期的可以有很大的改变。但上引两则言论，一见于《正名篇》，一见于《解蔽篇》，这两篇文字，都是代表荀子认知心及其表现一面思想的，这说明两种对心不同含义的言论，是同时出现的，此路也不通。最后不能不在"这话是荀子自己说的"的前提下，试作一解说。

有一点或许是可以获得大家共许的，即一个思想家，他所创造的理论系统中的观念，与他具体生活实践中所悟得的观念，是极可能不相一致的。创造理论系统是理智的活动，是抽象的，推比的；而生活实践乃道德理性之活动，是具体的，不离自我中心的。纯理智的活动，和具体生活的实践，就客观的义理，或人生发展的阶段，常是判为两层。照理说，这两层是应该贯通在一起，亦唯有将这两层通在一起，人生始可有真正的发展，学问才可说有真正的成就。事实上这两层常是独立地被表现着，成了不可跨越的鸿沟，这就表现了两层的分裂，思想家若止于由智识心，只能认识知性层的真理，这种破裂的命运是必不可免的；西方多数的哲学家如此，荀子亦是如此。这意思亦不是说，重智的哲学家们，对由仁识心之"仁心"，根本不能体会，不能了解，而是说他们虽在生活中不时隐约有对道德心的体会，但他们常不能有亲切的体会，亦不能正视；因为他们不能有亲切的体会和正视，所以虽有这些体会，并不能把这些从实践中体会到的道理，消融到他由理智推比活动而成的系统中去；不能消融进去，故体会自体会，系统自系统，系统本身就成一个大机括，摒除一切与其异质的成分，以保持其机括的统一性，即偶然有异质的言论，那只是在不自觉中夹带出来的。荀子除"在具体生活中不时隐约有对道德心的体会"外，他生长在以道德心为中心的传统中，耳濡目染，不觉中袭取的就更多，这些不自觉的言论，就容易形成文字表面的混淆，但并不能掩饰"体会自体会，系统自系统"两者之间的分裂。最显著的例子，就是荀子一方言心之主宰义，一方又不承认性善，就是由于这种分裂所形成的矛盾。这矛盾即启示我们对那些偶然有的异质言论，实不足采证。因此，《荀子》书中尽管有许多近于《孟子》《中庸》（如《不苟篇》"君子养心莫善于诚"一段）的言说，并不能影响他"由智识心"的基本形态，否则我们将只能永停在模拟臆度中，对他的思想系统所表现的真精神不能有一确定的认识。

二　心论在系统中出现的机缘，由于对人心之蔽的精察

荀子说"知明而行无过"，又说"心知道然后可道"，"心之所可中理"；推其极则说"知之，圣人也"。（《儒效篇》）这些话都是侧重知心之能以及知心之效用说的。这只是原则上如此说。因落在具体人生中，人之知不必明，知心的表现也不必能知道、中理，此即由于人心之"蔽"。荀子既是由智识心，又特重知心的表现，因此不仅迫使他反省及人心之蔽的问题，且必将促成他对人心之蔽的精察。荀子建构他礼义之统的系统，初不必先对心之性质与形态有自觉，其始他只原则上重视知心的效用价值，然后在认知活动中察觉到心知之效用不可必，因而触及"蔽"的问题，由人心之蔽，再反省及心的自身，而对心有所解说。这还是从间接说。从直接方面说，荀子根本认为人类心术之患、蔽塞之祸，都由人不能知道、守道，而

能知者在虚壹而静的心。所以不论从间接或直接方面看，荀子心论
在系统中出现的机缘都与"对人心之蔽的精察"有关。荀子心论与
人心之蔽之问题既相连而生，因此在下文中，先讲对荀子所谓蔽的
意义，与解蔽之道，然后并由此问题而涉及对心本身的一套言论，
一并予以解析和疏导。

先看荀子所谓人心之蔽的意义。

> 凡人之患，蔽于一曲，而暗于大理。治则复经，两疑则惑
> 矣。天下无二道，圣人无两心。今诸侯异政，百家异说，则必
> 惑（据宋本校，下同）是惑非，惑治惑乱。乱国之君，乱家之
> 人，此其诚心莫不求正而以自为也，妒缪于道而人诱其所迨
> （近）也。私其所积，唯恐闻其恶也；倚其所私，以观异术，唯
> 恐闻其美也。是以与治离（据郝懿行校）走，而是己不辍也，
> 岂不蔽于一曲而失正求也哉？心不使焉，则白黑在前而目不见，
> 雷鼓在侧而耳不闻，况于使者乎？德（得）道之人，乱国之君
> 非之上，乱家之人非之下，岂不哀哉？（《解蔽篇》）

此为《解蔽篇》之首段，由此言，足证荀子对人类心术之为患，确
有其甚深的精察，与《庄子·天下篇》"天下大乱，圣贤不明，道德
不一，天下多得一察焉以自好。譬如耳目鼻口皆有所明，不能相通。
犹百家众技也，皆有所长，时有所用。虽然，不该不遍，一曲之士
也"的一段话的意义全同。在先秦诸子中，庄、荀皆好臧否人物，
而其对人类心术之精察，正是其臧否之所本。

荀书的表达有一特色，即讨论一问题时，每喜从抽象的概念和
具体的事例两方面并说。言蔽亦然。

故为蔽：欲为蔽，恶为蔽；始为蔽，终为蔽；远为蔽，近为蔽；博为蔽，浅为蔽；古为蔽，今为蔽。凡万物异，则莫不相为蔽，此心术之公患也。(《解蔽篇》)

此即抽象地概念地说十蔽，此十蔽之所以为蔽，试为简说如下。

欲并不必为蔽，欲之而无节乃生蔽；恶不必为蔽，恶恶不得其正乃生蔽；始、终为两端，亦不必为蔽，止于始，或止于终，不能终始条理贯通而全乃为蔽；远不必为蔽，玄远而荡乃为蔽；近不必为蔽，执于近不能致远乃为蔽；博不必为蔽，博而不能返约乃为蔽；浅则陋，故为蔽；古不必为蔽，言古不有节于今乃为蔽；今不必为蔽，言今者不有征于古乃为蔽。人类所以有这些蔽，依荀子，乃因为"凡物异则莫不相为蔽"，而蔽的总根源则在心术，故曰"心术之公患"。顺此公患层层追究，实可知人类一切暴乱、堕落、残刻等等的危机厄运，莫不由此生起；所以各民族中圣人的主要用心，以及各大宗教的教义，莫不针对此"心术之公患"而发。荀子之说，尚只其一端耳。

荀子除抽象地说这蔽那蔽，复又举出若干具体的事例，在具体的事例中，不仅说明蔽塞之祸，且例举不蔽之福，正反两面，说来皆极精到，颇足使吾人对荀子所谓人心之蔽的意义，获一广泛而深入的认识。前引《解蔽篇》首段之语中，从"今诸侯异政"起的那一段，就是从当时的时代举出"蔽"之事例的，已不必赘述。兹从另外两方面说。

第一，是从历史上的人君人臣说。

昔人君之蔽者，夏桀、殷纣是也。桀蔽于末喜、斯观，而不知关龙逢，以惑其心而乱其行；纣蔽于妲己、飞廉，而不知微子启，以惑其心，而乱其行。故群臣去忠而事私，百姓怨非而不用，贤良退处而隐逃，此其所以丧九牧之地，而虚宗庙之国也。桀死于亭山，纣县于赤旆。身不先知，人又莫之谏，此蔽塞之祸也。成汤监于夏桀，故主其心而慎治之，是以能长用伊尹而身不失道，此其所以代夏王而受九有也。文王监于殷纣，故主其心而慎治之，是以能长用吕望而身不失道，此其所以代殷王而受九牧也。远方莫不致其珍，故目视备色，耳听备声，口食备味，形居备宫，名受备号，生则天下歌，死则四海哭，夫是之谓至盛。……此不蔽之福也。

　　昔人臣之蔽者，唐鞅、奚齐是也。唐鞅蔽于欲权而逐载子，奚齐蔽于欲国而罪申生。唐鞅戮于宋，奚齐戮于晋。逐贤相而罪孝兄，身为刑戮，然而不知，此蔽塞之祸也。故以贪鄙背叛争权，而不危辱灭亡者，自古及今未尝有之也。鲍叔、宁戚、隰朋仁知且不蔽，故能持（扶翼）管仲，而名利福禄与管仲齐。召公、吕望仁知且不蔽，故能持周公，而名利福禄与周公齐。……此不蔽之福也。（《解蔽篇》）

桀纣皆古代有名的暴君，从前人说桀纣之暴，总是就其昭明彰著之劣迹言，从无有从其心言者。荀子从心之蔽以明桀纣暴之所为暴之故，此真探本之论。桀纣之行，照荀子看，只是一个"乱"字，然所以乱其行者，根源上实由于"惑其心"，故曰"以惑其心而乱其行"。桀不知关龙逢，纣不知微子启，这两件事，通在心上说，即证明桀纣缺乏知贤之明。缺乏知贤之明谓之心蔽，亦即惑其心之实例。已惑其心，故桀蔽于态臣末喜、斯观，纣蔽于态臣妲己、飞廉，结果在个人则身死国亡，在百姓则人人水深火热，苦而无告，这一切灾害，在根源上即由于君心之蔽，故曰"此蔽塞之祸"。相反的，成汤之所以能放桀而起，文王之所以能伐纣而兴，根源上则由于"主其心而慎治之"，主其心而慎治之，即欲使心不蔽之谓，不蔽故能使天下"正理平治"；生则天下歌，死则四海哭，故曰"不蔽之福"。其次说到人臣之蔽，唐鞅蔽于欲权，奚齐蔽于欲国，欲国即是欲权，皆指权力欲言。就政治人物说，此权力欲乃最难控制者，不能控制，故终不免为其所蔽；心被势欲所蔽，乃政治上一切暴乱灾祸之源，唐鞅、奚齐之"逐贤相而罪孝兄"，只其一端，但结果已使其"身为刑戮"。反之，鲍叔、宁戚、隰朋、召公、吕望皆仁知且不蔽，仁者尽己，尽己故能辅贤；知者心明，心明故能知贤。有知贤之明，复有辅贤之能，故其福必长。

第二，是从晚周诸子思想方面说。

昔宾孟（当时称诸子百家之词）之蔽者，乱家是也。墨子蔽于用而不知文，宋子蔽于欲而不知得，慎子蔽于法而不知贤，申子蔽于势而不知知，惠子蔽于辞而不知实，庄子蔽于天而不知人。故由用谓之道，尽利矣；由欲（原作"俗"，误）谓之道，尽嗛矣；由法谓之道，尽数矣；由势谓之道，尽便矣；由辞谓之道，尽论矣；由天谓之道，尽因矣。此数具者，皆道之一隅也。夫道者，体常而尽变，一隅不足以举之。曲知之人，观于道之一隅而未之能识也，故以为足而饰之，内以自乱，外以惑人，上以蔽下，下以蔽上，此蔽塞之祸也。孔子仁知且不蔽，故学乱（治）术足以为先王者也。一家得周道，举而用之，不蔽于成积也。故德与周公齐，名与三王并，此不蔽之福也。（《解蔽篇》）

荀子本乎人心的蔽不蔽，以评论诸子，确具卓见。且单字只义，所赅实丰，不能不略为分疏，以彰其说。"墨子蔽于用而不知文"，据梁启超解："墨子'尚功用'，其论善恶专以有用无用为标准，其所谓用者又持义极狭。例如音乐，墨子以其饥不可为食，寒不可为衣，故非之，殊不知人类固有好美之性，儒家所谓'文之以礼乐'者，固自不可少也。"（《诸子考释》）案：梁氏尚说之浅，盖儒家重礼乐，非仅因"人有好美之性"也，乃另有其道德宗教上的严肃意义，且是通于人之性情而言者。荀子此语显是针对墨子"节葬""非乐"等思想而发。"由用谓之道，尽利矣"，道谓大道。墨子的实用主义，就尚用本身说，本不必误。但实用主义必须有超越的理想为其领导原理，始不致有流弊，而墨子一往是实用主义，即以"兼相爱，交相利"为其人生理想，这就不免如梁启超所说"实用主义必流为功利主义"（同前引）了。"宋子蔽于欲而不知得"，梁氏云："得，即《论语》'戒之在得'之得。宋子言人之情有欲寡的一面，而不知其更有贪得的一面，即'有见于少，无见于多'之义。"（同前引）案：梁氏不知此语实表示荀子对宋子的误解，宋子主"人之情，欲寡"，并不表示不知人有贪得的一面，乃克就人生修养中去欲之工夫说的，荀子以现实中人多情欲之例驳之，可谓全不相应，故说宋子"由欲谓之道，尽嗛（快）矣"自然也是不当的（此问题在第七章中尚有详说）。"慎子蔽于法而不知贤"，案：这里荀子视慎到为法家。就政治言，法为首出之观念并不错，为何说"蔽于法"？盖法家重法，以法为唯一的标准，除法以外，不复有其他任何价值标准，故云"蔽于法而不知贤"。不知贤谓其不知尚贤，尚贤则代表法以外的另一价值标准了。"由法谓之道，尽数矣"，梁氏云："数，度数也，犹言条款节目也。以法言道，则道仅成为机械。"（同前引）案：条款节目，就是法律条文，治之事，若只靠法律条文，而无其他标准可资用，则法律条文无异是束缚人的机械，生命未有不闷塞以死者；秦之兴盛以此，秦之速亡，亦以此。"申子蔽于势而不知知"，杨注："……其说但贤得权势，以刑法驭下，而不知权势待才智然后治，亦与慎子意同。下知音智。"案：杨说可通，依杨说，不知智即慎子之不知贤（具才智者）。"由势谓之道，尽便矣"，梁氏云："便，即'因利乘便'之便。"（同前引）案：此言为保持统治的权势，其他一切皆可不择手段。"因利乘便"，即不择手段之谓。"惠子蔽于辞而不知实"，案："辞"指名相、概念；"实"可从"物""情"二面说，故"蔽于辞而不知实"亦可从二面看：（1）从"实"指物言，《正名篇》："山渊平……此惑于用实以乱名者也。""山"与"渊"同为"物"，即同为"实"，依吾人目之所接，山高于渊，今惠子曰"山渊平"，显乖其实者，此之谓"蔽于辞而不知实"。（2）从"实"指情言，司马谈《论六家要旨》评名家云："名家苛察缴绕，使人不得反其意，专决于名，而失人情。""专决于名"即所谓"蔽于辞"，"失人情"即所谓"不知实"。"由辞谓之道，尽论矣"，案：由执着于名理活动的本身，而以为天下之道在是，遂不免流于名辞的玩弄，而尽成诡论。"庄子蔽于天而不知人"，唐君毅先生在《中国人文精神之发展》一书有云："荀子言礼制，而复重礼乐制度之实效。此实效即树立人文世界，以条理化自然之天地与自然之人性。'天地生君子，君子理天地'，而后'自然之世界为人文之世界所主宰'。此乃庄子之'以天为宗'，尚自然而薄人文的超人文思想之一倒转。"案：知此，则可知荀子对庄子所以有此评之故。"以天为宗"之天，即自然义，以天为宗而薄人文，说明荀子所特重者，正为庄子所特轻；然则荀子《天论》"大天而思之，孰与物畜而制之？从天而颂之，孰与制天命而用之？……

故错人而思天，则失万物之情"等语，正所以解庄子之蔽者。"由天谓之道，尽因矣"，案：因，谓其纯放任自然逍遥之情，不复尽人事之谓。荀子对六子之蔽列举以后，总起来说："此数具者，皆道之一隅也"。"一隅"即一偏，亦即"蔽于一曲，而暗于大理"之谓。本此，则古今一切学术上的争论，大多皆由于不自知其蔽，若自知其蔽，则一切学派之间，正可相资相足，道并行而不悖，争论息矣。依荀子，学术上不蔽者唯孔子，孔子所以不蔽在其仁知兼备；仁者爱人，知者知人；有爱人之德，兼有知人之明，故不争；不争，正由其不蔽。

从以上两点，可知荀子所谓蔽之意义，及其对人心之蔽之精察。

三　解蔽与心之虚静义

荀子对人类"心术之公患"，既有如是之精察，进一步的问题是："人既有这样多的蔽，那么究如何才能解蔽？"荀子对这问题第一步的答复是：

> 圣人知心术之患，见蔽塞之祸，故无欲无恶，无始无终，无近无远，无博无浅，无古无今，兼陈万物而中县衡焉。是故众异不得相蔽以乱其伦也。何谓衡？曰：道。故心不可以不知道，心不知道，则不可道而可非道。夫何以知？曰：心知道，然后可道；可道，然后能守道以禁非道。（《解蔽篇》）

"衡"就是标准。这标准是什么？曰：道。这道究是何种意义的道？此须通过《儒效篇》的一段话才能了解。

先王之道，仁之隆也，比中而行之。曷谓中？曰：礼义是也。道者，非天之道，非地之道，人之所以道也，君子之所道也。

所谓"中"，所谓"道"，明是指礼义而言的。因知这里所说的道，亦当是指的礼义；故礼义就是使"众异不得相蔽以乱其伦"的一个超越标准。依荀子，凡是能合于这个标准的（即知道守道者），才不是蔽于一端的曲说曲见；反之，则必为邪见妄说。

礼义确是荀子系统中评判一切的标准，通在这里说，且又是蔽与不蔽的标准，这在荀书中，我们还可以找到显著的证明。《天论篇》：

水行者表深，表不明则陷；治民者表道，表不明则乱。礼者，表也；非礼，昏世也；昏世，大乱也。故道无不明，外内异表，隐显有常，民陷乃去。

陷不陷犹云蔽不蔽（《不苟篇》："凡人之患，偏伤之也。见其可欲也，则不虑其可恶也者；见其可利也；则不顾其可害也者。是以动则必陷，为则必辱，是偏伤之患也。"陷即与蔽通）。"表"，杨注："标准也。"礼是一个标准，且是蔽不蔽的标准，自可深信不疑。然何以说"外内异表"？这句话我想可涵着三个问题：（1）荀子所提的标准，是不是有一种外在的标准，同时还有一种内在的标准？（2）如果有内外两种标准，这内外两种标准所指的是什么？（3）这内外两种标准究有什么不同，及它们之间的关系又如何？这些问题，如单就《天论篇》的文字孤立地看，实不易解，故杨倞和郝懿行的注文都是不对的，这一节的意思，必须通联着《解蔽篇》看，才能清楚。

荀子对如何解蔽一问题，第一步提出的答案，是要人先知道一个标准，然后可以不被私见所蔽，这标准就是礼义。礼义是属于客体一面的，则它是属于外在的标准，似无可疑。现在的问题是，知礼义既是解蔽之道，故进一步不能不问此"知"又如何可能？这一步的追问，与对这问题的解答，实即是对如何解蔽一问题更进一步地提出一个答案。同时，这答案，也提供了荀子所谓的内在标准。

"人何以知道？曰：心。心何以知道？曰：虚壹而静。"（《解蔽篇》）人所以能知礼义，是"心"，心既以"知"来规定，故此心为"认知的心"。然认知心究如何才能产生认知礼义的活动？这要靠心之"虚壹而静"。然则虚壹而静的大清明心，即去蔽之内在标准的建立。礼义为外在的标准，能虚能静的心为内在的标准，此两标准之不同，一是属于主观的工夫，一是属于客观的型范，而此主观的工夫，正所以欲极成此客观的型范。换言之，此客观型范之所以能"隆"能"知"，亦正是虚壹而静之心为其根据。

> 故人心譬如槃水，正错而勿动，则湛浊在下而清明在上，则足以见须眉而察理矣。微风过之，湛浊动乎下，清明乱于上，则不可以得大形之正也。心亦如是矣。故导之以理，养之以清，物莫之倾，则足以定是非、决嫌疑矣。小物引之，则其正外易，其心内倾，则不足以决庶理矣。（《解蔽篇》）

此以槃水喻心。"正错而勿动，则湛浊在下而清明在上"，喻心之虚静。"微风过之，湛浊动乎下，清明乱于上"，喻心之不虚静。心虚静"则足以见须眉而察理"，"则足以定是非、决嫌疑"。心不虚静"则不可以得大形之正"，"则不足以决庶理矣"。"导之以理，养之以清"，是指示由不虚静到虚静的工夫。"导之以理"，是接受客观型范的导化；"养之以清"，则属主观之工夫。外能导之以礼，内能养之以清，此之谓"外内异表，隐显有常"。如是则众蔽可去，足以定是非、决庶理。

荀子既建立其内外两标准，这两种标准互依并用的结果，即是荀子对人类心术之患所提供的解消之道，故进又复盛言其理论效果云：

> 虚壹而静，谓之大清明。万物莫形而不见，莫见而不论，莫论而失位。坐于室而见四海，处于今而论久远，疏观万物而知其情，参稽治乱而通其度，经纬天地而材官万物，制割大理而宇宙里（杨注："里"当为"理"）矣。……明参日月，大满八极，夫是之谓大人。夫恶有蔽矣哉？（《解蔽篇》）

这是就虚壹而静之心方面说。

> 故君子壹于道（礼义）而赞稽物。壹于道则正，以赞稽物则察，以正志行察论，则万物官矣。（《解蔽篇》）

这是就礼义之统方面说。

由此可知，不论从主观之心说，或从客观之礼义说，其理论的效果，及其终极之目标，都可以是相同的、一致的。

四　对"虚壹而静"的心进一步的解说

在解蔽的问题中，荀子已点出心之虚静义，而代表荀子心论的两段文字，就是对"虚壹而静"的心所作的解说。下文即就其言心的理论，看其有何含义，并略说荀子言心与庄子、墨子言心之异同。

> 心未尝不臧也，然而有所谓虚；心未尝不两也，然而有所谓一；心未尝不动也，然而有所谓静。

这是对心之虚壹而静义所下的注释。

> 人生而有知，知而有志。志也者，臧也，然而有所谓虚，不以所已臧害所将受谓之虚。心生而有知，知而有异，异也者，同时兼知之。同时兼知之，两也，然而有所谓一，不以夫（彼）一害此一谓之壹。心卧则梦，偷则自行，使之则谋。故心未尝不动也，然而有所谓静，不以梦剧乱知谓之静。……虚则入……壹则尽……静则察。

这是对上文"虚壹而静义的注释"，又作了更进一步的展示。在这一段言心之主要文字中，可分解出下列几点含义：

（1）就"不以所已臧害所将受"言，表现心之无限制性。

（2）心生而有知，不仅有知，且能兼知，能兼知是说心并不为所知之特定对象所限，而常清明在上。就心之清明在上言，表现心之超越性。

（3）荀子言心，一方重心之能静能虚，一方又重心之能一。能一即表示心之活动有特定方向与成果。能虚能静即表示心之活动虽有特定之方向与成果，亦不必为其所限，在众多之专一之方向与成果中，亦不必相害，此之谓"不以夫一害此一"。不以夫一害此一，即表示能统摄诸一之贯通性。

此"无限制性""超越性""统摄诸一之贯通性"三义，即心之虚壹而静义之充极表现。因心具无限性与超越性，此即荀子言全尽之学的根据。因心具贯通性，故能就礼宪之迹而言百王之法之统贯（《天论篇》："百王之无变，足以为道贯。"）。把这三点含义合起来看，则知荀子所识之心的真正性质，实是一统类心。前文言其所识之心为认知心，尚只是从心灵表现的基本形态上说，荀子的认知心，主要的认知对象是礼义之统，而统类心一性质，即在知类明统的活动中获得确定。此知类明统之统类心，即荀子言心的最大特色，亦表现其独特之创见。我们对荀子系统各部分思想的采证，亦当以此为准则。"虚则入""壹则尽""静则察"，即指示经验之学，尤其是全尽之学之可能途径者。从经验之学的立场，促使荀子发展出隆积习、知统类的一套理论；从认识论的立场，则有《正名》之作。然这一套理论的展示，实皆以心之"虚能控实"一义为其背据；此"控"字，有知识论中所谓知觉、想象、分析、比较、综合等的意思。所以荀子虚壹而静大清明之心，不徒是光晶晶、空洞的大清明而已，此其所以异于庄子之言心者。庄子讲心之虚静，是由心之情感一面通过工夫翻上来以后的心境、境界；所以虚壹而静的心在庄子，是终极的目的。而荀子讲虚壹而静，是要求表现、要求成果的，故只是一成知的条件；从"虚则入""壹则尽""静则察"三句看，虚静本身即涵有动用义。荀子所说的虚静之心，非但与庄子有异，即与西方经验主义哲学家洛克视心如一张白纸之说，也是不同的。洛克视人心如白纸，此心是无任何妙用灵觉可说的，因此它的接受知识纯只是被动地涂抹于其上。西方经验主义要发展到巴克莱，始显心之主动义，"凡存在即被知"一主断，所表示之心之功效，即有类似荀子之心能"万物莫形而不见，莫见而不论，莫论而失位"，以及"经纬天地而材官万物"之功效者，惜荀子只及其端绪，而皆未能极成耳。

在中国文化中，言心最与荀子相近者，是墨子。荀子言心重心之知，而墨子言心重心之知实又远过于荀子。据哈佛燕京社《墨子引得》统计，《墨子》一书中，"知"字曾三百余见。其书中凡言及心者，亦皆显然是能思能辨而属认知意义的心。如："其心不察其知，而与其爱"（《尚贤中》），"慧者，心辩而不繁说"（《修身》），"循所闻而得其意，心之察也；执所言而意得见，心之辩也"（《经上》）。

以墨子重心之知，重心之能思辨，故吾人亦言其心曰认知心，理智心，与荀子同。克就中国文化言，庄、墨、荀，就他们系统所表现的，都可以说是认知心。庄子虽不重经验知识，而主张超知，说"知其不可知，至矣"（《大宗师》），然知其不可知之"知"，仍是一种"知"，这种知与墨、荀之不同，在墨、荀之言知，必须知对象而显主客对待义，同时在知之中，即有一定知识成果产生者。而庄子之超知，自始乃是由感于经验知识之无涯，遂要人不逐无涯之知，而停息于未知者之前，求能自照自见自净自化而不黏着于对象者。故庄子之认知心，我们可以加上一形容词，说他是"寂照的认知心"，它的目的不是成就知识，而只是表现为一种艺术境界，故心与物相接，只表现心对外物之观照，既无须通过语言符号，结果亦无任何概念上的成就。墨、荀虽同重心之知为认知心，而又不能不辨其异；欲辨其异，首先可有一点指明的是：就认知心当行（读去声）之表现言，墨子《墨辩》实比荀子为胜、为纯、为相应。因《墨辩》所显示之心的主要表现，是直接与外者自然相对，而求知物辨物，不如荀子之认知心是扑着礼义之统为其对象而形成一差纽。我们就是在这一意义上说墨子之理智心，较能有当行的表现，相应的表现。墨、荀两家，就认识论的立场看，墨子亦是更较近于西方重智传统的，《墨辩》里说："生，刑（同"形"）与知处也。"意思是说：人生，除了物质之形躯外就是"知"。换言之，人之所以为人，就是用知来界定的；因此，墨子对人的主张，可以说"人是能知的动物"。而荀子对人却不作如此界定，在《王制篇》里，他说："水火有气而无生，草木有生而无知，禽兽有知而无义，人有气、有生、有知，亦且有义，故最为天下贵也。"郝懿行注云："《曲礼》曰：'禽兽无礼，故父子聚麀。'此禽兽有知无义之说也。"可知"有义"犹言"有礼"。《非相篇》云："夫禽兽有父子，而无父子之亲；有牝牡，而无男女之别。故人道莫不有辨，辨莫大于分，分莫大于礼……"人禽之辨，说在辨、在分皆可，而最后的根据仍在礼，此皆足证明荀子是以知礼与否来界定人的，而不是以能知与否来界定人的，这就与墨子不同。所以荀子主张认知心的表现，主要是即礼义而知其类明其统。今即就知统类一义的分析，再略明墨、荀两家言心之根本异处。

荀子重视类一概念，墨子亦重辨类明类，然荀子除知类外，尚重明统，而墨子之思想系统中就无所谓统不统的问题。单言类，尚是抽象的意味重，与理智心尚是相应的，一言统，且是礼义之统，虽似仍可抽象地说，但礼义本身却不是抽象的，它是百王累积下来的，粲然明备的法制，且是可运用于世，为一时代之理想者。荀子言礼义之统类，实是一微妙的构造，是把认知心的活动透进具体的历史文化与之混而为一体，如再透过这混合体看进去，实有其正大庄严的意义在，这与从名家观点看荀子，既通于智，又过于政治教化之郑重庄严意义正相若。复次，由于心之知与礼义之统微妙地结合，所以使荀子的认知心表现为统类心。前文说过，这就是荀子言心之特色，此特色之所显，正与墨子大不同。因一言统类，就绝不是指着一体一类说的，既不是指着一体一类说，即表示它能统摄诸类，而贯通之，不致为一体一类所限。所以"不以所已臧害所将受""不以夫一害此一""同时兼知"等语，都可以说是表现统类心之性质者。而墨子认知心的表现，显然只是黏着于一体一类之事物，倾注其知，对心之能综摄诸类之功效之超越义，以及对心的能综摄百王之法而言统之义，都没有认识。就这一意义上看，墨子所言是较近于西方经验主义的知识论。荀子虽也重视经验之知与学，然他毕究要求最后的学要能全能尽而知统类，不甘限于经验之学之杂而无统中，这里的关键，全在心之"致虚静"一义之提出；即是说，心是否能发挥其综摄的功能，而知类明统，全系于致虚之工夫，这一点是墨子所未及知的。

五　认知心的表现之一——辩说

既明荀子心论的大概，及其言心的特色，进一步当续说明认知心表现的内容。荀子认知心表现的内容，可分三项说：（1）辩说；（2）正名；（3）知识论。（1）（2）两项是主要部分，第（3）项实是从知识论的观点，对荀子知识的理论作一检讨，以明其认知心表现的限度。

一提到辩论，必落在主客对待的关系中说，单方面不能构成辩论的形式。据前文第一节，认知心的活动，其最初的基础，就正是在主客对待的关系境域，所以关于辩说的理论，是属于认知心的表现。希腊早期有所谓辩士，苏格拉底也特别注重"问答法"，这都是认知心的表现。荀子有关辩说的理论，我们分三点来说。

（一）重视辩说的理由

> 今圣王没，天下乱，奸言起，无势以临之，无刑以禁之，故辩（同"辩"）说也。（《正名篇》）

> 凡言不合先王，不顺礼义，谓之奸言，虽辩，君子不听。法先王，顺礼义，党（晓）学者，然而不好言，不乐言，则必非诚士也。故君子之于言也，志好之，行安之，乐言之，故君子必辩。凡人莫不好言其所善，而君子为甚，故赠人以言，重于金石珠玉；劝（原作"观"，从王念孙校）人以言，美于黼黻文章；听人以言，乐于钟鼓琴瑟。故君子之于言无厌。（《非相篇》）

孟子也曾经说过："圣王不作，诸侯放恣，处士横议……息邪说，距诐行，放淫辞……岂好辩哉，予不得已也。"（《滕文公》）由上引第一说，荀子重视辩说的理由，几全同于孟子，这都是受了时代的刺激。荀子面临着"天下乱，奸言起"的时代，如不起来息邪说，放淫辞，辨奸言，于心是不能忍，亦不能安的，故主张"君子必辩"。君子必辩者，纯是对着奸言蜂起的时代而言的，因此荀子重视辩说的第一个理由，可以说是为对治奸言的。什么是奸言？"凡言不合先王，不顺礼义，谓之奸言"，依荀子，凡是不合先王之道，不顺礼义之统的，都可称之谓奸言。同时荀子是以先王之道、礼义之统为是非标准的，那么奸言也就是淆乱是非的。荀子曾说："是非不乱，则国家治。"（《王制篇》）所以辨奸言在积极的效用上，也就是有助于治道的一种手段，辨奸言的本身，并不是一目的。由上引第二说，荀子重视辩说的理由是："凡人莫不好言其所善，而君子为甚。"一般地说，就是人对他自己认为有价值的言论，没有不好尚的，因为有价值的言论，必是对世道人心有益的。"好言"即"君子之于言无厌"之义。君子对时代的责任感必很重，所以对世道人心有益的言论，必期其能充分表出，故曰"君子为甚"。如从特定的意义说，"法先王，顺礼义，党学者，然而不好言，不乐言，则必非诚士也"，此即表示好言、乐言的内容在先王与礼义，关于先王之道、礼义之统的言论，就是最有价值的言论，因此荀子重视辩说的第二个理由，可以说是为了宣扬礼义之价值的，而礼义为治道之所本。综起来看，荀子所重视的辩说，虽是认知心的表现，但重视辩说的理由，却正与他的客观理想相应，而期能有益于治道的。

（二）辩说的标准与目的

言必当理，事必当务，是然后君子之所长也。凡知说，有益于理者为之，无益于理者舍之，夫是之谓中说。……知说失中，谓之奸道。……奸道，治世之所弃，而乱世之所从服也。（《儒效篇》）

故多言而类，圣人也；少言而法，君子也。多少无法，而流湎然，虽辩，小人也。……辩说譬喻，齐给便利，而不顺礼义，谓之奸说。（《非十二子篇》）

有小人之辩者，有士君子之辩者，有圣人之辩者。不先虑，不早谋，发之而当，成文而类，居错迁徙，应变不穷，是圣人之辩者也。先虑之，早谋之，斯须之言而足听，文而致实，博

> 而党正，是士君子之辩者也。听其言则辞辩而无统……夫是之谓奸人之雄。(《非相篇》)

"言必当理"，当理之言，谓之中说。故"理"即辩说的标准。"知说失中，谓之奸道"，奸道即奸说，而"辩说譬喻，不顺礼义，谓之奸说"。本此，则当理之"理"，同于"礼义"，而礼义即辩说的真正标准。在其他各章中，我们曾证明礼义不仅是治道的标准，且是修身的标准，通在这里说，又是辩说的标准。总之，在荀子系统中，最后的价值标准是礼义，说"是礼义"，是一般地说；特定地说，最后的价值标准是礼义之统。所以荀子一方面说"辩说譬喻……不顺礼义，谓之奸说"，另一方面又说"多言而类，圣人也"，"成文而类"为圣人之辩，"辞辩而无统"为"奸人之雄"。

辩说的标准确定了，同时也就厘清了辩论的范围。荀子一再强调"君子必辩"，但君子之辩如不遵守一定的范围，不仅将自乱其说，且将不能达成目的。

> 君子之所谓知者，非能遍知人之所知之谓也；君子之所谓辩者，非能遍辩人之所辩之谓也；君子之所谓察者，非能遍察人之所察之谓也。有所止(原作"正"，从杨注或说校)矣。(《儒效篇》)

这就是说君子所知、所辩、所察，都不能没有一定的范围；"有所止矣"，杨注或曰"言止于礼义"是也，故礼义就是辩说的范围，亦即"凡知说，有益于理者为之，无益于理者舍之"之谓。在荀子，礼义不仅是辩说的标准和辩说的范围，且也是辩说的终极目的。

> 辨说也者，心之象道也。……道也者，治之经理也。心合
> 于道，说合于心，辞合于说……辨则尽故。以正道而辨奸，犹
> 引绳以持曲直，是故邪说不能乱，百家无所窜。(《正名篇》)

"辨说也者，心之象道也"，"心象道"即辩说的目的。心象道就不仅
表示心知道，可道，且表示心须符合于道，故曰"心合于道，说合
于心"。心合于道，然后能以正道而辨奸言。盖心合于道，然后能照
明正道之所以为正，奸道之所以为奸；将这正奸之道之所以然，详
细地说出来，告诉世人，供世人之自择，这就是"辨则尽故"。"道
也者，治之经理也"，杨注谓"经，常也。理，条贯也。言道为理国
之常法条贯也"，则"心之象道"之"道"即"治道"。至此，荀子
辩说的目的，和重视辩说的理由，即归于一致，即同是要助成治道
的。完成治道，是荀子系统的最高目标，辩说虽智之事，但亦必有
助于此目标，然后有其意义。

(三) 辩说的态度

> 辩而不说者，争也。(《荣辱篇》)

> 有争气者，勿与辩也。(《劝学篇》)

辩说的本身可以照着理说，但辩说的对象，总是对着人说的。对着
人就有态度的问题；态度的善与不善，直接影响辩论的效果。因辩
说的道理，即使是对的，而辩说的态度不善，就会使对方不愉快，
不愉快，就会引起争论。所以争论，可能并不一定是对我们的道理

不赞成，而是对我们的态度起反感。所以辩说的态度，在辩说的效果上，是很重要的。"辩而不说者，争也"，这是说，彼此辩说，常常引起不愉快的情绪，其原因多半是为了好争。好争是赌气而不能服理，在这种情形下，辩论是没有结果的。所以荀子教人："有争气者，勿与辩也。"

> 故君子贤而能容罢，知而能容愚，博而能容浅，粹而能容杂，夫是之谓兼术。(《非相篇》)

> 有兼听之明，而无奋矜之容；有兼覆之厚，而无伐德之色。说行则天下正，说不行则白道而冥穷，是圣人之辩说也。(《正名篇》)

这两则言论是说从事辩说者，要有博大的心量，心量大，然后能容，能兼听兼覆。能容，所以能心平气和；能兼听兼覆，则能明其谬误之所在，而宽恕之，再因势利导；这样的辩说，才能使人心悦诚服。否则，心量狭小，以为自己据理就可以力争，结果辩说必流于争气，辩说的目的就达不到。所以必须培养博大的心量，然后才能做到不争。"说行则天下正，说不行则白道而冥穷"，这两句话是极具智慧的。意思是：如果我们的道理大行，那么天下就可以拨乱而反于正；万一道不行，那就把我们应说的道理说清楚，然后退而处穷。这很接近孔子所抱的"穷则独善其身，达则兼善天下"，以及"可以行则行，可以止则止"的态度。只有能抱这种态度的人，然后能做到不争。

> 谈说之术：矜庄以莅之，端诚以处之，坚强以持之，分别以喻之，譬称以明之，欣欢芬芗以送之，宝之珍之，贵之神之，如是则说常无不受，虽不说人，人莫不贵。(《非相篇》)

> 以仁心说，以学心听，以公心辨。不动乎众人之非誉，不冶（从王念孙校）观者之耳目，不赂贵者之权势，不利传辟者之辞，故能处道而不贰，诎（从俞樾校）而不夺，利而不流，贵公正而贱鄙争。是士君子之辨说也。(《正名篇》)

"矜庄以莅之，端诚以处之"，这是说态度要庄重、诚挚；"坚强以持之"，这说明"以正道而辩奸"，也要有勇气，因奸言奸道，可能为世俗人所好，为权贵所支持，因此辨奸就不能没有勇气。培养辨说的勇气，主要在对自己所认为的正道有真正的自信，"处道而不贰，诎而不夺"，就正表示对道的自信；自信然后能"坚强以持之"，然后能"不动乎众人之非誉……不赂贵者之权势"。"以仁心说"，是说从事辩说，绝不可夹杂任何私意，须纯出于不容已之仁心。"以学心听"，是说对方的意见，也要虚心听取，不可存蔑视之心。"以公心辩"，是说与人辩说，需站在大公无私的立场，不可稍有偏曲。此三语，是荀子为辩说的态度定下的最高理想，这话有永恒的价值，凡是追求真理与从事辩说者，对此皆应抱"虽不能至，心向往之"的心情。

六　认知心的表现之二——正名

此节以《正名篇》为主，对荀子正名之说加以疏导。就荀子思想系统看，兹篇是直接顺着《解蔽篇》的理路，当有的一步表现。《解蔽篇》讲心，提炼出认知主体;《正名篇》则代表认知心当行（读去声）表现的一面。所以通过正名之说，比较容易使人把握荀子的心灵形态，及其思想系统背后支持的基本精神。

说到《正名篇》内部的理论，最重要的，亦是历来讲荀子名学没有不讲到的，即所谓"立三标"和"破三惑"。

> 今圣王没，名守慢，奇辞起，名实乱，是非之形不明，则虽守法之吏，诵数之儒，亦皆乱也。若有王者起，必将有循于旧名，有作于新名，然则所为有名，与所缘以同异，与制名之枢要，不可不察也。

（1）所为有名，（2）所缘以同异，（3）制名之枢要，即荀子所立三标，这是属于认知心的积极建构一面的。"圣王没，名守慢，奇辞起，名实乱，是非之形不明"，是说明立三标的动机和理由，亦即是促成作《正名篇》的一种现实因缘。"有循于旧名，有作于新名"，是说明立三标的意义。如果把荀子这段话，和孟子述孔子所以作《春秋》的话对照起来看，可以发现，立三标的根本精神，实是遥契《春秋》的。孟子说："世衰道微，邪说暴行有作，臣弑其君者有之，子弑其父者有之。孔子惧，作《春秋》。《春秋》，天子之事也。是故孔子曰：'知我者，其唯《春秋》乎？罪我者，其唯《春秋》乎？'"（《滕文公篇》）"世衰道微"即"圣王没"之义。"邪说暴行，臣弑其君"，与"名守慢，奇辞起，名实乱，是非之形不明"亦略同。孟子说《春秋》天子事也，荀子亦说有王者起，始能循旧名，作新名。我们提出这一点，为的是要说明，荀子《正名篇》之作，除了直接的因缘是因惠施、公孙龙之徒之乱名改作外，实和孔子作《春秋》一样，是有一价值意识在心灵深处鼓舞着他的（但此价值意识在他的系统中并未彰显）。这是了解《正名篇》不可不知的。

下文分别对"三标"作一疏导。

异形离心交喻，异物名实玄纽（从王先谦读）。贵贱不明，同异不别，如是则志必有不喻之患，而事必有困废之祸。故知者为之分别制名以指实，上以明贵贱，下以辨同异；贵贱明，同异别，如是则志无不喻之患，事无困废之祸。此所为有名也。

此为第一标，意在说明制名的功用、目的。"异形离心交喻，异物名实玄纽"二句，实是上文"名实乱，是非之形不明"，下文"同异不别""志有不喻"的另一种表示，亦在阐明制名之动机与理由者。对治这种名实混乱，正面的要求是同异别、贵贱明。"同异别"者，即一名必对应一实，异名必对应异实。名与实之间的对应关系，有的是遵守着传统上所规定的，有的是要新制定的；既经新的规定，即约定俗成，新名与新实之间，即形成一确定不移的关系，不可随便更动。这样大家只要一听到它的名字，就可知道所指的是什么；同时，见到一事物，大家就可共喻其意义，这就是制名的功用。所以荀子说："名闻而实喻，名之用也。"名闻而实喻，然后"同异别，志无不喻之患"，亦即如《尹文子》所说"名定则物不竞"。若就贵贱明一面说,《王制篇》云"无德不贵,无能不官",这里的名实问题是要名位与德行相应。位与德相称,谓之贵贱明,贵贱明则事无困废之祸,亦即《尹文子》所说"分明则私不行"。《尹文子》又说:"名者,名形者也;形者,应名者也。……不可相乱,亦不可相无。无名,故大道无称;有名,故名以正形。今万物具存,不以名正之则乱;万名具列,不以形应之则乖。故形名者,不可不正也。"此正可与荀子"所为有名"一节相发。

还可注意一点,荀子曾反复提及谁才能制名的问题。前文中他明说王者起,才能有循于旧名,有作于新名;这里又说"故知者(知之,为圣人)为之分别以指实";下文更说"故王者之制名,名定而实辨",都在说明王者或圣人才能制名。然圣人不世出,王者亦只是儒家理想中的型范,而正名之理不可一日废,正名之事不可一日无,故孔子起而作《春秋》,《春秋》虽天子之事,而孔子作之,实亦不得谓僭越。荀子虽亦明言制名乃王者之业,当世界无真正王者起时,思想家亦可代作。故荀子所立三标,实无异为"必将有作于新名"者,树立了一个规范。此一规范的意义,表面好像在一套名理上,而支持此名理的根据,实在前文提到的价值意识。心灵深处价值意识的鼓舞,乃兴发文化理想的总根源,此为圣人王者所不可无者。是故孔子、荀子虽不是天子王者,然可作天子之事、王者之业,而不得视为僭越者,即由于他们都是靠价值意识的鼓舞之仁心作支柱的。这种价值意识为千圣万王所同然者,此无可假借。故圣贤不得势不得位,亦可从事天子王者之事。

下文疏导第二标。这里荀子已剥落价值一面的牵连,而纯就知识问题说。

　　然则何缘而以同异？曰：缘天官。凡同类同情者，其天官之意物也同，故比方之疑似而通，是所以共其约名以相期也。形体色理以目异，声音清浊调节奇声以耳异，甘苦咸淡辛酸奇味以口异，香臭芬郁腥臊漏庮奇臭以鼻异，疾养沧热滑铍轻重以形体异，说故喜怒哀乐爱恶欲以心异。心有征知，征知则缘耳而知声可也，缘目而知形可也。然而征知必将待天官之当簿其类，然后可也。五官簿之而不知，心征之而无说，则人莫不然谓之不知，此所缘而以同异也。

第二标主要在说明同名异名之所由起。然则何缘而以同异？曰：缘天官。《天论篇》对天官所下的定义是："耳目口鼻形，能各有接，而不相能也，夫是之谓天官。"杨注："耳辨声，目辨色，鼻辨臭，口辨味，形辨寒热疾痒，其所能皆可以接物，而不能互相为用。"天官即指耳目鼻舌身之感性器官言，形成知识的原始材料，就靠这些器官之与外物直接接触，故曰"各有接"，此"接"字与《墨子·经上》"知，接也"的"接"字义相同。何以说"各有接而不相能"？"不相能"，杨注："不能互相为用。"《君道篇》："人之百事，如耳目鼻口之不可以相借官也。"可知"不相能"，即各有专司不能相代替之谓。"凡同类同情者，其天官之意物也同"，这是原则性的话，意思是说：只要同属人类，有相同的情感，那么五官与外物接触，也就应有相同的感觉，与相同的知识。而事实上常办不到，因人的知识有广狭，程度有深浅，天分有高低，对无穷外物的感受，及其意义的明悟，也就不能一致而共喻。当这种不一致的情形发生时就要靠：

　　（1）比方之，疑似而通。

（2）共其约名以相期。

这两步工作实包含在下文"实不喻然后命，命不喻然后期，期不喻然后说，说不喻然后辨"的所以共喻的程序中。杨注云："命，谓以名命之也。期，会也。言物之稍难名，命之不喻者，则以形状大小会之，使人易晓也。谓若白马，但言马则未喻，故更以白会之，若是事多会亦不喻者，则说其所以然，若说亦不喻者，则反复辨明之也。"

"形体色理以目异……说故喜怒哀乐爱恶欲以心异"等六句，是举例说明"何缘而以同异？曰：缘天官"的。不过这里所分别的同异，只是初步由各种器官所直接领纳之不同而不同，同异之间的准确性究如何，是很难说的，所以荀子必须还要进一步加以说明，于是他提出"征知"一观念。"心有征知，微知则缘耳而知声可也，缘目而知形可也。""征知"的"征"字，杨注："征，召也。言心能召万物而知之。"近人胡适与冯友兰在他们的《中国哲学史》里，都把"征"解作"证明"，似尚不如杨说能切原义。《荀学大略·〈正名篇〉疏解》云："心之征知，则心之智用也，所谓理解也。此与给予悦故喜怒哀乐爱恶欲之心官异。"把"征知"解为"心之智用"或"理解"，是用新术语，而与杨注不悖。第二标的文字如此始获畅通，成知的过程也才能说明。前面说过，耳、目、鼻、舌、身等所具的感性能力，是成知不可或缺的条件，因成知的材料必须靠它们吸收；但它们吸收的只是杂多性的原料，是完全没有经过任何程度的辨识、解析与整理的，所以还不是清晰的知识。要使这些杂多的原料，形成清晰有条理的知识，要靠征知（即理解）的活动。天官具直觉力，而理解则是一种智的活动，这活动的内容，是指辨识、解析与整理的程序。由此可见，征知与天官，正为成知过程中必具的两种条件

（感性与理解，本是西方知识论中讨论的主要问题，关于这两个观念的意义的详细分析，读者可参阅劳思光《康德知识论要义》第三章）。了解"征知"一观念的意义与作用，"征知，则缘耳而知声可也，缘目而知形可也"，始能得其解。缘耳而知声，缘目而知形，这里的"知声""知形"之异，明显地不同于前面"形体色理以目异，声音清浊调节奇声以耳异"二句中所说的"知声""知形"之异。因后者乃通过征知活动而然的。所以这里的知声知形的"知"，已不是人生而有的感性层的直觉之"知"，而是通过心的智用之理解的活动的"知"，它已涵有辨识、解析的程序在里面。因此，所知之"声"与所知之"形"，亦不只是感觉的原料，而是完成的知识。"缘耳而知声""缘目而知形"下均有"可也"二字，"可也"即涵有完成的意思。

本于上文对"征知"的解释，下文"五官簿之而不知，心征之而无说，则人莫不然谓之不知"亦可得其解。"五官簿之而不知"的"知"字，如解作原始感性层的直觉之"知"，则五官簿之即当有知，因它是生而有，无待而然的，这里却说"簿而不知"，则知为征知之理解义，是极显然的。"知"的意义弄清楚，则"心征之而无说"的"说"字，可直接说它涵有辨识、解析的活动。总起来这三句的解释是："五官直觉外物而不加以理解，心征召外物而不加以辨识、解析，人没有不说他是不知道的。"

剩下一句"然而征知必将待天官之当簿其类然后可也"也必须解释一下。这一句是承应上文"心有征知"而说的。上文提出理解一观念，使成知条件遂得完备。然而荀子不能不紧接着郑重声明：凡是成知的理解，它的运作，起脚落脚都必须不离经验事物然后可。即是说理解活动所凭借的材料，要由天官之直觉供给。《荀学大略·〈正名篇〉疏解》云："当簿其类之天官，含耳目鼻舌身之五官及心官两类而言之，五官为外部感觉，心官为内部感觉；外感给吾人以外部现象，内感则给以心理现象，各有所'给予'，即荀子所谓当簿其类也。"（近人有谓簿，如今人说记账，天官所曾感觉过的，都留下影子，如店家记账一般。亦通。）所谓"给予"，即由五官之直觉吸收的材料。理解固能使杂多的材料条理化，但如果没有"给予"，则其成知仍属不可能。

再疏导第三标。

> 然后随而命之，同则同之，异则异之。单足以喻则单，单不足以喻则兼，单与兼无所相避则共，虽共不为害矣。知异实者之异名也，故使异实者莫不异名也，不可乱也，犹使同（从王念孙校）实者莫不同名也。故万物虽众，有时而欲遍举之，故谓之物。物也者，大共名也。推而共之，共则有共，至于无共然后止。有时而欲遍举之，故谓之鸟兽。鸟兽也者，大别名也。推而别之，别则有别，至于无别然后止。名无固宜，约之以命，约定俗成谓之宜，异于约则谓之不宜。名无固实，约之以命实，约定俗成，谓之实名。名有固善，径易而不拂，谓之善名。物有同状而异所者，有异状而同所者，可别也。状同而为异所者，虽可合，谓之二实；状变而实无别而为异者，谓之化。有化而无别，谓之一实。此事之所以稽实定数也，此制名之枢要也。

此阐明制名的要点，是紧接第二标说的。在第二标里，提出理解一观念，理解运作于经验事象，于是缘耳而知声，缘目而知形；这里所知之声、所知之形，已不只是笼统而模糊的声与形，而是已清晰化了的声与形的概念。如果是箫的声音，就给它"箫"一概念，如果是笛的声音，就给它"笛"一概念。所知之形亦然。把箫声与笛声以及其他各种声音一一加以区别，这是别同异。同异既别，同者则名亦同，异者则名亦异，等到再听到箫声和笛声时，立刻就会用各各相应的概念去称谓它，不再错乱。这样就符合了"同则同之，异则异之"的原则。"然后随而命之"的"随"字，不是随意的随，因随意绝不能命名，这"随"字，表示承第二标"所缘以同异"的意思。命，是"制名以指实"的意思。

在第三标中，荀子提出"共名""别名""单兼名"等观念，从名学的本身看，这是很重要的。为方便起见，我们借用西方古代逻辑家朴尔斐利所制的一张表：

表 4-1　朴尔斐利之树

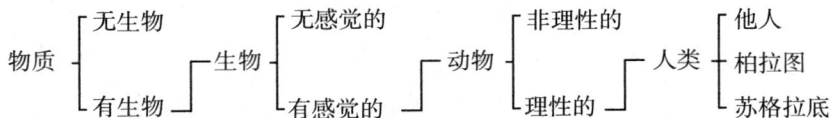

这表里的"物质"，同于荀子所说的"物"，物是"共名"，而且是"至于无共"的共名。"生物""动物""人类"，就"至于无共"的共名说，就是"别名"。而苏格拉底、柏拉图，都是"单名"。共名是由单兼名抽象之至于普遍性最大的名，所以它是层层上属的。别名则是由共名而下散之至于具体之单兼名，所以它是层层下派的。用逻辑术语说，共名就是纲名；类名别名就是目名、族名；单兼名就是个体名。科学家面对森罗万象，就靠立纲分目的方法去族类辨物，而造成科学知识的系统。荀子言单兼名、别名、共名，是说名的性质。除此而外，荀子复说"稽实定数"，定数者是定实之数，可见稽实定数是指名之数量说的。西方传统逻辑言有真实指谓的概念（名），不过质、量、关系三种。前二种荀子已造其端，关系概念，则尚未道及。

※　　※　　※　　※

上所言三标，表示荀子对正名的重视，因此乱名擅作者，罪无可恕。

> 故析辞擅作名以乱正名，使民疑惑，人多辨讼，则谓之大奸，其罪犹为符节度量之罪也。

由此可知，正名之作，是有所对治的，故既立三标，跟着则破三惑。三惑是：

> （1）"见侮不辱"，"圣人不爱己"，"杀盗非杀人也"，此惑于用名以乱名者也。验之所为有名而观其孰行，则能禁之矣。

"见侮不辱"，与第二惑中的"情欲寡"，皆宋子之说。宋子说这话的立场，是偏向于人生修养方面说的，如果我们从修养的立场看，这两句话是无可非议的。很显然，这与名理问题无关。故不论说它用名以乱名，或用名以乱实，都是不相干的。"圣人不爱己"一语，亦只有从德性方面解释始能通；圣人不爱己，即是说圣人舍己爱人之意。这亦与名理问题无关。在第一惑中，有用名以乱名之嫌者，唯是"杀盗非杀人"一语。

（2）"山渊平"，"情欲寡"，"刍豢不加甘，大钟不加乐"，
此惑于用实以乱名者也。验之所缘以同异而观其孰调，则能禁
之矣。

"山渊平"与"刍豢不加甘，大钟不加乐"，为同一理境之语。这类
带吊诡的话，如落在知识的层次看，当然是很荒谬的，因根据我们
经验的直觉，山明明是高的，渊明明是深的，刍豢明明是甘，大钟
明明是乐，如何可说"山渊平"，更如何可说"刍豢不加甘，大钟不
加乐"？这都极不合于经验事实，而又有悖于人之常识。荀子就正
是落在这知识的层次、常识的方面对这些话加以批评。荀子不知
这类话是可以转进一层看的，若转进一层看，则它所代表的理境，
根本是超乎经验知识与一般常识之上的。因此在经验层看是荒谬的，
在超经验层看，又可以是合理的。这里所谓合理之"理"，与经验知
识活动所遵守的理，自是两个不同层次，又不同性质的。前者绝不
能离开经验现象而活动，后者却是原则上就必须超越经验现象的。
这一种吊诡的言辞，为过去儒释道三教所共喻，其主要作用在泯灭
对待相，而透显绝对之实体实理。荀子于文化能识其大，于名理亦
能言其微，然对超乎经验理解之超知理境，则无所契。荀子视"山
渊平"等语是用实以乱名，从名理上看，自是如此，但此等语非必
从名理解，此不可不辨。

（3）"非而谒，楹有牛"，"马非马也"，此惑于用名以乱实
者也。验之名约，以其所受悖其所辞，则能禁之矣。

"非而谒，楹有牛"，语义不明，今置不论。"马非马"，即公孙龙"白

马非马"之说。此说是否可视为"用名以乱实",须看如何解。兹引
《荀学大略》之言以明之:"若依个体名、目名、纲名而言之,说白
马非马亦可,《公孙龙子·白马论》即如此解说也,白马为个体,马
为类名。公孙龙子固说,呼白马,则黑马不应;呼马,则白马、黑
马皆可应,此意显然含有个体名与类名之别,然亦显然函有白马、
黑马皆是马也,区别白马名与马名不同可,而借以谓白马非马不可
也。……唯公孙龙子'白马非马'一语,亦是冤狱,盖依其解说,
此中'非'字并不是否定'白马是马'之否定,而此语亦不是否定
'白马是马'之否定命题,其'非'字之意,盖只是明两概念之不同;
若依此不同解,则不应造成'白马非马'一命题,尤不应号于众曰:
吾可以主张白马非马也。若彼有此意,则不是冤狱,实应负治怪说、
玩琦辞之罪;若彼无此意,只是措辞不尽或不恰,则是冤狱。而他
人由其此语而单提之,视为一否定命题,亦只是误会……今若视为
一否定命题而为怪说琦辞,则即为用名以乱实。"

七 认知心的表现之三——知识论

既明三标与三惑,知荀子论名固有其对治之作用,然在此中,
却不难发现他在知识问题上确透露了一些重要理论,我们不妨对这
些理论在知识论上的意义及其限度作一省察。

首先我们要问:

知识论究竟是怎样一种学问?

关于这一问题的回答,因我们的论题只涉及知识原初型式的一个基型

159

问题，所以不必牵涉到西方知识论中的各种界说。唐君毅先生于其
《哲学概论》第二部讨论知识意义时，曾对知识论作一浅显的解释：

> 知识论，即求知我们之能知如何关联于所知，以构成知识
> 之学问。

这一明白而确定的解释，是很适合我们的论题的。知识论既是求知
能知关联于所知以成知识的学问，所以《正名篇》所说的"所以知
之在人者，谓之知；知有所合，谓之智"，在知识论中就有了独立自
足的意义。又《解蔽篇》："凡以知，人之性也；可以知，物之理也。"
这些言论，都足以证明，荀子的知识论，在知识原初的基型问题上，
有了确定不移的意义。"所以知之在人者，谓之知"之"知"，是能
知；"知有所合"则言所知。能知与所知构成之知识即"知有所合，
谓之智"之"智"。荀子所言，与上文对知识论的解释，正相应合。

　　能知与所知之主客两端，在西方知识论中，所包含的意义很
多，如能知即涵有感觉、知觉、记忆、想象、辨析、综合、推理、
比较等种种人心之智用的认识能力；如所知则又概括一切所能理
解之对象及其状貌等。在知识论中，一切所能理解之对象及其状
貌，皆属于经验界；而能知中所涵的知觉、想象等能力，亦唯是
倾注运用于此经验界而后能成知识。因此知识论中之能知所知之
成知活动，必涵两基本条件：（1）就所知之对象方面说，绝不离于
经验事物；（2）就能知之智用方面说，必专注于经验事物，而后彰
其用。这两个条件，在知识活动中，是绝不可缺的，而《正名篇》
于此两义，明是具备的，故吾人即本此而说其在知识论上有其独
立自足的意义。

　　然复有不可不知者，此独立自足的意义，亦只是就知识活动的原初型而如此说，荀子对此主客两方诸能力本身，及能知如何关联所知之活动过程，均未能作进一步的分析与讨论。衡之于西方知识论中之丰富掘发与深入的探究，稍有此中常识者，皆不难照察《正名篇》所言之不足。兹借日人中村元于其《中国人之思唯方法》（徐复观译，中华文化出版事业委员会出版）一书中对荀子的批评，以明其在知识论上的限制。

　　中村元在该书第二章"中国诡辩之特性"一节中，提到公孙龙的《坚白论》，他认为《坚白论》的诡辩，主要是因公孙龙以为"坚乃由触觉所知觉，白则由视觉所知觉。知坚石时不知白石，知白石时不知坚石；所以坚白石不是一个，是两个。"接着中村元下评语："这种辩说好像是有理由底流行着，正由于中国人未能充分自觉到实体与属性之区别，及此种区别的意义。"这个论点，中村元觉得也可以同样应用到荀子。他说：

　　　　这种思想倾向，在论难惠施一派的诡辩的荀子，情况也是相同的。荀子之说如次——名有单名，有兼名。表示一个概念时用单名；两个概念，同时在同处可以征知时，用兼名。单名，例如"马"；兼名，例如"白马"（译者按：《荀子·正名篇》原文为："单足以喻，则单；单不足以喻，则兼。单与兼无所相避则共，虽共不害矣。"此处乃日人之意译）。此时把握兼名的方法，没有意识到实体与属性的区别，不过将"白"与"马"作为同一资格之"名"而把握之。

　　中村元的批评，无论是对公孙龙或荀子，都是极中肯的。这在我们检讨荀子知识论的缺点时，是很重要又是很有意义的一点。因"实体与属性"的意识，在知识论中，占有极重要的地位。这实体与属性的意识，是我们的理解通过感性材料作一综合判断时，必须依据的一个基本形式，譬如"马"是一概念，当我们的理解通过直觉，而说"这马是白的"时，就成立一判断，这一判断的成立，同时即给"马"一概念加进了新的成分。现在要问，我们何以会将表象颜色的"白"一性质，与此"马"一概念连缀起来，而有如此的综合判断的活动？无他，此即由于我们有一"实体与属性"的意识，实体与属性的意识即此一判断所依据的基本形式。假如没有这一意识的自觉，那么我们就不会将"白"视为"马"之属性，而遂将"马"与"白"视作两并列的名把握之，如中村元之所评。

上言白的性质加到马一概念中，就对马增加了新的成分，这是表示知识内容之扩张；因人的知识，绝不能单停在单一的概念上，必然要求更丰富的内容。马不仅可以加入一白的性质，诸如这白马"一食三斗，日行千里"等内容，均可一一与马一概念联起来为其属性，这种知识内容的扩张，可以成一长串。这一串新经验成素加入原有概念的一串综合判断活动，还是依于实体与属性的形式。

八　结　语

总之，荀子知性的表现，和《墨辩》的思想，在今天仍值得我们去研究，并正视其在中国传统文化中表现的意义与价值。很明显，他们是在重德传统以外，开辟了另一种领域的思想学问；而这种思想学问，正是和我们今日努力学习的西方文化是同一路数。当然，从这路数的表现成果看，《正名篇》与《墨辩》自然太粗浅，但表现这种学问的心灵方向，今天却值得我们的正视。因此，对此心灵的表现，我们不能不予以疏导、融摄，这步工作在求中国文化开展的今天，是会为我们带来不少启示的。

第五章　荀子礼乐论

一　礼乐的起源

今本《荀子》，有《礼论》《乐论》两篇，礼与乐的起源是分开来说的。兹先就《礼论篇》说礼的起源。

根据传统的看法，礼始于远古先民的祭祀，这大概是可以获得共许的一个看法。所以许氏《说文解字》"礼"字："礼，履也，所以事神致福也。从示从丰。"徐灏《说文解字注笺》也说"礼之名起于事神"，并认为"丰本古礼字"。但又不可不知，先民的祭祀中，虽已含有礼之"实"，礼之"名"则是晚起的。据现存的古籍看，"礼"字首先出现于《尚书》之《尧典》《洛诰》；《尧典》中称"岱礼""西礼"，及《洛诰》中的三个"礼"字，皆祭祀义。《洛诰》是周公摄政时期的文献，周公制礼当是可信的史实，但周公所制之礼，主要在维护宗法社会的阶级，是政治的性质，与起于事神之礼的性质为宗教的不同。所以讨论礼的起源，显然可以有两种解说：属于宗教性质的礼，始于远古先民之祭祀；属于政治性质的礼，始于周代的宗法社会。

荀子对礼的起源的解说，和这两种都不同。他所以特别重视礼，

是因礼在政治上有普泛的功效；约言之，即礼可"经国定分"。在性
质上看，虽然也可以说是"政治的"，但荀子提倡礼，不是为了维护
宗法社会的阶级。据《王制篇》"虽王公士大夫之子孙也，不能属于
礼义，则归之庶人。虽庶人之子孙也，积文学，正身行，能属于礼
义，则归之于卿相士大夫"的一段，荀子正是要以礼为中心，建立
一平等的理想社会。荀子说礼因处处重视它在社会政治方面的功效，
所以对礼的起源一问题的解说，不再从历史的观点去追溯，而直接
归于先王之求治。因此，礼之始，即礼的效用之始；礼之起源义与
礼之效用义，遂合而为一。

> 礼起于何也？曰：人生而有欲，欲而不得，则不能无求；
> 求而无度量分界，则不能不争；争则乱，乱则穷。先王恶其乱
> 也，故制礼义以分之，以养人之欲，给人之求，使欲必不穷于
> 物，物必不屈于欲，两者相持而长，是礼之所起也。

"先王恶其乱也，故制礼以分之"，"恶其乱"，其正面的目的即在求
治，故求治是礼之所以起之故。荀子视乱之所以生起的第一因，是在
"人生而有欲"，有欲即有需求，即不能无争，争则乱，乱则穷（此即
荀子所以言性恶）。依据这一推论，视礼的起源即由于人自然的情欲，
似亦无不可（这样，荀子的礼的起源论，和他对人性的看法，显然是
有关的。如果人的自然情欲不必流于恶，则礼即无由生起）。荀子不
从历史的观点去追溯这问题，显然是因为这问题要从远古史去寻求答
案，那永远将只是一种揣测，这答案是无法征实的。因此对礼的起源
一问题的探索，就直接从人的自然情欲，和先王求治的心理，去找它
的根源，这方面只要人人当下反求，即可予以征实。

其次，再就《乐论篇》说乐的起源。

据《尚书·皋陶谟》："予欲闻六律五声八音。"《说文解字》："乐，五声八音总名。"六律、五声、八音皆乐之别称。《尚书·舜典》已记有"典乐"之官，具体的乐的产生，当然还要比"典乐"的官的设置早得多。但这似不足证明乐的起源比礼更早。礼乐不必同源，但究竟是乐先于礼，抑礼先于乐，这问题是永远不能获得确切解答的。和礼一样，荀子对乐的起源的探索，当下就打断了从历史观点探讨所可能引起的种种纠葛，仍归于先王的求治，使乐的起源义与乐的效用义不分。

> 夫乐者乐也，人情之所必不免也，故人不能无乐。乐则必发于声音，形于动静，而人之道，声音、动静、性术之变尽是矣。故人不能不乐，乐则不能无形，形而不为道，则不能无乱。先王恶其乱也，故制雅颂之声以道之，使其声足以乐而不流，使其文足以辨而不认，使其曲直、繁省、廉肉、节奏足以感动人之善心，使夫邪污之气无由得接焉，是先王立乐之方也。

"使其声足以乐而不流"等四句，即言乐之效，先王所以立乐，即因其有如是之效，故"乐的起源义与乐的效用义不分"。乐之始既由于先王之求治，而平治的要求，则由于混乱，乱之所以形成，荀子在乐的起源论中和在礼的起源论中一样，最后归于人的自然情欲。兴奋快乐为"人情之所必不免"，但乐极则情溢，情溢则流，是为乱之源（亦即荀子言性恶之故）。"先王恶其乱也，故制雅颂之声以道之"，制雅颂之声以道之，即作乐以和之，遂使人情所不能免之乐能得其正。《尹文子》云："圣王知人情之易动，故作乐以和之，制礼以节之。"这也是说礼乐之起，即在和节人自然的情欲，与荀子义相合。

二　礼乐的含义及其关系

礼、乐连在一起，并作广泛的应用，在古代的典籍中，盖始于《论语》，如：（1）"人而不仁，如礼何？人而不仁，如乐何？"（《八佾》）（2）"兴于诗，立于礼，成于乐。"（《泰伯》）（3）"礼云礼云，玉帛云乎哉！乐云乐云，钟鼓云乎哉！"（《阳货》）（4）"君子三年不为礼，礼必坏；三年不为乐，乐必崩。"（《阳货》）《论语》中把"礼乐"当惯语用的地方也不少，如：（1）"先进于礼乐，野人也；后进于礼乐，君子也。"（《先进》）（2）"方六七十，如五六十，求也为之，比及三年，可使足民。如其礼乐，以俟君子。"（《先进》）（3）"若臧武仲之知，公绰之不欲，卞庄子之勇，冉求之艺，文之以礼乐，亦可以为成人矣。"（《宪问》）（4）"天下有道，则礼乐征伐自天子出；天下无道，则礼乐征伐自诸侯出。"（《季氏》）但我们从这些引语中，尚看不出"礼乐"的真正含义。在下引的几则言论中，才较易看出《论语》中言礼乐的含义：（1）"道之以德，齐之以礼，有耻且格。"（《为政》）"事不成，则礼乐不兴；礼乐不兴，则刑罚不中。"（《子路》）这两则中的"礼"，涵有政治教化的意义。（2）"居上不宽，为礼不敬……吾何以观之哉！"（《八佾》）"恭而无礼则劳。"（《泰伯》）"恭近于礼，远耻辱也。"（《学而》）这三则中的"礼"，涵有行为规范的意义。（3）"有子曰：礼之用，和为贵。先王之道，斯为美，小大由之。有所不行，知和；而和不以礼节之，亦不可行也。"（《学而》）文中"和"即指乐，所谓"礼之用，和为贵""而和不以礼节之，亦不可行也"，即礼乐相资为用之义。礼之"节"，乐之"和"，即为后世论礼乐特质的主要根据。

《论语》虽对礼乐作广泛的使用，对礼乐的性质之异亦偶及之，但在《论语》的时代，对礼乐严加区别的意识，显然是不够的。上引《学而篇》"礼之用，和为贵"一节，知以"节""和"为礼乐不同的性质，而《季氏篇》则又说"乐节礼乐"，明即以"节"和同了礼乐的区别。荀子重礼，《荀子》书中虽有《乐论》一篇，但除兹篇外，《荀子》习用的惯语是"礼义"，而罕言"礼乐"，乐即径涵在礼的效用中。礼乐的区分，要到《乐记》及《史记·乐书》才大为彰著。《史记·乐书》论乐大体本《荀子·乐论》和《礼记·乐记》之义，而更加发挥。《乐书》中对礼乐精神性质的区分的文字，约二十余处，有的已说得十分玄妙，如：（1）"大乐必易，大礼必简。"（2）"大礼与天地同节，大乐与天地同和。"（3）"乐者天地之和也，礼者天地之序也。"（4）"乐由天作，礼以地制，明于天地然后能兴礼乐。"这已把礼乐提升到形上学的观点来解说。但也有说得比较切近的，如：（1）"乐胜则流，礼胜则离。"（2）"乐者为同，礼者为异。"（3）"乐者所以象德也，礼者所以闭淫也。"（4）"乐也者，施也；礼也者，报也。"（5）"致乐以治心者也，致礼以治躬者也。"（6）"礼由外入，乐自内出。"《乐书》对礼乐含义广泛的解说，的确使我们对礼乐相资为用之义，有更深入而清晰的了解。这就证明，时间愈晚，对礼乐精神性质的区别意识也愈清楚，礼乐的含义也越丰富。

荀子因政治意识很重，所以论礼乐是侧重政治教化一面，这方面的言论，在荀书中多得不胜枚举，这里略举几个例子：

礼义者，治之始也。（《王制篇》）

国无礼则不正。(《王霸篇》)

礼者，治辨之极也，强国之本也。(《议兵篇》)

礼者节之准也。(《致士篇》)

礼者，养也。(《礼论篇》)

养生安乐者，莫大乎礼义。"(《强国篇》)

《论语》中提到礼的地方有四十余处，其含义侧重生活轨范方面的较多。荀书在这一面涉及的也不少，不过远逊于政治教化方面的含义。这里也举几个例子：

礼者，所以正身也。(《修身篇》)

凡治气养心之术，莫径由礼。(同上)

行义动静，度之以礼。(《君道篇》)

礼及身而行修。(《致士篇》)

君子之于礼，敬而安之。(《君道篇》)

上文所提许多例证中，言礼而未及乐，这因在荀子系统中，礼是笼罩一切的，因此乐也就常涵摄在礼的效用中，这一点有加以说明的必要。

在《劝学篇》中，荀子曾说"诗书故而不切"。根据儒学的传统，诗与乐是同源，诗教与乐教在功效上亦无异。荀子非诗虽不非乐，但亦可能是乐在他的系统中的地位远不及礼，以及言礼义而罕言礼乐的一个原因。因为这种原因，故使乐之义有时即涵摄在礼的效用中。《荣辱篇》云："故先王案为之制礼义以分之，使有贵贱之等，长幼之差，知愚能不能之分，皆使人载其事而各得其宜，然后使悫禄多少厚薄之称，是夫群居和一之道也。"《乐论篇》说："乐者，审一以定和者也。"礼为"群居和一之道"，则乐之义即涵于礼的效用中，此其一。其次，《议兵篇》云："礼义教化，是齐之也。故以诈遇诈，犹有巧拙焉；以诈遇齐，辟之犹以锥刀堕太山也，非天下之愚人莫敢试。故王者之兵不试。……齐之田单、楚之庄蹻、秦之卫鞅、燕之缪虮，是皆世俗之所谓善用兵者也，是其巧拙强弱则未有以相君（长）也，若其道一也，未及和齐也……齐桓、晋文、楚庄、吴阖闾、越勾践，是皆和齐之兵也，可谓入其域矣。"此言"和齐"为用兵的最高境界，而和齐的根据则在礼义教化。《乐论篇》说："乐者，天下之大齐也。"则乐之义显然即涵于礼义的效用中，此其二。复次，《礼论篇》云："礼者，养也。刍豢稻粱，五味调香，所以养口也；椒兰芬苾，所以养鼻也；雕琢刻镂，黼黻文章，所以养目也；钟鼓管磬，琴瑟竽笙，所以养耳也。……礼者养也。……和鸾之声，步中武象，趋中韶护，所以养耳也。"礼者养也，而养耳之资具则是乐，所以乐的效用，即礼的效用之一种。此其三。但这并不表示荀子对礼乐精神性质之异不清楚，恰相反，他对礼乐精神性质之异的解说，正是《乐记》《乐书》言礼乐特质之所本。

礼言是其行也，乐言是其和也。（《儒效篇》）

恭敬，礼也；调和，乐也。（《臣道篇》）

乐也者，和（《乐记》《乐书》均作"情"）之不可变者也；礼也者，理之不可易者也。（《乐论篇》）

乐合同，礼别异。（同上）

穷本极变，乐之情也；著诚去伪，礼之经也。（同上）

这是荀书中，将"礼乐"连在一起解说，同时使我们能认识礼乐精神性质之不同，仅有的几则言论。据此，又大体可以使我们了解礼乐的关系。

从《论语》起，历《荀子》至《乐记》《乐书》，在道德教化的前提下，大体对礼乐的特质，已有一共许之义，礼乐的关系，即由此共许的特质来决定。此一共许的特质是：乐是侧重在内面一层的工夫，礼是侧重在外面一层的工夫。《礼记·文王世子》"乐，所以修内也；礼，所以修外也"，以及《乐书》"故乐也者，动于内者也；礼也者，动于外者也"，就是这个意思。动于内，故主和（调和）；动于外，故主节（恭敬）。主和，其功效形于不知不觉中；主节，就多少有强行压制的意味。故乐近仁象德，礼近义显智；近仁象德故情胜，近义显智故理胜；此所以《乐记》《乐书》皆有"乐也者，情之不可变者也；礼也者，理之不可易者也"之语。情与理皆健康的人生所不可偏废：理使尊卑有序，内外有分，此即所谓"礼别异"；然理胜之极则离，故济之以情，情以和一为主，故曰"乐合同"；然情胜之极则流，故复济之以礼。如此循环相济仍即《论语》"礼之用，和为贵。……而和不以礼节之，亦不可行也"之礼乐不相离而相资为用之古义，在不相离相资为用之义中，礼乐的关系遂亦确定。

除了上述治国与修身两方面的含义外，礼在荀子系统中，与各部分的理论都有关联，可以说，礼是各部分理论的终极标准：如荀子重视经验之学，而学习的程序是"始乎诵经，终乎读礼"（《劝学篇》）。《荀子》有《非十二子篇》，批评所依赖的标准是礼义之统。凡知不及礼义之统者，均为其所非。此外言大儒之效亦在"统礼义"及"举统类而应之"。富国与强国之道固是在礼义，即王霸之辨，与用兵之略亦莫不在礼义。广大悉备的礼，尚不止此，在荀子，礼还有两种颇为特殊的含义：

（1）礼是思想言论得失的标准。

> 礼之中焉，能思索，谓之能虑。（《礼论篇》）

> 君子……说不贵苟察……唯其当之为贵。……山渊平，天地比，齐秦袭，入乎耳，出乎口，钩有须，卵有毛，是说之难持者也，而惠施、邓析能之；然而君子不贵者，非礼义之中也。（《不苟篇》）

惠施、邓析皆诡辩家，他们的言论即荀子所谓"苟察"，其所以为苟察，即因其不合于礼义，而合于礼义者方能思索，能思索就是说有思理，而诡辩是没有思理的，所以礼是思想言论的标准。

（2）礼是宇宙万物生成条理的根据。

> 天地以合，日月以明，四时以序，星辰以行，江河以流，万物以昌……万物变而不乱，贰之则丧也。礼岂不至矣哉！（《礼论篇》）

前三句是套用《易经》"夫圣人者，与天地合其德，日月合其明，四时合其序"之语。在《易经》，这是对天人合德的境界的一种描述，在《荀子》，和下文连起来读，则是对万物生成条理的描述。"贰之则丧"，正言须一于礼。

总之，不仅是人间的一切活动，甚至是宇宙的一切活动，在荀子，一律要统摄于礼义之统的结构中，然后能有其意义。在中国历史上，荀子以后，除北宋李觏外，从没有第二人把礼的含义与效用，扩展到如此广大程度的。（附注：近读《直讲李先生文集》，知李氏为北宋大儒，集中有《礼论》一长篇，言礼亦无所不包，显是承继荀学，作者当另文研究，兹特附志数语。）

三　礼乐的效用

既明礼乐的含义，进一步当说明其效用。这里所说的效用，只指主要的几个方面，因荀子于礼乐的含义，尽管涵天盖地，但有许多只是在他极强的隆礼意识下虚带出来的，并无实效的意义，因此礼乐的含义，不等于礼乐的效用。

这里对礼乐的效用，只提出主要的三点：（1）道德方面的；（2）政治方面的；（3）宗教方面的。本节先说前两点，第三点留待后面两节再说。

根据我们的了解，荀子乃"由智识心"（详说见前章），非"由仁识心"，由智识心，故表现客观精神。非由仁识心，并不是说他对道德一面的问题全不接触，而只是说对道德心没有充分自觉（即德性主体未充分彰显）。荀子的系统，以礼义为骨干，但除此主干以外，枝叶丰茂，相连而生的部分极其庞杂，在这些庞杂的思想中，对作为其系统的主干的礼义有充分的自觉，对道德修养问题则非。不过，即是在缺乏充分自觉的情形下，荀子对道德修养的问题，依然有相当精深的陈述，这些陈述是有意义的。只是在我们作深一层的探讨时，因其基本心灵与此不能相应，所以这一套思想在生命中实无根。这的确造成荀子系统最深的缺陷。由于这缺陷，遂使荀子与孟子本道德心而发的一套道德理论，不能有内在精神的衔接。不过，话说回来，也正因为荀子于孟子未能有直接的契悟，所以才促使荀子另辟了一条新的途径——建立礼义之统的系统。也因在新的途径中，使荀子在道德修养的问题上，有了较新的见地，而不纯是传袭传统。我们如采取历史发展的眼光，这新的途径，无疑是代表儒家学术的演进。

孟子是先秦儒家第一个对道德修养问题提出一套系统理论的人。但因孟子思想的出发点，在他悟出人心本身的善性，而肯定人性皆善；以人性皆善，所以修养此心的工夫，只是就此善心的自然流露处，而主张一直道而行的工夫，此与后世宋明儒者所讲的工夫全为逆反的有异。宋明儒者对修养此心所以采取逆反的途径，是因他们在现实生活中对罪恶一面的感受日深，这种感受促使他们的反省，在反省中体会出障蔽善心的人欲之私与气质之偏，因此修养此心的工夫就侧重在克制人欲之私、纠正气质之偏上。在孟子的道德理论中，显尚未具备此种对反。反观荀子，他因对道德心缺乏充分的自觉，所说的修养工夫着重在"外化"（所谓"外化"，在第二章已有解说），对人是采取经验的观察，这反使他发现了有类于宋明儒者所说的人欲之私与气质之偏。在先秦儒家的道德传统中，这的确代表一种较新的见地。在荀子，此人欲之私与气质之偏，即现实人生不善与恶的成分，治之的工夫，则靠礼乐的导化。

治气养心之术：血气刚强，则柔之以调和；知虑渐深，则一之以易良；勇胆猛戾，则辅之以道顺；齐给便利，则节之以动止；狭隘褊小，则廓之以广大；卑湿重迟贪利，则抗之以高志；庸众驽散，则刦制之以师友；怠慢僄弃，则炤之以祸灾；愚款端悫，则合之以礼乐（此下有"通之以思索"一句，从俞樾校删）。凡治气养心之术，莫径由礼，莫要得师，莫神一好。夫是之谓治气养心之术也。（《修身篇》）

"治气养心之术"，即对气质之偏、人欲之私之导化工夫。血气刚强，勇胆猛戾，齐给便利（皆捷速义），狭隘褊小，卑湿重迟（重迟，宽缓义），庸众驽散，愚款端悫，皆表现气质之一偏；怠缓僄弃与贪利，乃因蔽于人欲之私；柔之以调和，辅之以道训，节之以动止，廓之以广大，抗之以高志，制之以师友，炤之以祸灾，合之以礼乐等，皆所以治气质之偏蔽，及克制人欲之恣肆者。"凡治气养心之术，莫径由礼"，即言凡治气质之偏蔽及克制人欲之恣肆者，皆须经由礼而后成；经由礼乐，则凡气质之偏者，而后能得其中，得中，荀子称之至文。

君子宽而不僈，廉而不刿（伤），辩而不争，察而不激，寡立而不胜，坚强而不暴，柔从而不流，恭敬谨慎而容。夫是之谓至文。（《不苟篇》）

"宽而不僈"云云，即言君子言行能得其中，得中由礼，故曰至文。

宜于时通，利以处穷，礼信是也。凡用血气、志意、知虑，由礼则治通，不由礼则勃乱提僈；食饮、衣服、居处、动静，

> 由礼则和节，不由礼则触陷生疾；容貌、态度、进退、趋行，
> 由礼则雅，不由礼则夷固僻违，庸众而野。故人无礼则不生，
> 事无礼则不成，国无礼则不宁。(《修身篇》)

人的志意、动静、进退，由礼则治通，和节而雅，此亦能得其中之谓，得中然后"宜于时（处）通，利以处穷"。"人无礼则不生，事无礼则不成"，生亦成，言人无礼则不能完成其为人，故曰"在人者，莫明于礼义"(《天论篇》)。

> 礼者，所以正身也……无礼何以正身？……礼然而然，则
> 是情安礼也……情安礼……则是圣人也。(《修身篇》)

> 礼乐之统，管乎人心矣。穷本极变，乐之情也；著诚去伪，
> 礼之经也。(《乐论篇》)

> 故人莫贵乎生，莫乐乎安，所以养生安乐者，莫大乎礼义。
> 人知贵生乐安而弃礼义，辟之是犹欲寿而殉（刭）颈也，愚莫
> 大焉。(《强国篇》)

此言正身、著诚去伪、养生安乐，皆由礼。

道德修养的终极目的，在使人成其为一个真正的人。依荀子，一个伟大的人格，必须具备"厚""大""高""明"四种德性，这四种德性，也是经由礼乐而成者。

> 厚者，礼之积也；大者，礼之广也；高者，礼之隆也；明
> 者，礼也尽也。(《礼论篇》)

复次，孝，在儒家道德传统中，是一个重点，盖孝乃仁心表露之初证，所以《论语》视孝为行仁之本。但荀子则以为人所以能孝，"以綦于礼义"。

> 天非私曾（曾参）、骞（闵子骞）、孝己（殷高宗太子），而外众人也，然而曾、骞、孝己独厚于孝之实，而全于孝之名者，何也？以綦于礼义故也。（《性恶篇》）

不仅个人的孝行要靠礼义，父子、夫妇等伦常关系的贞定，也要靠礼义。

> 天非私齐鲁之民而外秦人也，然而秦人（"秦人"二字从王念孙校补）于父子、夫妇之别，不如齐鲁之孝具（王念孙："具"当为"共"，"孝共"即"孝恭"）敬文（原文"文"，误作"父"）者，何也？以秦人之从情性，安恣睢，慢于礼义故也。（《性恶篇》）

总之，凡在孔孟由仁智尽者，荀子悉由礼义成。道德问题与政治问题虽不同类，但荀子仍全统摄于礼义的效用中，极成其礼义一元论的形构，这真是一极其庞杂的系统。

其次，当说明礼乐在政治方面的效用。这方面，统言之，可称之为礼在客观境域的效用；分言之，则又可分社会、政治、国家三个方面。

第一，礼在社会方面的效用：（1）礼是促使社会平等的依据："虽王公士大夫之子孙也，不能属于礼义，则归之庶人。虽庶人之子孙也，积文学，正身行，能属于礼义，则归之于卿相士大夫。……夫是之谓天德，是（"是"字据王念孙校补）王者之政也。"（《王制篇》）（2）礼是安定社会秩序的标准："礼者，贵贱有等，长幼有差，贫富轻重皆有称者也。"（《富国篇》）（3）礼是社会群居和一之道："夫贵为天子，富有天下，是人情之所同欲也。然则从人之欲，则势不能容，物不能赡也。故先王案为之制礼义以分之，使有贵贱之等，长幼之差，知愚能不能之分，皆使人载其事而各得其宜，然后使悫禄多少厚薄之称。是夫群居和一之道也。"（《荣辱篇》）

第二，礼在政治方面的效用：（1）礼为政治之始基，亦为治乱的关键："礼义者，治之始也。"（《王制篇》）"君子治治，非治乱也，曷谓邪？曰：礼义之谓治，非礼义之谓乱也。故君子者，治礼义者也，非治非礼义者也。"（《不苟篇》）（2）礼是政治制度的基础："上莫不致爱其下，而制之以礼。上之于下，如保赤子，政令制度，所以接下之人，百姓有不理者如豪末，则虽孤独鳏寡，必不加焉。故下之亲上，欢如父母，可杀而不可使不顺，君臣上下，贵贱长幼，至于庶人，莫不以是为隆正。然后皆内自省，以谨于分，是百王之所以同也，而礼法之枢要也。然后农分田而耕，贾分货而贩，百工分事而劝，士大夫分职而听，建国诸侯之君分土而守，三公总方而议，则天子共己而止矣。出若入若，天下莫不平均，莫不治辨，是百王之所同，而礼法之大分也。"（《王霸篇》）（3）礼是人主统驭群臣的法度："礼者，人主之所以为群臣寸尺寻丈检式也。"（《儒效篇》）

第三，礼在国家方面的效用：（1）礼为国家存亡的关键："国无礼则不正。礼之所以正国也，譬之犹衡之于轻重也，犹绳墨之于曲直也，犹规矩之于方圆也。既错之而人莫之能诬也。诗云：如霜雪之将将，如日月之光明，为之则存，不为则亡。此之谓也。"（《王霸篇》）

（2）礼为强国之本："礼者，治辨之极也，强国之本也，威行之道也，功名之总也。王公由之，所以得天下也。"（《议兵篇》）"君贤者其国治，君不能者其国乱。隆礼贵义者其国治，简礼贱义者其国乱。治者强，乱者弱，是强弱之本也。"（同上）（3）礼为王天下之资具："礼义不加于国家，则功名不白。故人之命在天，国之命在礼。君人者，隆礼尊贤而王，重法爱民而霸，好利多诈而危，权谋倾覆幽险而尽亡矣。"（《天论篇》）"川渊深而鱼鳖归之，山林茂而禽兽归之，刑政平而百姓归之，礼义备而君子归之。故礼及身而行修，义及国而政明，能以礼挟而贵名白，天下愿，令行禁止，王者之事毕矣。"（《致士篇》）

次说乐，乐的效用可分两方面。

第一，乐在个人修养方面的效用。

足以率一道，足以治万变，是先王立乐之术也。……故听其雅颂之声，而志意得广焉；执其干戚，习其俯仰屈伸，而容貌得庄焉；行其缀兆，要其节奏，而行列得正焉，进退得齐焉。故乐者，出所以征诛也，入所以揖让也。征诛揖让，其义一也。出所以征诛，则莫不听从；入所以揖让，则莫不从服。故乐者，天下之大齐也，中和之纪也，人情之所必不免也，是先王立乐之术也。……且乐者，先王之所以饰喜也；军旅铁钺者，先王之所以饰怒也。先王喜怒皆得其齐焉。是故喜而天下和之，怒而暴乱畏之。先王之道，礼乐正其盛者也。（《乐论篇》）

夫民有好恶之情，而无喜怒之应，则乱。先王恶其乱也，故修其行，正其乐，而天下顺焉。故齐衰之服，哭泣之声，使

人之心悲；带甲婴軸，歌于行伍，使人之心伤；姚冶之容，郑
卫之音，使人之心淫；绅端章甫，舞《韶》歌《武》，使人之心
庄。故君子耳不听淫声，目不视女色，口不出恶言。此三者，
君子慎之。凡奸声感人而逆气应之，逆气成象而乱生焉；正声
感人而顺气应之，顺气成象而治生焉。唱和有应，善恶相象，
故君子慎其所去就也。君子以钟鼓道志，以琴瑟乐心，动以干
戚，饰以羽旄，从以磬管。故其清明象天，其广大象地，其俯
仰周旋有似于四时。故乐行而志清，礼修而行成，耳目聪明，
血气和平，移风易俗，天下皆宁，美善相乐。(《乐论篇》)

乐者，乐也。君子乐得其道，小人乐得其欲。以道制欲，
则乐而不乱；以欲忘道，则惑而不乐。故乐者，所以道乐也。
金石丝竹，所以道德也，乐行而民乡方矣。故乐者，治人之盛
者也。(《乐论篇》)

第二，乐在社会政治方面的效用。

夫声乐之入人也深，其化人也速，故先王谨为之文。乐中
平则民和而不流，乐肃庄则民齐而不乱。民和齐则兵劲城固，
敌国不敢婴也。如是，则百姓莫不安其处，乐其乡，以至足其
上矣。然后名声于是白，光辉于是大，四海之民莫不愿得以为
师。是王者之始也。乐姚冶以险，则民流僈鄙贱矣。流僈则乱，
鄙贱则争。乱、争则兵弱城犯，敌国危之。如是，则百姓不安
其处，不乐其乡，不足其上矣。故礼乐废而邪音起者，危削侮
辱之本也。故先王贵礼乐而贱邪音。(《乐论篇》)

　　乐者，圣人之所乐也，而可以善民心，其感人深，其移风易俗，故先王导之以礼乐而民和睦。(《乐论篇》)

　　总之，乐主和，所以它对个人的效用，主要使人志意广大，耳目聪明，血气和平，而成为一个内心平静和乐的温温恭人。对社会的效用，其目的在造成风俗醇厚、和睦相处的社会。两方面交相影响，皆欲使人日徙善远罪之功见于不知不觉中。

四　丧　礼

　　礼乐在宗教方面的效用，可从丧礼与祭礼两方面来看。《礼记·昏义》:"始于冠，本于昏，重于丧祭，尊于朝聘，和于乡射，此礼之大体也。"此泛举古礼之内容，而丧祭在礼的各种节目中，显然占一较重要的地位。中国自古即有五礼之说，五礼即吉、凶、宾、军、嘉。吉礼即祭礼，凶礼即丧礼，属五礼之要。丧礼的目的在慎终，祭礼的目的在追远，此即礼乐在宗教方面的主要效用，它不仅是彻始彻终，且是彻通幽明之际的。

　　兹先说丧礼。荀子在《礼论篇》中，对丧礼的论述颇繁碎，今择其要者，试绎其义。

　　礼者，谨于治生死者也:生，人之始也;死，人之终也;终始俱善，人道毕矣。故君子敬始而慎终，终始如一，是君子之道，礼义之文也。夫厚其生而薄其死，是敬其有知而慢其无知也，是奸人之道，而倍叛之心也。君子以倍叛之心接臧谷，犹且羞之，而况以事其所隆亲乎! 故死之为道也，一而不可得再复也，臣之所以致重其君，子之所以致重其亲，于是尽矣。故事生不忠厚，不敬文，谓之野；送死不忠厚，不敬文，谓之瘠。君子贱野而羞瘠。

丧礼者，以生者饰死者也，大象其生以送其死也。故事（原作"如"，今从俞樾说改）死如生，事亡如存，终始一也。

故丧礼者，无它焉，明死生之义，送以哀敬，而终周藏也。故葬埋，敬藏其形也……事生，饰始也；送死，饰终也。终始具而孝子之事毕，圣人之道备矣。刻死而附生谓之墨，刻生而附死谓之惑，杀生而送死谓之贼。大象其生以送其死，使死生终始，莫不称宜好善，是礼义之法式也，儒者是矣。

使生死终始若一，一足以为人愿，是先王之道，忠臣孝子之极也。

将此四则言论合起来看，有下列几点含义：（1）丧礼的主要目的，在"明死生之义"，这表示人的死生终始，不同于生物的消长；生物的消长，只是一自然现象，而人的生死，不只是一自然现象。《论语》"生，事之以礼；死，葬之以礼"，即说明人，生有生之理，死有死之理；礼在人道方面的价值，不仅贯串于人始之生，亦彻通于人终之死，"故君子敬始而慎终"。敬始而慎终，谓之"终始俱善"。"终始俱善"是说人从生到死，都属一价值表现的过程，假如价值的表现，只及于人之生，而不能彻通人之死，则人道是残缺的。所以终始俱善，终始如一，然后"人道毕矣"。（2）丧礼的目的，即在明死生之义，明死生之义，又在使"生死终始若一"，生死终始之道若不一，即是"厚其生而薄其死，敬其有知而慢其无知"，荀子称之为"奸人之道""倍叛之心"。倍叛之心实即功利心；奸人之道，则无异禽兽。敬始而不能慎终，乃人道之缺，故（3）荀子极端反对墨子的薄葬，他说："刻死而附生谓之墨，刻生而附死谓之惑。"又说："事生不忠厚，不敬文，谓之野；送死不忠厚，不敬文，谓之瘠。君子贱野而羞瘠。"瘠者，枯槁无润之谓，墨子主薄丧节葬，故又称"瘠墨"，此荀子所谓奸人之道也。荀子反对刻死刻生，主张事生须忠厚，送死亦须忠厚，此之谓"生死终始若一"。忠，谓人心之不容已；厚，谓其不薄不瘠。荀子对丧礼虽主张不薄不瘠，但也不赞成繁文缛节，要之在得其中，此所以荀子又有"礼之中流（道）"之说："礼者，断长续短，损有余，益不足，达爱敬之文，而滋成行义之美者也。故文饰粗恶，声乐哭泣，恬愉忧戚，是反也；然而礼兼而用之，时举而代御。故文饰、声乐、恬愉，所以持平奉吉也；粗衰、哭泣、忧戚，所以持险奉凶也。故其立文饰也，不至于窕冶；其立粗衰也，不至于瘠弃；其立声乐恬愉也，不至于流淫惰慢；其立哭泣哀戚也，不至于隘慑伤生，是礼之中流也。"（4）《论语》记载："孟懿子问孝。子曰：'无违。'樊迟御，子告之曰：'孟孙问孝于我，我对曰"无违"'。樊迟曰：'何谓也？'子曰：'生，事之以礼；死，葬之以礼，祭之以礼。'"（《为政》）荀子也说："事生，饰始也；送死，饰终也。终始具而孝子之事毕，圣人之道备矣。"与孔氏说实无异。这都是在说明丧礼是孝道的一部分，子之于其亲，若只能事生敬始，而不能送死慎终，即"刻死而附生"；刻死而附生，则于其亲生前之孝，悉转为功利，非出于天情矣。故亲死葬之以礼，然后孝道尽，人道备。

其次，荀子曾提到"三年之丧"的问题。三年之丧，为先秦儒家所竭力提倡。《论语·阳货篇》记有孔子与宰我关于三年之丧的问答。《孟子·滕文公篇》亦载滕定公薨，世子托然友问礼于孟子之事，孟子即以三年之丧对。至荀子，对三年之丧在人道中的意义，及子之于亲所以必行三年之丧之故，皆有说，荀子称此为人道之至文。

> 三年之丧，何也？曰：称情而立文，因以饰群别亲疏贵贱之节，而不可益损也。故曰：无适不易之术也。创巨者其日久，痛甚者其愈迟，三年之丧，称情而立文，所以为至痛极也。齐衰苴杖，居庐食粥，席薪枕块，所以为至痛饰也。三年之丧，二十五月而毕，哀痛未尽，思慕未忘，然而礼以是断之者，岂不以送死有已，复生有节也哉！凡生乎天地之间者，有血气之属必有知，有知之属莫不爱其类。今夫大鸟兽则失亡其群匹，越月逾时则必反铅，过故乡则必徘徊焉，鸣号焉，踯躅焉，踟蹰焉，然后能去之也。小者是燕爵，犹有啁噍之顷焉，然后能去之。故有血气之属莫知于人，故人之于其亲也，至死无穷。将由夫愚陋淫邪之人与？则彼朝死而夕忘之，然而纵之，则是曾鸟兽之不若也，彼安能相与群居而无乱乎？将由夫修饰之君子与？则三年之丧，二十五月而毕，若驷之过隙，然而遂之，则是无穷也。故先王圣人安为之立中制节，一使足以成文理，则舍之矣。……故三年以为隆，缌小功以为杀，期九月以为间。上取象于天，下取象于地，中取则于人，人所以群居和一之理尽矣。故三年之丧，人道之至文者也，夫是之谓至隆。

亲死，子葬之以礼，此本人情之不容已者。但现实中人，此不容已之情，每为私欲所障蔽，而有倍叛之心，宁行奸人之道。"凡生乎天地之间者"至"则是曾鸟兽之不若也"一段，就是针对这种人说的。

荀子认为，亲死，子不能行三年之丧，这种人连禽兽都不如。这是说子之于其亲，三年之丧实为必须。子之于其亲，不能行三年之丧，在荀子看来，不仅是站在为人子的份上没有尽孝道，这种倍叛之心，且正是社会的乱源。曾子说："慎终追远，民德归厚矣。"（《论语·学而》）朱注："慎终者，丧尽其礼。"丧尽其礼，可使民德归厚，所以荀子也说，三年之丧，为"人所以群居和一之理尽"。复次，现实中人，固难免有禽兽之不若者；但亦有如荀子所说"创巨者其日久，痛甚者其愈迟"的人，这种人每哀痛逾恒而伤生，历久而不稍杀，这也不合礼之中道。荀子说："三年之丧，称情而立文，所以为至痛极也。"是说三年之丧，已达哀痛的极峰，过此则当有节。又说"送死有已，复生有节"，此孔子哀而不伤之义。《礼论篇》中还有一段话是发挥这意思的，一并引在这里："丧礼之凡：变而饰，动而远，久而平。故死之为道也，不饰则恶，恶则不哀，尔（迩）则玩，玩则厌，厌则忘，忘则不敬。一朝而丧其严亲，而所以送葬之者不哀不敬，则嫌于禽兽矣，君子耻之。故变而饰，所以灭恶也；动而远，所以遂敬也；久而平，所以优生也。……是礼之中流也。"

五 祭 礼

次再说祭礼。祭祀即吉礼，为五礼之首。《礼记·祭统》说："凡治人之道，莫急于礼。礼有五经，莫重于祭。夫祭者，非物自外至者也，自中出生于心也。心怵而奉之以礼，是故唯贤者能尽祭之义。"这可以看出祭礼在人道中的意义及其重要性。依《祭统》，通过祭祀，可获致如下的效用："见事鬼神之道焉，见君臣之义焉，见父子之伦焉，见贵贱之等焉，见亲疏之杀焉，见爵赏之施焉，见夫妇之别焉，见政事之均焉，见长幼之序焉，见上下之际焉。"这无异是将礼在道德、政治、宗教三方面的含义悉系属于祭礼一项下来说，这范围是过广泛了。今只就《礼论篇》所及者说，亦即是专侧重在祭里的宗教意义与宗教价值方面说。

> 祭者，志意思慕之情也，忠信爱敬之至矣，礼节文貌之盛矣，苟非圣人，莫之能知也。圣人明知之，士君子安行之，官人以为守，百姓以成俗。其在君子，以为人道也；其在百姓，以为鬼事也。……哀夫敬夫，事死如事生，事亡如事存，状乎无形影，然而成文。

"祭者，志意思慕之情也"，此一语颇足以说明祭礼的本质。这是说祭礼非出于当然命令而有的道德活动，它只是出于不容已的思慕之情，正如《礼记·祭统》所说"自中出生于心"，及"心怵而奉之以礼"者。因此，祭者与被祭者之交会，即纯寄于祭者对被祭者的深厚情意。依《礼论篇》所说，人祭祀的对象有三组：一是天地；二是列祖列宗；三是圣贤人物。天地之大德曰生，则天地与祖宗圣贤，皆对人间有极深厚之情意与功德，永为后死者所不能忘怀；因不能忘怀，故生思慕之情。后死者（祭者）的思慕之情，一旦与被祭者的深厚情意相感通，则死生之路与幽明之道当下即打通，幽明之道通，而后人道得尽，故曰"其在君子，以为人道也"。

祭礼虽为人道的一部分，但它毕竟不同于一般的道德心理或道德活动，而属宗教活动。其理由之一，即前文所说祭祀只出于思慕之情，不出于当然的命令；而道德行为常是出于当然的命令，通过自觉，遵循此命令而行。其理由之二，即祭祀的对象是天地与已死的人；而道德活动的对象必为现实存在之人。因祭祀的对象是天地与已死之人，所以祭者之与祭，是"自中出生于心"的思慕之情，任何虚伪借藉皆无所容其间，故曰"忠信爱敬之至，礼节文貌之盛"。此二义即已说明祭礼的宗教意义，而与道德意义不尽相同者。

> 礼有三本：天地者，生之本也；先祖者，类之本也；君师者，治之本也。无天地恶生？无先祖恶出？无君师恶治？三者偏亡焉，无安人。故礼，上事天，下事地，尊先祖而隆君师，是礼之三本也。（《礼论篇》）

"三本"即所谓三祭，这一方面说明儒教祭祀的对象，另方面也说明当祭之故。今即本此二义，略说祭礼的宗教价值。

从祭祀的对象看，儒教所奉祀者有天地，有列祖列宗，有圣贤人物，这是"多"。既是多，通常亦可称为"泛神论"，但儒教的泛神论，与各民族原始宗教意识中所表现之泛神论大异；原始之泛神论，是说宇宙万物，皆可作为崇敬奉祀的对象，这是唯物的；而儒教的泛神论，是人本的。儒教所奉祀的对象，或为德的化身，或为对人世有大功者，故儒教所奉祀对象的"多"，是代表众多的价值。这崇奉众多价值的宗教意识，正表现一开放的心灵，故儒家的祭祀虽不是直接的道德活动，但可通于道德，而助人培养一种博大的情怀。由开放心灵所生的博大情怀，正是中国所以能容许各种宗教存在，而又无大规模的宗教战争之一主要原因。即此一端，在儒教祭礼中所培养的宗教意识，已可有促成人类和平悠久的贡献。

复次，从当祭之故一面看，则儒教中所祭祀的天地为我与万物所依以生之本；所祭的列祖列宗为我生命之本；所祭的圣贤，为我所受人文教化之本。故儒教的祭祀，纯寄于返本报始或崇本报功的一念，而非出于现实的任何需求；祭祀若依于人现实的需求，则祭祀变成满足欲望的手段。儒教中的祭祀因不是依于人之任何需求而立，故祭祀所表现的宗教意识中，可不夹杂功利的动机，而是出于报恩的意识所生之不容已的思慕之情。此乃一精神的活动。在此活动中，即足以引发人之道德情怀，所以曾子说"慎终追远，民德归厚矣"。追远即表现一报恩意识。《乐记》："乐也者，施也；礼也者，报也。"此礼即指祭礼。重报不重求，实是儒教祭礼的一大特色，而其本则基于儒家的人本精神。上文说儒教的泛神论是人本的，也就可以重报一义求之。（附注：此节论"祭礼"，有若干观念系采自唐君毅先生的《宗教信仰与现代中国文化》一文，此文已收入《中国人文精神之发展》一书，读者欲知三祭之奥义，及其与世界各大宗教精神之差异，可径自取唐先生之书研读。）

第六章　荀子与法家

一　荀子的缺陷决定了他与法家的关系

据《史记·韩非传》，韩非与李斯俱尝为荀子的门人，这是最外在说荀子与法家关系的根据。照一般想法，韩非、李斯既尝受业于荀子，则其言行受荀子的影响，乃不待深究即可知者。近人言及荀子与法家的关系，多知韩非变荀子的礼义而尚法术，言辞之间，好像是说韩非的根本观念，即直接由荀子的隆礼义所导致，此亦不加深究之臆说，不足取信。作者对荀子与法家的关系，提出一根本的看法，即荀子与法家的关系，是由于荀子系统的缺陷所引起，与荀子的正面主张无涉。

这里所说的缺陷，不是指理论内部的，而是笼罩他整个系统精神说的。我们知道，隆礼义、知统类，是荀子系统的核心，亦是其理想的根据，其他各部分的思想，莫不以此核心观念为依据。但能隆能知者在心；荀子所识之心为认知心，所隆所知者为礼义之统类，这是荀子系统最基层的架构，荀子的特色在此，荀学的病源亦在此。认知心和礼义之统，既是荀子系统最基层的架构，而礼义属于客观的历史，认知心则表现理智的精神，两者的结合，形成荀学特殊的风貌。但他的系统生育在孔孟的传统中，却遗漏了孔孟儒学中最重要的一点建树：道德主体的彰显，价值意识的自觉。孔子尊王宗周，孟子言王道，皆以仁为本。荀子的礼义之统与认知心相结合，道德主体隐伏不彰，价值意识亦随之僵化。从表面上看，荀子重外王，尚论治道，代表孔孟传统的转进；从根柢上看，却形成严重的脱节现象。这脱节现象使荀子的隆礼义、知统类，变为外在的隆与知。因此，他所构造的系统，若上不在天，下不在田。言其上不在天，是说他超越精神一面的缺乏；言其下不在田，是说价值主体一面的黯淡。此即荀学的病源所在，也就是这里所说的缺陷。

在下文的最后一节中，我们将说明，荀学系统中唯性恶论与法家的韩非直接相关；但性恶论并不代表荀子的中心思想，性恶论只是上述那基层架构所造成的差纽的结果。从认知心一面说，认知心所了解的人性，只限于经验层；因此荀子的人性论，是带有经验性格的人性论。从礼义之统一面说，礼义之效推之极，不但治天，亦且治人，荀子的性恶论即由此两端错综而来。于是人性从仁心中推出去，而形成心性的分裂。这分裂，根源地说，即由于价值意识的僵化所导致，故性恶论正暴露了荀学的缺陷。韩非不明性恶论代表其师说的弊病，反肯定此病，于是任术而严法，遂致肆无忌惮，终于促成秦之大统一，使天下不堪，此虽非荀子有意启之，但荀子不能善解孔孟而立其本，实亦不能透其过。

假如将荀子与法家的问题，就当时的历史推广一点看，荀子与韩非，对战国末年局势的演变，在思想上虽不能辞其咎，但前于此者，以救世为职志的儒、道、墨三家也不得说全无责任。法家的兴盛，并促成暴政的一统之局，实可以说是各家共同的失败。道、墨且不说，单就儒家言，孔子一生的救世理想在尊王宗周，这在春秋时代因大夫擅权而破坏礼制，孔子图恢复旧秩序，重振旧礼制，这理想本是相应的，其所以未能有进一步的想法，是由于历史条件的限制，但孔子栖皇一生，终虽不能实现其理想，但仁义之说，终于奠定了礼乐之基，开辟了中国人文思想的新纪元，彼实已尽其责。到孟子，是儒家思想演进中的一大关键，儒家对后世历史的功过，多半须由孟子看。他对儒家有功，也有过。孟子在儒家中所处的地位，我们敬之深，亦不能不责之切。说他有功是因他善继孔子仁义内在说，而奠定了心性学的初基，儒家人文思想的方向，到此遂确定，心性之学成了儒家的正统。说他有罪是因他不解孔子提出仁义说的契机，是由于礼乐的崩解，为对治当时时代问题，仁义之说所欲完成者，乃是一客观的理想。当然孟子也有王道的理想，这理想却被道德心所吞没，遂对孔子救世的理想，未能就历史新条件的出现加以坚持，加以修正，孟子把得紧的只在心性一面；客观理想一面，则愈来与现实的政局拉得愈远，孔子原初的外王理想，到孟子实已落了空。由于孟子客观理想的不足，影响当时的政局固不小，影响后来的历史尤大。五六百年的宋明理学，出了那样多的新儒家，但总认为孟子的心性学是唯一的正统，说来说去，总跳不出孟子所画的圈子，这是受了孟子的限制。在当时，孟子的政治意识既弱，孔子欲为当时建立一新秩序的理想，自然不能实现。荀子再起，为救孟子之偏而隆礼义、言统类，一往是客观精神，此为孔子原初理想的重振，但历史剧遽的变化，已不允许儒家进程如此之缓。荀子之世，秦已大强，六国败势已定，新统一之局已在望，荀子既不同意亦不参与此新统一的工作，他的理想在时机上亦已落后一着，因而其理想对现实也就不能有任何的效验，只垂空文而已！据《强国篇》荀子答应侯入秦何见之问，可知荀子对已大强的秦国，实亦表露其钦慕之情，其终于不能同意，亦不愿参与此一新统一工作者，依荀子自己所说，乃因其无儒，这表示强秦与儒家的理想是不能相侔的。荀子颇坚持自己的理想，眼见大病已成，大势已去，但犹不能不争一线的生机，其无可奈何的心境可知，此亦荀子之所以为荀子者。李斯、韩非则不然。李斯往秦，本只为一己之功名利禄，已不足取。韩非不知秦之统一趋势，表面上虽似为春秋战国以来变乱之结束，但骨里却正代表时代病毒之达于极致，反肯定此病，并利用师说，助秦为虐，此岂荀子所能逆料？总之，荀子因与法家的纠结，所遭受的责难，荀子本身固有其责，不过，如果我们对当时政局多点了解，则知即使没有荀子，法家仍还是法家，因法家是堕落时代的宠儿，是百家弊端的结晶，儒、道、墨三家既不能挽救此颓势，则法家之兴、秦之统一乃历史之必然。然则秦之统一，与百家之息，又岂是任何一人一家所能负责的？

本书以研究荀子思想为主，本章"荀子与法家"，非两家思想的比较研究，下文只就荀书为根据，点出其与法家（以韩非为主）一些根本观念的异同。

二 荀子与法家不同之一——反君术

荀子与法家的第一点不同，即法家尚君术，荀子主君德而反君术。

世俗之为说者曰：主道利周。是不然。主者，民之唱也；上者，下之仪也。彼将听唱而应，视仪而动。唱默则民无应也，仪隐则下无动也。不应不动，则上下无以相有也。若是则与无上同也，不祥莫大焉。故上者，下之本也，上宣明则下治辨矣，上端诚则下愿悫矣，上公正则下易直矣。治辨则易一，愿悫则易使，易直则易知。易一则强，易使则功，易知则明，是治之所由生也。上周密则下疑玄矣，上幽险则下渐诈矣，上偏曲则下比周矣。疑玄则难一，渐诈则难使，比周则难知。难一则不强，难使则不功，难知则不明，是乱之所由作也。故主道利明不利幽，利宣不利周。故主道明则下安，主道幽则下危。故下安则贵上，下危则贱上。故上易知则下亲上矣，上难知则下畏上矣。下亲上则上安，下畏上则上危。故主道莫恶乎难知，莫危乎使下危己。传曰：恶之者众则危。《书》曰：克明明德。《诗》曰：明明在下。故先王明之，岂特玄之耳哉！（《正论篇》）

此世俗之说，即法家之言。这一段唯在辨明儒家的君德与法家的君术之异。韩非子云："人主之大物，非法则术也。法者，编著之图籍，设之于官府，而布之于百姓者也；术者，藏之于胸中，以偶众端，而潜御群臣者也。故法莫如显，而术不欲见。是以明主言法，则境内卑贱莫不闻知也……用术，则亲爱近习，莫之得闻也。"（《难三篇》）此言人主必兼持法、术，而君术又为用法之根据。法家为害群伦，遗毒万世，不在其尚法，而在其"藏之于胸中"以运法之术，此是法家所以为法家的第一义，故曰"凡术也者，主之所以执也"（《说疑篇》）。胡拙甫（即熊十力）云："韩非之书，千言万语，壹归于任术而严法。虽法术兼持，而究以术为先。术之神变无穷也，揭其宗要，则术不欲见一语尽之矣。《说难篇》曰：'凡术也者，主之所以执也。'此一执字，甚吃紧。执有执持、执藏二义，藏之深，纳须弥于芥子，纳万众视听于剧场之一幕，天下莫逃于其所藏之外，亦眩且困于其所藏之内，而无可自择自动也，是谓执藏。持之坚，可以万变而不离其宗；持之妙，有宗而不妨百变，是谓执持。不了执义，则不知韩非所谓术也。"（《韩非子评论》，《学原》三卷一期）此释法家之术甚谛，胡氏亦以君术之立，为法家之胜义。荀子云"主道利周"，杨注："周，密也。谓隐匿其情，不使下知也。"则"主道利周"，即韩非所说的"君术"。"周密""幽险""偏曲"，乃申言"利周"。"疑玄""渐诈""比周"，"难一""难使""难知"，"不强""不功""不明"诸义，皆极言"周"之不可持，即所以反君术。反君术，而易之以君德。"宣明""端诚""公正"，即言君德。"治辨""愿悫""易直"，"易一""易使""易知"，"易一则强，易使则功，易知则明"诸义，皆言君以德定之大效，亦以见与君术之处处相反，故曰"主道利明不利幽，利宣不利周"。

　　荀子述法家君术"周密""幽险"诸义，言之甚简，兹当略中其说。依韩非，凡为人主者，就必须使心变成一阴森漆黑的深潭，变成一秘密的术府，这深潭、术府，"大不可量，深不可测"（《韩非子·主道篇》），与人君以外的一切人都是隔绝的，不能相知，不能感通；于是在下的人，对人君都是"畏乎如雷霆，神圣不能解"。究其实，那个深潭，那个术府，是以道家的阴智为体，其中一切人文世界、价值世界的内容都没有，只是一团漆黑、昏暗、空虚、混沌，此即法家种种残忍罪恶的根源。故法家之人君本其术府所造作者，必使世界同归于漆黑、昏暗、空虚、混沌与罪恶之泛滥，这是一股彻底摧残光明人性，毁灭人间善种的魔力，此魔力复与纯否定的激情，以及权力欲、生物性的斗争本能相结合，因此他能绝对地肆无忌惮，目空一切。此乃法家君术之用所必致。荀子深明其非，故尚君德而反君术。荀子论君，其义不一，荀子的道德主体亦不彰显，但君以德定一义，却恪守孔孟的传统，盖不重君德，则不足以察君术之非。

三 荀子与法家不同之二——反独

荀子与法家的第二点不同，是法家之君主独，荀子之君主群。主群，故不能不反独。主群、主独之分，由于君德、君术之别。君由德定，则必主群；君由术定，故必主独；此乃相连而生者。在法家，术乃君之体，此君之所以为君者；言独则对应着臣下百姓；故言独，然后能尽其用。韩非子云："用一之道，以名为首。名正物定，名倚物徙。故圣人执一以静，使名自命，令事自定。"（《扬权篇》）同篇又云："事在四方，要在中央；圣人执要，四方来效，虚而待之，彼自以之。""圣人执一以静""圣人执要，虚而待之"，皆言人主之独，独而后能尽"命名定事，四方来效"之用。韩非子又云："不谨其闭，不固其门，虎乃将存。不慎其事，不掩其情，贼乃将生。"（《主道篇》）此言人主不能独之害。然谨其闭，则必不信人；固其门，则必不尚贤；掩其情，则必不爱民。此即法家之君所必至，亦即韩非所以主张"有道之主，远仁义，去智能"之故。荀子之君，处处与此相反，故竭力反独。

> 彼持国者，必不可以独也。然则强固荣辱，在于取相矣。身能相能，如是者王；身不能，知恐惧而求能者，如是者强；身不能，不知恐惧而求能者，安唯便僻左右亲比己者之用，如是者危削，綦之而亡。（《王霸篇》）

法家主独，故反尚贤。荀子则以为人主之强固荣辱，在于取相，取相即尚贤之谓。尚贤则王，不能尚贤则危削而亡——此即主独之害。

> 夫文王非无贵戚也，非无子弟也，非无便嬖也，偶然乃举太公于州人而用之，岂私之也哉！以为亲邪？则周姬姓也，而彼姜姓也。以为故邪？则未尝相识也。以为好丽邪？则夫（彼）人行年七十有二，齫然而齿堕矣。然而用之者，夫文王欲立贵道，欲白贵名，以惠天下，而不可以独也。（《君道篇》）

此以文王为例。文王之用太公，非因其丽，亦非因与其有亲故关系，即言其能尚贤，尚贤则不独，而足以惠天下，言文王不独之利也。

> 然则人主将何以知之？曰：便嬖左右者，人主之所以窥远收众之门户牖向也，不可不早具也。故人主必将有便嬖左右足信者然后可。其知惠足使规物，其端诚足使定物然后可，夫是之谓国具。……故曰：人主不可以独也。卿相辅佐，人主之綦（据俞樾校）杖也，不可不早具也。故人主必将有卿相辅佐足任者然后可，其德音足以填抚百姓，其知虑足以应待万变然后可，夫是之谓国具。……故人主无便嬖左右足信者谓之暗，无卿相辅佐足任者谓之独，所使于四邻诸侯者非其人谓之孤，孤独而晻谓之危。国虽若存，古之人曰亡矣。《诗》曰：济济多士，文王以宁。此之谓也。（《君道篇》）

"人主必将有便嬖左右足信者然后可"，此言人主当信人；"人主必将有卿相辅佐足任者然后可"，此言人主当尚贤；"其德音足以填（镇）

抚百姓"，此言人主当爱民：此荀子所谓群，所谓君也。法家则反是，反是者谓之板，谓之独，谓之孤，孤独而晻谓之危。此段以人主孤独之害与不独之利相对为言，其义尤著，极言人主之不可独也。

　　故正义之臣设，则朝廷不颇；谏争辅拂之人信，则君过不远；爪牙之士施，则仇雠不作；边境之臣处，则疆垂不丧。故明主好同而暗主好独，明主尚贤使能而飨其盛，暗主妒贤畏能而灭其功。罚其忠，赏其贼，夫是之谓至暗，桀纣所以灭也。（《臣道篇》）

此言明主尚贤之义，与前引者无异。荀子反独，只掌握尚贤一义为中心，此可见尚贤与独最相反，则荀子反独，亦即反法家之反尚贤。尚贤一义，为儒家政治思想的主干，此不可不争。此文荀子言"明主好同"，韩非则以为"君不同于群臣"，不同故贵独，此亦有明文为证。"道不同于万物，德不同于阴阳，衡不同于轻重，绳不同于出入，和不同于燥湿，君不同于群臣。凡此六者，道之出也。道无双，故曰一。是故明君贵独道之容。"（《韩非子·扬权篇》）荀子言"暗主好独"，为"桀纣所以灭"之故，亦所以诫秦王乎？

四　荀子与法家不同之三——反权谋

　　荀子与法家的第三点不同，在法家之君统理天下，无往而不是权谋诡诈，荀子则处处反权谋。韩非子云："有国之君，不大其都；有道之臣，不贵其家。有道之君，不贵其臣，贵之富之，备将代之。"（《扬权篇》）人君之于臣，不但不同，而且不贵。虽不同不贵，但当国者却又不能一日无臣，如韩非所说，"为主而无臣，奚国之有"（同上），故不同不贵而又用之。用之之道何由？则必由权诈也。法家由术定君，复以独尽其用，然则君用于事者，实无往而非权诈也。荀子之君由德定，主"主道利明"，故必反权谋诡诈。

> 故用国者，义立而王，信立而霸，权谋立而亡。三者，明主之所谨择也，仁人之所务白也。（《王霸篇》）

> 人君者，隆礼尊贤而王，重法爱民而霸，好利多诈而危，权谋倾覆幽险而亡。（《强国篇》）

> 故与积礼义之君子为之则王，与端诚信全之士为之则霸，与权谋倾覆之人为之则亡。三者，明主之所以谨择也，而仁人之所以务白也。（《王霸篇》）

荀子尊王而不轻霸，故曰"义立而王，信立而霸"。三则引文皆言"权谋立而亡"，此可表示霸绝不同于权谋。荀子所以不如孟子之非霸，盖因一文化理想要落实下来，对当时的政局演变，起一主导作用，不能没有一实力据点，霸者正代表此种实力据点，故不轻霸非霸，但对权谋则断然拒绝。如果通过权谋而一天下，则荀子亦不屑为。此所以虽与孟子有异，而终不同法家也。

> 挈国以呼功利，不务张其义，齐其信，唯利之求。内则不惮诈其民而求小利焉，外则不惮诈其与而求大利焉，内不修正其所以有，然常欲人之有，如是，则臣下百姓莫不以诈心待其上矣。上诈其下，下诈其上，则是上下析也，如是，则敌国轻

之，与国疑之，权谋日行而国不免危削，綦之而亡，齐闵、薛公是也。故用强齐，非以修礼义也，非以本政教也，非以一天下也，绵绵常以结引驰外为务。故强，南足以破楚，西足以诎秦，北足以败燕，中足以举宋。及以燕赵起而攻之，若振槁然，而身死国亡，为天下大戮，后世言恶则必稽焉。是无它故焉，唯其不由礼义而由权谋也。（《王霸篇》）

此以齐闵王为例，虽尝一时强盛，然因其由权谋，故终不能免于"身死国亡"的结局。此虽就历史说，但无异为强秦之必亡作一预言。

汤武者，循其道，行其义，兴天下同利，除天下同害，天下归之。……无它故焉，道德诚明，利泽诚厚也。乱世不然，污漫突盗以先之，权谋倾覆以示之，俳优侏儒妇女之请谒以悖之，使愚诏知，使不肖临贤，生民则致贫隘，使民则綦劳苦，是故百姓贱之如佁，恶之如鬼。（《王霸篇》）

合符节、别契券者，所以为信也；上好权谋，则臣下百吏诞诈之人乘是而后欺。探筹、投钩者，所以为公也；上好曲私，则臣下百吏乘是而后偏。衡石、称县者，所以为平也；上好倾覆，则臣下百吏乘是而后险。斗、斛、敦、概者，所以为啧也；上好贪利，则臣下百吏乘是而后丰取刻与，以无度取民。（《君道篇》）

前一则以汤武之治与战国之乱对言，亦权谋与非权谋之对照。"乱世不然"以下，正是述秦。后一则是盛言权谋倾覆为害之烈。

　　凡人之动也，为赏庆为之，则见害伤焉止矣。故赏庆、刑罚、势诈不足以尽人之力，致人之死。为人主上者也，其所以接下之百姓者，无礼义忠信，焉虑率用赏庆、刑罚、势诈，险（从王念孙校）隘其下，获其功用而已矣。大寇则至，使之持危城则必畔，遇敌处战则必北，劳苦烦辱则必犇，霍然离耳，下反制其上。故赏庆、刑罚、势诈之为道者，佣徒鬻卖之道也，不足以合大众，美国家，故古之人羞而不道也。故厚德音以先之，明礼义以道之，致忠信以爱之，尚贤使能以次之，爵服庆赏以申之。（《议兵篇》）

此言人主用赏罚，如只是因人之好赏恶罚之情，则赏罚是不足恃的。同时，赏罚之行，如只是因人自然之好恶，而不本于价值标准，则赏罚本身即代表一种权谋，故荀子以"赏庆刑罚势诈"连言，而一体非之。韩非子则不然，他说："凡治天下，必因人情。人情者有好恶，故赏罚可用，赏罚可用，则禁令可立，而治道具矣。君执柄以处势，故令行禁止。"（《八经篇》）又说："明主之所导制其臣者，二柄而已矣。二柄者，刑、德也。何谓刑、德？曰：杀戮之谓刑，庆赏之谓德。为人臣者，畏诛罚而利庆赏，故人主自用其刑德，则群臣畏其威而归其利矣。"（《二柄篇》）"人情者有好恶，故赏罚可用"，即以人之好赏恶罚之情，为行赏罚的根据。赏罚是人主导制臣下的二柄，"君执柄以处势，故令行禁止"，赏罚不表现是非，而只是奴役臣下之术，故赏罚之行，即人主权谋之用。韩非之说，完全建立在一个假定上，即假定人性除好赏恶罚之情外，再没有其他成分，这是荒谬的。荀子也了解人有好赏恶罚之情，如"凡人之动也，为赏庆为之"，可是荀子更了解，当面临大敌时，人却不能因恶罚之情而不恐惧败退，这就证明徒赏罚，实"不足以尽人之力，致人之死"。盖赏罚本身并不能予人以不畏死的勇气。徒赏罚之不足恃，即无异言仅恃权谋之必败。故荀子就赏庆刑罚势诈，一律斥之为"佣徒鬻卖之道也"。

五　荀子与法家不同之四——非秦

秦国的强盛，始基于商君的变法，至李斯为相，遂竟其兼并之功。是秦之强，实以法家为其思想的根据。由荀子论秦非秦之语，亦足以见其与法家之异。荀子论秦语共四见，兹引三则（《议兵篇》二则，《强国篇》一则，余一则亦见《强国篇》，文繁意泛，不录）。其一：

> 应侯问孙卿子曰：入秦何见？孙卿子曰：其固塞险，形势便，山林川谷美，天材之利多，是形胜也。入境，观其风俗，其百姓朴，其声乐不流污，其服不挑，甚畏有司而顺，古之民也。及都邑官府，其百吏肃然，莫不恭俭、敦敬、忠信而不楛，古之吏也。入其国，观其士大夫，出于其门，入于公门，出于公门，归于其家，无有私事也，不比周，不朋党，偶然莫不明通而公也，古之士大夫也。观其朝廷，其间听决百事不留，恬然如无治者，古之朝也。故四世有胜，非幸也，数也。是所见也。故曰：佚而治，约而详，不烦而功，治之至也。秦类之矣。虽然，则有其諰矣。兼是数具者而尽有之，然而县之以王者之功名，则倜倜然其不及远矣。是何也？则其殆无儒邪？故曰：粹而王，驳而霸，无一焉而亡。此亦秦之所短也。（《强国篇》）

杨注："应侯，秦相范雎，封于应也。"荀子去秦国游历，答应侯问，是处于客人的地位，即是秦国一无是处，话也不宜说得太露骨，何况秦的确强盛，从表面看，也自有其一股新精神。所以前面一大段话，实不免流露其钦羡之情，但也带点外交辞令，所谓"古之民""古之吏""古之大夫""古之朝"，"古"究何指？所谓"佚而治，约而详，不烦而功，治之至也"，衡之下文"亦秦之所短"之语，此为言不由衷的外交辞令甚明。秦虽强大，但致强的根据，却不能无缺，所以话头一转，就说若用"王者之功名"作标准来衡断，秦国则不及远甚。为什么？荀子的答复是因其"无儒"，无儒即言其无真正的文化理想，亦不能肯定人文的价值。"粹而王，驳而霸"，粹指全用儒道，驳是杂用儒道；全用儒道者王，杂用儒道者霸。"无儒"，表示秦一点点儒道的成分也没有。"无一焉而亡"，即无异预言反人文的秦之必亡。其二：

> 李斯问孙卿子曰：秦四世有胜，兵强海内，威行诸侯，非以仁义为之也，以便从事而已。孙卿子曰：非女所知也。女所谓便者，不便之便也；吾所谓仁义者，大便之便也。彼仁义者，所以修政者也，政修则民亲其上，乐其君，而轻为之死，故曰：凡在于军，将率末事也。秦四世有胜，諰諰然常恐天下之一合而轧己也，此所谓末世之兵，未有本统也。故汤之放桀也，非其逐之鸣条之时也；武王之诛纣也，非以甲子之朝而后胜之也。皆前行素修也，此所谓仁义之兵也。今女不求之于本而索之于末，此世之所以乱也。（《议兵篇》）

李斯以为秦四世有胜，兵强海内，威行诸侯，并非由仁义而至。照李斯的意思，可涵：专讲仁义的儒家，并非致强之道。而荀子之世，群雄共同的要求在富强，李斯即因把握此一时代之心理，而以为"此布衣驰骛之时，而游说者之秋"。致富强既成为时代共同的课题，荀子当然也不能不措心于此，但荀子作《富国》《强国》之篇，富强必有其道，不愿像秦之"未有本统"。秦之强盛，未有本统，即言不以仁义为本。此亦足以别荀子与法家对富强所持态度的不同。其三：

> 秦人，其生民也陿阸，其使民也酷烈，劫之以势，隐之以阸，忸之以庆赏，鳅之以刑罚，使天下之民所以要利于上者，非斗无由也。阸而用之，得而后功之，功赏相长也，五甲首而隶五家，是最为众强长久，多地以正。故四世有胜，非幸也，数也。故齐之技击，不可以遇魏氏之武卒；魏氏之武卒，不可以遇秦之锐士；秦之锐士，不可以当桓文之节制；桓文之节制，不可以敌汤武之仁义，有遇之者，若以焦熬投石焉。（《议兵篇》）

此亦言秦所以强，以及在群雄中所以无敌之故，但荀子终不以此为止足。"秦之锐士，不可以当桓文之节制"，即表示秦虽强，然仍不得跻于霸者之列，故荀子有非秦之议，言之再三，终不以秦之强为是也。汤武之仁义虽不必为历史之事实，但足以见荀子非秦所持之标准。荀子绝不因一时之功名而牵就现实，亦绝不因理想之不能实现，遂降格以求，此儒者之无用处，亦儒者之卓越处。

六　荀书中足以导致法家之言论摘要

下文所录言论，都是《荀子》书中最易引起误解的。这些话如果对荀子的基本思路缺乏理解，对荀学系统观念的总趋向把握不住，而只是孤离地看这些片段，则都是足以导致法家的。但如能一一纳入荀子系统中，由全体来决定部分，这些误解便不致发生。

> 君子位尊而志恭，心小而道大，所听视者近，而所闻见者远，是何邪？则操术然也。故千人万人之情，一人之情是也。（《不苟篇》）

案：此处所言"操术"，所言"千人万人之情，一人之情是也"，如不与下文"推礼义之统……五寸之矩，尽天下之方也。……则操术然也"等句合起来看，即足以衍为法家极权专制之说。

> 相形不如论心，论心不如择术。形不胜心，心不胜术。术正而心顺之，则形相虽恶而心术善，无害为君子也。（《非相篇》）

案："论心不如择术""心不胜术"等语，若孤离地看，即可附会为法家任术之语。

> 持宠处位终身，不厌之术。主尊贵之，则恭敬而僔；主信爱之，则谨慎而嗛；主专任之，则拘守而详；主安近之，则慎比而不邪；主疏远之，则全一而不倍；主损绌之，则恐惧而不怨。贵而不为夸，信而不处谦（嫌），任重而不敢专，财利至则善而不及也，必将尽辞让之义然后受。福事至则和而理，祸事至则静而理。富则施广，贫则用节，可贵可贱也，可富可贫也，可杀而不可使为奸也。……是持宠处位终身不厌之术也。（《仲尼篇》）

案：对这一段话，如果不了解荀子所以尊君之道，则君尊臣卑之说，这不就等于拥护极权专制了？

> 礼者，所以正身也；师者，所以正礼也。无礼，何以正身？无师，吾安知礼之为是也？礼然而然，则是情安礼也；师云而云，则是知若师也。情安礼，知若师，则是圣人也。故非礼，是无法也；非师，是无师也。不是师法而好自用，譬之是犹以盲辨色，以聋辨声也，舍乱妄无为也。故学也者，礼法也。夫师以身为正仪，而贵自安者也。《诗》云：不识不知，顺帝之则。此之谓也。（《修身篇》）

案：此处"不是师法而好自用"等隆师法之语，若不解荀子所师者为圣人，所法者为礼义，就很容易使人联想到韩非"以吏为师，以法为教"之说。荀子与法家同"隆师法"，而所以隆之故，则大异。

> 偷儒惮事，无廉耻而耆饮食，必曰君子固不用力，是子游氏之贱儒也。（《非十二子篇》）

> 虑以王命全其力，凝其德。力全，则诸侯不能弱也；德凝，则诸侯不能削也。天下无王霸主，则常胜矣。是知强道者也。（《王制篇》）

案：凡重外王者必尚力，此二则即代表荀子尚力之说。"力"一观念在法家尤其重要，韩非子云："古人亟于德，中世逐于智，当今争于力。"（《八说篇》）故主张"去偃王之仁，息子贡之智，循徐鲁之力"。

荀子尚力，但不舍德，故"全其力，凝其德"连言。韩非尚力，则主去仁息智，是所尚之力，即一寡头之暴力。不辨者遂谓韩非尚力，亦由荀子所启矣。

> 由士以上，则必以礼乐节之；众庶百姓，则必以法数制之。（《富国篇》）

案：此言与"礼不下庶人，刑不上大夫"义同，本周代阶级社会中礼制之遗。就荀书言，实与"虽王公士大夫之子孙也，不能属于礼义，则归之庶人。虽庶人之子孙也，积文学，正身行，能属于礼义，则归之于卿相士大夫"（《王制篇》）之平等原则相悖。若略去上句，则"众庶百姓，必以法数制之"，即无异法家之言。

> 至道大形：隆礼至法，则国有常；尚贤使能，则民知方……兼听齐明而百事不留。如是，则臣下百吏，至于庶人，莫不修己而后敢安正，诚能而后敢受职，百姓易俗，小人变心，奸怪之属，莫不反悫。夫是之谓政教之极。故天子不视而见，不听而聪，不虑而知，不动而功，块然独坐而天下从之如一体，如四肢之从心。夫是之谓大形。《诗》曰：温温恭人，维德之基。此之谓也。（《君道篇》）

案："块然独坐而天下从之如一体"等语，若孤离地看，正是法家任术之说。

> 君者，国之隆也；父者，家之隆也。隆一而治，二而乱。

自古及今，未有二隆争重而能长久者。(《致士篇》)

案：此言不仅可曲解为法家极权之说，亦可曲解为汉时三纲说的先声。

上莫不致爱其下，而制之以礼。上之于下，如保赤子。……
故下之亲上，欢如父母，可杀而不可使不顺。君臣上下，贵贱
长幼，至于庶人，莫不以是为隆正。然后皆内自省，以谨于分。
是百王之所同也，而礼法之枢要也。(《王霸篇》)

案："可杀而不可使不顺"一语，若单提起看，与法家严法何异？
　　综上所引，可知荀书中有许多话，若是断章取义，确可与法家
相附会，但若善解上下文，则实又不然。

七　荀子性恶论与韩非

荀子系统中只有性恶论比较与韩非的思想有点直接的关系。荀
子由人的动物性一面把握性，在当时确代表一种创见。在荀子系统
中，性恶之说，只是由礼义的实效问题逼出，以极成其"天生人
成"的原则。一转手到韩非，他不能了解师说的正面价值，更不了
解性恶论正显露师说的大病，反而肯定此病，并将性恶孤离起来，
扩大应用，即无异肯定了人类普遍的私利心，并即以代表人性的全
部内部，这绝非荀子始料所及。我们并不讳言荀子所说的性，与韩
非所肯定者的确在同一层面上，但亦不能说，荀子性论即等于韩非
的性论。这一点，不论研究荀子或韩非思想的人，是不能不加以分
辨的。

荀子性论有二层意思，一层是指出人的性同于动物性。

> 若夫目好色，耳好声，口好味，心好利，骨体肤理，好愉
> 佚，是皆生于人之情性者也；感而自然，不待事而后生之者也。
> （《性恶篇》）

> 今人之性，饥而欲饱，寒而欲暖，劳而欲休，此人之情性
> 也。（同上）

此即由人生物生理的本能言性，亦即人同于禽兽的自然之性。自然
之性尚无所谓恶，说性恶还须进一层。

> 人之性恶，其善者伪也。今人之性，生而有好利焉，顺是，
> 故争夺生而辞让亡焉；生而有疾恶焉，顺是，故残贼生而忠信
> 亡焉；生而有耳目之欲，有好声色焉，顺是，故淫乱生而礼义
> 文理亡焉。然则从人之性，顺人之情，必出于争夺，合于犯分
> 乱理而归于暴。故必将有师法之化，礼义之道，然后出于辞让，
> 合于文理，而归于治。用此观之，然则人之性恶明矣，其善者
> 伪也。（《性恶篇》）

此荀子性恶之说。"今人之性，生而有好利焉……而有疾恶焉……生
而有耳目之欲"，仍属自然之性。"顺是，故争夺生而辞让亡焉……
顺是，故残贼生而忠信亡焉……顺是，故淫乱生而礼义文理亡焉"，
这说明人性之所以为恶，关键在放纵自然之性而不知节，"顺是"，
即顺性之所需而无节之谓。"从（读纵）人之性，顺人之情，必出于

争夺，合于犯分乱理而归于暴"，是说人如果放纵其动物性本能，则人性流于恶是必然的。本此，可知荀子说性恶，在理论上尚有一定的限制。假如人能不放纵其自然之性，则性即不得谓恶，此义当为荀子性恶论所涵。可是到韩非，就将这二层混同了，即就人普遍的自然之性，而肯定人有普遍的私利心。兹引其书为证。

> 人主之患，在于信人，信人则制于人。人臣之于其君，非有骨肉之亲也，缚于势而不得不事也。故为人臣者，窥觇其君心也，无须臾之休，而人主怠傲处其上，此世所以有劫君弑主也。为人主而大信其子，则奸臣得乘于子以成其私，故李兑傅赵王而饿主父。为人主而大信其妻，则奸臣得乘于妻以成其私，故优施傅丽姬杀申生而立奚齐。夫以妻之近与子之亲而犹不可信，则其余无可信者矣。且万乘之主，千乘之君，后妃夫人适子为太子者，或有欲其君之蚤死者，何以知其然？夫妻者，非有骨肉之恩也，爱则亲，不爱则疏。语曰：其母好者，其子抱。然则其为之反也，其母恶者，其子释。丈夫年五十而好色未解也，妇人年三十而美色衰矣。以衰美之妇人事好色之丈夫，则身疑见疏贱，而子疑不为后，此后妃夫人之所以冀其君之死者也。唯母为后而子为主，则令无不行，禁无不止，男女之乐不减于先君，而擅万乘不疑，此鸩毒扼昧之所以用也。故桃左春秋曰：人主之疾死者，不能处半。人主弗知，则乱多资，故曰：利君死者众，则人主危。故王良爱马，越王勾践爱人，为战与驰。医善吮人之伤，含人之血，非骨肉之亲也，利所加也。故舆人成舆，则欲人之富贵；匠人成棺，则欲人之夭死也。非舆人仁而匠人贼也，人不贵则舆不售，人不死则棺不买。情非憎

人也，利在人之死也。故后妃夫人太子之党成，而欲君之死也，君不死，则势不重。情非憎君也，利在君之死也。故人主不可以不加心于利己死者。(《备内篇》)

又《六反篇》：

> 且父母之于子也，产男则相贺，产女则杀之，此俱出父母之怀衽，然男子受贺，女子杀之者，虑其后便，计之长利也。故父母之于子也，犹用计算之心以相待也，而况无父子之泽乎？

又《外储说左上》：

> 人为婴儿也，父母养之简，子长而怨；子盛壮成人，其供养薄，父母怒而诮之。子父至亲也，而或谯或怨者，皆挟相为而不周于为己也。夫卖庸而播耕者，主人费家而美食，调布而求易钱者，非爱庸客也。曰：如是耕者且深，耨者熟耘也。庸客致力而疾耘耕者，尽巧而正畦陌畦者，非爱主人也。曰：如是羹且美，钱布且易云也。此其养功力，有父子之泽矣，而心调于用者，皆挟自为心也。故人行事施予，以利之为心，则越人易和；以害之为心，则父子离且怨。

这一切话，都在说明人之普遍的私利心。人与人之间的关系，甚至亲如父子、爱如夫妻之间的关系，也都建立在私利心上，这就是人性皆恶之义了。这当然不是荀子性恶论的本意。荀子之性是被治与待化者，则人虽易放纵其情欲而流于恶，但经礼义之治与师法之化，终尚有克服的可能。止于荀子之说，虽对人性本身无积极的建树，但对治道亦不致有多大毒害。转到韩非意义全变了，他既不承认任何人文价值，又复视人之相与皆出于私利心。不仅不把人的私利之性看作被治与待化者，且利用它作为任术严法所以必须的根据，则人心焉得不死。这种思想运用于现实政治，焉得不刍狗生灵，大败天下之民？

第七章　荀子《非十二子篇》疏解

一　关于《非十二子篇》篇名的争论

所谓《非十二子篇》篇名的争论，即荀子所非者是十二子？抑是十子？这问题本身没有多大意义，但过去既有不同的看法，就不妨提出来作一解答，以释初学者之疑。

这问题的引起，当溯源于《韩诗外传》。《外传》卷四：

> 夫当世之愚，饰邪说，文奸言，以乱天下，欺惑众愚，使混然不知是非治乱之所存者，即范雎、魏牟、田文、庄周、慎到、田骈、墨翟、宋钘、邓析、惠施之徒也。此十子者，皆顺非而泽，闻见杂博，然而不师上古，不法先王，按往旧造说，务而自功，道无所遇，二人相从，故曰十子者之工说，说皆不足合大道，美风俗，治纲纪，然其持之各有故，言之皆有理，足以欺惑众愚，交乱朴鄙，即是十子之罪也。

以《韩诗》之文与《荀子·非十二子篇》首段之文比较，首应注意者：（1）荀子所非十二子为：它嚣、魏牟、陈仲、史鳍、墨翟、宋钘、慎到、田骈、惠施、邓析、子思、孟子。《韩诗》除少子思、孟子外，复以范睢、田文、庄周易它嚣、陈仲、史鳍。（2）从文句上比较，《荀子·非十二子篇》首段，除"谓之五行"一句中"五行"一词外，其他无不可解者。而《韩诗》中有些句子显是据荀书改写，有些则是《韩诗》增加的，在所增的句子中，如"务而自功，道无所遇，二人相从"，如"交乱朴鄙"，义殊难解。（3）"按往旧造说"一句，在荀子是以评子思、孟子的，《韩诗》则移作对十子之总评。《荀子》中只评子思、孟子有"略法先王而不知其统"句，《韩诗》则以"闻见杂博，不法先王"为对十子之总评。（4）既以"按往旧造说"为十子之罪，又以"不师上古"为十子之罪，岂不矛盾？且荀子以"道过三代谓之荡"，岂可复以"不师上古"为十子之罪状？很显然，"不师上古"句，只是《韩诗》的作者由"法先王"一义的联想，并非有本于《荀子》。根据这几点，今试作下列之推断：（1）汉人著书，有杂抄或改写先秦文之习，如《史记·礼书》《乐书》之杂抄与改写《荀子》的《礼论》和《乐论》，又如《大戴记·劝学》是杂抄《荀子·劝学篇》，《小戴·乐记》有一部分是杂抄《荀子·乐论》，《小戴·三年问》《大戴·礼三本》，是杂抄《荀子·礼论》。《韩诗》杂抄或改写荀书者有五十三条之多，可见这是汉人著书的风气。（2）在汉时，古书仍多用竹简，引证多凭传抄或记忆，往往只记得文意的大概，而忘其所本；有的根本就是用古人的意思做自己的文章，对原书是毫不负责的，其著作体例，在非编非著、亦编亦著之间。《韩诗外传》就正是属于这一类的著作，韩婴或者根本不知道这些话是荀子的，或是知道而只凭记忆取其文意大概，复傅以己意，就算是自己的文字了。（3）《韩诗》除少子思、孟子外，所提到的十子之中，也有三子与荀书不合，后人对《韩诗》不录子思、孟子，提出了意见（见下文），而对另三子之不合则无所说，我以为这正是《韩诗》之文有出于作者的私意，而非全本于《荀子》旧文的证明。且荀书对名家批评的言论，是《非十二子篇》最重要的部分，而《韩诗》竟一句未录，这怎么能说是荀子的旧文？既非旧文，如何能据以订正荀书？

据上文的四点比较、三点推断，可知关于《非十二子篇》篇名的争议是不该发生的，因两者之间根本上就没有定然的关系。但问题毕竟是产生了，最早图据《韩诗外传》来订正荀书的，是宋人王应麟的《困学纪闻》。

> 荀卿《非十二子》，《韩诗外传》四引之，止云十子，而无子思、孟子。愚谓荀卿非子思、孟子，盖其门人如韩非、李斯之流，托其师说，以毁圣贤，当以《韩诗》为正。

王先谦《荀子集解》，《非十二子篇》题下引卢文弨云："《韩诗外传》止十子，无子思、孟子，此乃并非之，疑出韩非、李斯所附益。"卢说明是本于《困学纪闻》，不知王说乃属悬测，毫无根据者。倘若王说是真，就必须回答下列的问题：依王说，他是直接肯定《韩诗外传》之文，乃引自《荀子·非十二子篇》；但依我们上文之比较，所引之文，何以与原文有如此大的出入？此其一。王氏以为荀卿非子思、孟子，乃韩非、李斯之流托其师说，以毁圣贤，这无异是说，《荀子》中的《非十二子篇》，曾经经过韩非、李斯之流的删改，证据在哪里？"韩非、李斯之流"也嫌含混，究竟是韩非还是李斯？

或是两人合为？证据在哪里？此其二。假如韩、李曾删改过，那么韩婴所见当已是删改本，何以当时及后世均无一人提及此事？又何以所引和删改本又不同？此其三。这三个问题如不能回答，王说即不可信。近人金德建（原作"王謇骞"。下述文章载于《古籍丛考》，金德建著，中华书局一九四一年初版。初版封面由王謇骞题签，署"王謇骞嵩"，或即由此致误。——编者注）曾有《〈荀子·非十二子篇〉与〈韩诗外传〉卷四非十子节之比较》一文，似即针对王说加以辨正。他提出两点：

> 一、扬子《法言·君子篇》云："或曰：孙卿非数家之书，侻也；至于子思孟子，诡哉。"知扬雄所见《荀子》书中，已有非及子思孟轲之语，则《韩诗》之文，知亦确系袭取《荀子》；于思孟不复非议，自必又以意删节甚明。二、汉初思孟之学，本不同于百家之渐趋衰微。当文帝时，孟子之学，曾立博士（见赵歧《孟子题辞》），文帝又使博士诸生纂集王制，所述制度，亦以采据孟子之说为多。可征孟子之学，其时极盛，方为博士辈所崇尚。则韩婴既为文帝博士之一，安得反加以非毁乎？故举荀卿非子思孟轲语，遂摒而不录矣。（见金著《古籍丛考》）

案：《韩诗》之文袭取《荀子》，自不待以扬子《法言》为据，然后能证明。说《韩诗》"于思孟不复非议，自必又以意删节甚明"，未明说其理由，所以金德建第一说，是很空洞的。第二说可视为《困学纪闻》的一种驳论，但也只能说是提出了一种比较可信的看法，并没有确凿的证据。因此驳论的基础，是很脆弱的。我们以为前文的四点比较和三点推断，才是符合金德建一文的题意的。至于王应麟的说法，如果对我们提的问题不能答复，他的话就不可置信。

避开考证问题不谈，就《荀子》原书，我们也可以提出一点证据，证明《困学纪闻》所说是不可信的。王应麟这段话，显是根据他个人的一个信念，这信念是：荀子不当（或不会）非议子思、孟子。由于这一信念，然后才造出这段话。但王氏不知道这信念据荀子最可靠的《性恶篇》中之言，就可以把它推翻。盖若王氏必谓荀子于《非十二子篇》非思孟之说为其徒所伪托，则荀子于《性恶篇》中一再非孟子性善之言，又当何说？岂《性恶篇》非孟子性善之说，亦《韩诗》所谓李斯之流，托其师说，以毁圣贤者耶？然则王说之不可信，明甚。

顺便说一说本章取材的范围。本书之研究，以《荀子》全书为对象，故本章之疏解，不以《非十二子篇》为限，凡他篇中有关十二子评论之语，可用者将尽量采取，以彰其说。在现存《荀子》书中，除《非十二子篇》所非十二子外，《天论篇》尝评及老子，《解蔽篇》尝评及庄子、申子，本书在“认知心及其表现”一章中，对庄子、申子已随文加以疏导，故本章仍以十二子为主。

二　评它嚣、魏牟

　　纵情性，安恣睢，禽兽行，不足以合文通治；然而其持之有故，其言之成理，足以欺惑愚众，是它嚣、魏牟也。

它嚣的事迹，今已不可考。秦以前论及诸子之学者，有《庄子·天下篇》《尸子·广泽篇》《韩非子·显学篇》《吕氏春秋·不二篇》，无一提及它嚣其人其事者。

魏牟，据钱穆《先秦诸子系年·魏牟考》，与公孙龙同时，后于庄周，证据是："《列子·仲尼篇》云：'中山公子牟者，魏国之贤公子也，悦赵人公孙龙，乐正子舆之徒笑之，公子牟为公孙龙释七辨。'此为牟与龙同时之证。"但与《汉书·艺文志》所说不合。《汉志》道家有《公子牟》四篇，班固说："魏之公子也，先庄子，庄子称之。"钱氏《魏牟考》驳之云："《庄子·秋水篇》载公子牟称庄子之言以析公孙龙，龙既后于庄子，牟与龙同时，其年辈亦较庄后明甚。《秋水》所记，亦谓牟之称庄，非谓庄称牟也，班说自误。"案：钱说甚是。

既明魏牟的年辈，次当略说其行谊。古籍中对魏牟的记载，足以见其为人者有二。

（1）《庄子·让王篇》："中山公子牟谓瞻子（《吕氏春秋·审为篇》作"詹子"）曰：'身在江湖之上，心居乎魏阙之下，奈何？'瞻子曰：'重生，重生则轻利。'中山公子牟曰：'虽知之，犹不能自胜也。'瞻子曰：'不能自胜则纵之，纵之（今本《庄子》及《吕氏春秋》皆脱"纵之"二字，今据《淮南·道应篇》补），神无恶（《淮南》"恶"作"怨"）乎？不能自胜而强不纵者，此之谓重伤，重伤之人无寿类矣。'"又云："魏牟，万乘之公子也，其隐岩穴也，难为于布衣之士，虽为至乎道，可谓有其意矣。"

（2）《战国策·赵策》："平原君谓平阳君曰：'公子牟游于秦，且东，而辞应侯。应侯曰："公子将行矣，独无以教之乎？"曰："且微君之命命之也，臣固且有效于君。夫贵不与富期而富至，富不与粱肉期而粱肉至，粱肉不与骄奢期而骄奢至，骄奢不与死亡期而死亡至，前世坐此者多矣！"'"

案：《庄子·让王篇》之文，与《吕氏春秋·审为篇》文同，《吕氏春秋》高诱注："魏公子也，作书四篇，魏伐得中山，以邑子牟，因曰中山公子牟也。"公子牟封于中山说，同见于张堪《列子注》、司马彪《庄子注》、杨倞《荀子注》。

魏牟，《艺文志》列为道家，衡之于上引各文，颇近似。《赵策》公子牟之语，认为有贵即有富，富至粱肉至，粱肉至则骄奢至，骄奢之极则死亡至，盖言富贵不可恃，纵欲则必自亡也。此义与道家言不悖，且与"其隐岩穴"之事正相一致。钱氏《魏牟考》断公子牟为墨徒："公子牟与公孙龙交好，而笃信其说。龙为墨徒，则牟亦墨徒，其所好皆墨徒也。"此断盖依据上引《列子·仲尼篇》之语。但《仲尼篇》"悦赵人公孙龙"一语，只足以说明公子牟和公孙龙的"交好"，"乐正子舆之徒笑之，公子牟为公孙龙释七辨"之语也只足以说明公子牟好其说，不足以证明"笃信其说"。若公子牟果笃信其说，则其所信与其行谊不相侔。故我仍信公子牟属道家之说，但亦不以钱说全无理，因人虽宗于一家之说，但不可谓除其所宗者即无其他志趣；公子牟与公孙龙善，是其所好，但真正向往的，仍是道家不谋富贵的隐逸生活。

不过，向往是一回事，实际的行为可是另一回事。魏牟是一个亡国公子（见《战国策·魏策》），中山亡后，眼前的一切富贵名利被夺之而去，由于现实环境的逼迫，于是他想做一个道家；他以万乘公子的身份，果然去过着"隐居岩穴，难为于布衣之士"的刻苦生活。可是，"身在江海，心居乎魏阙之下，奈何"？这无可奈何的心情，表示他的形躯是离开现实了，但他的内心却不能淡忘过去的富贵名利；不能忘则与他所向往者遂交织成内在的矛盾，"奈何"即正显示这矛盾。因此，公子牟虽向应侯宣说了一番大道理，认为富贵不可恃，可是落在他自己身上，仍是"虽知之，犹不能胜也"。他向詹子说的话都十分真切，涵有许多人生的甘苦体验；当公子牟的心境陷于难拔的痛苦时，詹子的劝导是："不能自胜则纵之……不能自胜而强不纵者，此之谓重伤，重伤之人无寿类矣。"这话也是真切的。道家宗旨，本重养生，养生之道，在培育旷达的胸怀，做到对现实的富贵名利真正无所系念。此之谓"自胜"。今公子牟既不克自胜，如仍勉强过超世的生活，则必至重伤而后已；所以詹子劝他"纵之"，这是要他把心放宽些，不必过分勉强压制，使生理方面的欲望得到些满足，这样才能继续维持隐逸的生活，而不致重伤。可是纵之而不流于放诞，也是极不容易的，何况魏牟本是万乘公子，以往奢靡生活残留在意识中所起的作用必很大，因此一放终不可收拾，这是千万学道家而又不逮者难以避免的人生悲剧，公子牟只代表一个例子。

　　假如以上的解说无大误，则荀子评公子牟"纵情性，安恣睢，禽兽行"，话语虽嫌重了些，但也很接近事实。"纵情性"，即放纵情欲之意；"安恣睢"，以放纵骄矜自是也。此皆顺物欲之机势而动，故荀子斥之为"禽兽行"。"不足以合文通治"，言不足以合于礼文，通于治道也。钱氏《魏牟考》引《中山策》云："主父欲伐中山，使李疵观之。李疵曰：'可伐也，中山之君所倾盖舆车而朝穷闾隘巷之士者七十家。'主父曰：'是贤君也。'李疵曰：'不然。举士则民务名不存本，朝贤则耕者惰而战士懦，若此不亡者，未之有也。'"钱案："此与《列子》书言子牟好与贤人游，不恤国事，正合。"则荀子评其"不足以合文通治"，是确有所指的。荀子所以把公子牟列入十二子中，看他的评语，可能不是因为他代表哪一家，主要还是因魏牟是一个名重当世的贵公子，他的言行，"欺惑愚众"的影响很大，所以才拉进来加以抨击。

三　评陈仲、史鳝

忍情性，綦谿利跂，苟以分异人为高，不足以合大众，明大分；然而其持之有故，其言之成理，足以欺惑愚众，是陈仲、史鳝也。

杨倞注："陈仲，齐人，处於陵，不食兄禄，辞富贵，为人灌园，号曰於陵仲子。"注文除"为人灌园"一句外，余皆本之《孟子》。"为人灌园"句本于《史记·邹阳传》："於陵子仲子，辞三公，为人灌园。"《史记》文"子仲"当由"仲子"误倒。关于陈仲之行谊，以《孟子》所载为最详："匡章曰：'陈仲子岂不诚廉士哉？居於陵，三日不食，耳无闻，目无见也。井上有李，螬食实者过半矣，匍匐往将食之，三咽，然后耳有闻，目有见。'孟子曰：'于齐国之士，吾必以仲子为巨擘焉；虽然，仲子恶能廉？充仲子之操，则蚓而后可者也。……'曰：'是何伤哉，彼身织屦，妻辟纑，以易之也。'曰：'仲子，齐之世家也。兄戴，盖禄万钟，以兄之禄为不义之禄，而不食也；以兄之室为不义之室，而不居也；辟兄离母，处于於陵。他日归，则有馈其兄生鹅者，己频顣曰："恶用是鶂鶂者为哉？"他日，其母杀是鹅也，与之食之。其兄自外至，曰："是鶂鶂之肉也。"出而哇。以母则不食，以妻则食之；以兄之室则弗居，以於陵则居之，是尚为能充其类也乎？若仲子者，蚓而后充其操者也。'"（《滕文公下》）此外《淮南子》亦载其事："陈仲立节抗行，不入污君之朝，不食乱世之食，遂饿而死。"（《泛论训》）

古籍对陈仲的记载，大体是一致的，不如魏牟之多曲折。盖陈

仲自始就是一个轻富贵傲王侯的隐士；他是否已经达到杨朱所谓的
"从心而动，从性而游"，以及庄子所谓的"与其誉尧而非桀也，不
若两忘而化道"的境界，今不可知；但他也没有像魏牟"身在江海，
心居魏阙"的矛盾，是可以断言的。孟子说他"以兄之禄为不义之
禄，而不食也；以兄为不义之室，而不居也；辟兄离母，处于於
陵"，《淮南》说他"立节抗行，不入污朝，不食乱世之食"，这不就是被
孟子推崇为"圣之清者也"的伯夷的行径吗？孟子于伯夷则称之谓
"圣"，于陈仲则连一个"廉"字也说不上，这除了偶像式的偏见外，
是没有什么其他理由可说的。匡章认为陈仲是个"廉士"，孟子以为
不然，但也说不出什么理由。据孟子对陈仲的叙述，陈仲子正廉中
之大者。因此我相信，陈仲和伯夷一样，是值得钦佩的大隐士；隐
逸与仙道，在中国历史中都是以"不表现为大表现"（套钱穆先生语）
的一种特殊的人格型态。这种人物最可贵的一点，就是他们真能从
实际权力名位的欲望中超拔出来，视富贵如浮云，甚至连一切善恶
是非美丑也不计较，也要超脱；这种虚灵性超越性心灵的表现，对
中国文化精神的凝聚与开扩，都曾有过很大的贡献。可是这类人格
的价值，却不易为世人所了解，且心思愈贯注于现实问题者，愈不
能了解。孟子的道德意识重，认为陈仲还够不上一个廉士，但称他
为"齐国之巨擘"。荀子政治意识重，和隐逸的精神最相反，批评的
态度就很不客气。

　　荀子评陈仲"忍情性，綦谿利跂"，"忍情性"与"纵情性"适
得其反，一放纵恣肆，一不能自尽其性，过与不及也。这是从儒家
看。若由隐逸与仙道看，"忍情性"的"忍"字，正是其大工夫，愈
忍则愈纯，愈纯则愈清，清代表这类人物登峰造极的境界。"綦谿
利跂"，于省吾云："谿应读作蹊，蹊徯古通用。慧琳《一切经音义》

三十引《通俗文》'邪道曰徯.'跂歧同字，綦谿利跂，应读作'极徯利歧'，言极其邪径而利其歧途也。"（《双剑誃荀子新证》卷一）"苟以分异人为高"，即《淮南》"立节抗行"之谓。"不足以合大众，明大分"，与《淮南》"不入污君之朝"说亦合。《战国策·赵策》记赵威后问齐使曰："於陵仲子尚存乎？其为人也，上不臣于王，下不治其家，中不索交于诸侯，此率民而出于无用者也，何为至今不杀乎？"赵威后认为陈仲当杀的理由，正即荀子所以非陈仲之故。这表示荀子对隐逸一型的人格，完全不能欣赏。不能欣赏，存而不论，可，加之罪名则不可。荀子不能了解陈仲的价值，且予以欺世盗名之罪："夫富贵者，则类傲之；夫贫贱者，则求柔之，是非仁人之情也，是奸人之将以盗名于晻世者也，险莫大焉！故曰：盗名不如盗货，陈仲、史鳅，不如盗也。"（《不苟篇》）说陈仲"是非仁人之情"，尚合儒义；但直斥其为欺世盗名，甚至盗也不如，这不仅言辞过激，且徒示人以心灵不广、意识不高之感而已。

史鳅，《论语》载："子曰：直哉史鱼！邦有道如矢，邦无道如矢。"朱注："史，官名；鱼，卫大夫，名鳅。"则孔子所称史鱼，即荀子所谓之史鳅。历来解者亦皆持此说。阎若璩《四书释地又续》，及高氏《姓名考》，并谓史鳅为史翻之子，确否今不可考。若史鳅果即史鱼，果为正直不苟，秉笔书事之史官，则荀子之评即属不当。熊公哲云："《韩诗外传》及《新序》，皆记其尸谏退弥子瑕事。《说宛·杂言篇》亦载孔子称史鱼有君子之道三，不仕而敬上，不祀而敬鬼，直能曲于人，而荀子独目之为奸言奸说，殊为可怪。又《韩非》每以之与曾参并称，虽云无利于人之国，未尝不以修孝寡欲归之。"（《荀子非十二子篇诠意》）此亦不信荀子之说者。读《荀子·非十二子篇》有一点应注意，即立一说必求合二子，这种一箭双雕的论法，是极有问题的。盖立一说，能合于甲者，断不能全合于乙，因此，此中荀子所论之不当，实是必然的。据古典籍所载，陈仲与史鱼，行谊显然不同，勉强能牵合者，大概在隐逸这一点上（史䲡，据上引"不仕而敬上"句推测，盖尝为史官，因个性耿直，不合于君，故终归隐）。根据这极表面的一点，就两两牵合而并非之，其虚妄不实者必矣。

四 评墨翟、宋钘

> 不知壹天下、建国家之权称，上（尚）功用，大俭约，而侵（无）差等，曾不足以容辨异，县君臣，然而其持之有故，其言之成理，足以欺惑愚众，是墨翟、宋钘也。

《淮南子·要略》："墨子学儒者之业，受孔子之术，以为其礼烦扰而不悦，厚葬靡财而贫民，久服伤生而害事，故背周道而用夏政。"由这一节，可以使我们知道两点：（1）儒家学术的中心在礼乐，而墨子对礼乐自始即持一反对态度，即此可见儒墨之分。（2）背周道而用夏政，这说明墨学宗旨之所在。前一点实即涵在后一点中："背周道"，故非礼非乐亦非儒；"用夏政"，故主节用，节葬而尚功用。在《墨子·公孟篇》中，曾说儒者之道，足以丧天下的有四：（1）不信天鬼；（2）厚葬久丧；（3）习为声乐；（4）笃信有命。合《淮南》的记载以观，昔人皆以为墨子为救儒学之弊而起者；从墨学系统看，墨子自己也正以为是如此。但昔人不知，所谓救儒学之弊云云，自始就是一误解。墨子鲁人，说他"学儒者之业，受孔子之术"，是可能的；以为"礼烦扰而不悦，厚葬靡财而贫民，久服伤生而害事"，这也是事实。但这里所指的礼，应是就周文之敝而言。礼在周代本来是贵族所特有的仪式，周衰，礼在贵族生活中表现出种种的流弊如墨子之所疾恶者，这都可能是事实。对这种流弊不满，孔子和墨子的态度完全相同，其不同者在救弊的主张：在孔子，周文之敝，虽可疾恶，但周文本身的价值则予承认，因此，救弊只在反求礼之本，在寻求生命与礼文之间不调和的症结。在墨子，则因见周文之敝，遂迁怒于整个的礼乐制度，而否认其全部的价值，故法夏黜周。墨子知孔子推重周文，而不知其所以推重的雅意，甚至以为孔子推尊周文，连周文之敝也不知道，所以把礼乐之制所造成的过失，一笔写在孔子头上，连上儒学全部而一体否定之，自是儒墨遂形成水火之局。这不幸的争论，实多半由于墨子之误解孔子。《论语》载："林放问礼之本。子曰：'大哉问！礼，与其奢也，宁俭；丧，与其易（当是"具"）也，宁戚。"（《八佾篇》）本此，墨子所疾恶的"烦扰""贫民""伤生""害事"的礼，不正也是孔子所不赞成的吗？适中的节葬、节用的主张，不也是孔子所赞同的吗？墨子因不解而误解孔子，这很不幸，《淮南·要略》的叙述，及后世以为墨救儒弊之说，都显然对此中的误解没有认清，以讹传讹，也是很不幸的。根据我们的了解，墨子的正面主张，我们不否认其价值，但凡是牵涉到对儒家的攻击，实无一是处，亦无一不是出于误解。非礼非乐是因误解，以为儒家"不信天鬼"，"笃信有命"，也是误解，兹不再深论。

孔子以后，儒家相继出了两位大师：孟子、荀子。孟、荀对墨子都有极严厉的批评。这实是由墨子的误解而引起的不幸的后果。孟子的主要思想在心性，在道德人格建立之本上，与墨子的反激言论，还较少发生正面的冲突，故批评的还不多。荀子的思想以礼义为宗，礼是他思想系统的核心，于是不可避免地与墨子发生了正面的冲突。在现存的荀子的书中，除《非十二子篇》外，评及墨子的地方，竟达十七处之多；在行文中尚如此，可见在口头上说的一定更多。在这里，我们要就荀子对墨子的评论作一省察。

荀子评墨子"不知壹天下、建国家之权称"，这不是说墨子不知壹天下、建国家；就墨子的思想系统看，自亦有其壹天下、建国家之道；荀子此语是说墨子不知以礼为壹天下、建国家的权称。"权称"与荀子恒言之"权衡"同，也就是标准的意思。《王霸篇》："礼之所以正国也，譬之犹衡之于轻重也，犹绳墨之于曲直也，犹规矩之于方圆也，既错之，而人莫之能诬也。"是其证。同时也证明所谓权衡就是礼。墨子非礼而主尚同，尚同即其齐一天下之道，故尚同则失其权称矣。其次"上功用，大俭约，而僈差等"。墨子非礼非乐，谓其"贫民""害事"，还是消极的理由，积极的理由便因其无用，法夏黜周，亦在其一有用一无用，故《解蔽篇》评墨子即谓"墨子蔽于用而不知文"，"由用谓之道，尽利矣"。礼乐既属无用，故主张节用、节葬，"大俭约"即对墨子之"节用""节葬"言。上功用，大俭约，十足表示墨子是一质朴的功利主义者。又《天论篇》"墨子有见于齐，无见于畸"，与此处"僈差等"义同。"有见于齐"，指墨子之尚同；"无见于畸"，言其不知礼也。在荀子，"礼者，贵贱有等，长幼有差，贫富轻重皆有称者也"，贫富贵贱长幼皆有等，即荀子所谓畸也。"无见于畸"，即不知礼之差等义，故曰"僈差等"；僈差等，则无长幼之差，无亲疏之别，故言"兼爱"也。其次"曾不足以容辨异（与"别异"同），县君臣"，此则"僈差等"之别诂而已。墨子思想的缺陷，根本上则由其非礼乐，荀子评论墨子，即正以礼乐为据，故能中其要害，《荀子·非十二子篇》对其他诸子之评有当有不当，唯对墨子，则无一言不精粹。

除《非十二子篇》外，在其他各篇中，荀子评及墨子之处尚多，有些地方，也并不是出于很严谨的态度，只因荀子的系统处处以礼为主，在展现其理论系统的过程中，最容易联想到的就是墨子非礼非乐的言论，因此一有机会就要批评几句，多半都是这样顺带着说的，兹择要录数则于后，以供参证。

> 故人一之于礼义，则两得之矣，一之于情性，则两丧之矣。故儒者将使人两得之者也，墨者将使人两丧之者也。是儒、墨之分也。（《礼论篇》）

案:《性恶篇》:"故圣人化性而起伪，伪起而生礼义"，则礼义为化者，情性为被化者。"人一之于礼义，则两得之矣"，是说人若能专精于礼义，以礼义来导化情性，则礼义彰其用，而情性被其化，故曰"两得"。在荀子，礼义生于圣人之伪，非本于人之情性，若"一之于情性"，则礼义既不得彰其用，而情性亦无由被其化，故曰"两丧"。儒者以礼义为隆正，故将使人两得之；墨者非礼复非乐，故使人两丧之。此以"一之于礼义"与否，以定儒墨，可与前引《淮南·要略》之言互相参证。

> 夫（"有余"两字，据王先谦说删）不足，非天下之公患也，特墨子之私忧过计也。天下之公患，乱伤之也，胡不尝试相与求乱之者谁也？我以墨子之"非乐"也，则使天下乱；墨子之"节用"也，则使天下贫。非将堕之也，说不免焉。墨子大有天下，小有一国，将蘧然衣粗食恶，忧戚而非乐，若是则瘠，瘠则不足欲，不足欲则赏不行。墨子大有天下，小有一国，将少人徒，

省官职，上功劳苦，与百姓均事业、齐功劳，若是则不威，不威
则赏罚不行。赏不行，则贤者不可得而进也；罚不行，则不肖者
不可得而退也。贤者不可得而进也，不肖者不可得而退也，则能
不能不可得而官也。若是，则万物失宜，事变失应，上失天时，
下失地利，中失人和，天下敖然，若烧若焦，墨子虽为之衣褐带
索，嚽菽饮水，恶能足之乎？既以伐其本，竭其原，而焦天下
矣。故先王圣人为之不然，知夫为人主上者，不美不饰之不足以
一民也……故儒术诚行，则天下大而富，使而功，撞钟击鼓而
和。……故墨术诚行，则天下尚俭而弥贫，非斗而日争，劳若顿
萃而愈无功，愀然忧戚非乐而日不和。（《富国篇》）

案：这段批评墨子，主要着重两点，一是非乐，一是节用。在荀子：
"乐者，圣人之所乐也，而可以善民心。其感人深，其移风易俗，故
先王导之以礼乐，而民和睦。"墨子却根据节用的原则，在"凡费财
劳力不加利者不为也"（《辞过》）的理由下而非礼乐，墨子以为礼乐
费财劳力，又不能加利于民，这当然不能为荀子同意。依荀子，礼
乐乃加利于民之最大者，所以说"我以墨子之'非乐'也，则使天
下乱"。墨子的"节用"，原亦代表一种理想，此理想即社会经济的
平等。在静态的农业经济的贫穷社会里，要实现这理想，唯一的办
法就是普遍地降低生活标准，使"凡足以奉给民用则止"（《节用中》），
故食则"黍稷不二，羹胾不重"（《节用中》）；衣则"冬以御寒，夏
以御暑"（《节用上》）；住则"高足以辟润湿，边足以御风寒，上足
以待霜雪雨露，墙高足以别男女"（《辞过》）。这无异是提倡所有的人
都去过一种如荀子所说"衣粗食恶，忧戚而非乐"的苦行生活；这
种生活本身，当然有其价值，但作为政治上的理想，要求人人皆如

此，则不能免于荀子所讥之"瘠"，使天下人民陷于"若烧若焦"的悲惨境地，所以说"墨子之'节用'也，则使天下贫"。荀子很清楚，墨子节用的主张，原初的目的，是希望人人足欲，可是结果适得其反，故曰："墨子虽为之衣褐带索，嚽菽饮水，恶能足之乎？"

> 人主者，以官人为能者也；匹夫者，以自能为能者也。人主得使人为之，匹夫则无所移之。百亩一守，事业穷，无所移之也。今以一人兼听天下，日有余而治不足者，使人为之也。大有天下，小有一国，必自为之然后可，则劳苦耗悴莫甚焉，如是，则虽臧获不肯与天子易势业。以是县天下，一四海，何故必自为之？为之者，役夫之道也，墨子之说也。论德使能而官施之者，圣王之道也，儒之所谨守也。(《王霸篇》)

案：荀子之意，儒家主张人主以官人为能，而墨子则事事必自为。以官人为能，则"事至佚而功"；事事必自为，"则劳苦耗悴莫甚"。孟子尝谓墨子"摩顶放踵，利天下为之"，《庄子·天下篇》亦谓"使后世之墨者，多以裘褐为衣，以跂蹻为服，日夜不休，以自苦为极"。荀子言其为"役夫之道"，盖亦指此。但细察上下文意，荀子在这里主要仍是说明礼治的功能，非墨之语，只是顺带着说，其真正所非者，恐不在事事必自为之精神的本身，而在不能以礼为治也，若能以礼为治，则论德使能，人各司其职，何故必事事自为之？

> 世俗之为说者曰：太古薄葬，棺厚三寸，衣衾三领，葬田不妨田，故不掘也；乱今厚葬、饰棺，故抇也。是不及知治道，而不察于抇不抇者之所言也。凡人之盗也，必以有为，不以备

不足，足则以重有余也。而圣王之生民也，使皆富（从王念孙）厚优犹不知足，而不得以有余过度，故盗不窃，贼不刺，狗豕吐菽粟，而农贾皆能以货财让。风俗之美，男女自不取于涂，而百姓羞拾遗。故孔子曰：天下有道，盗其先变乎？虽珠玉满体，文绣充棺，黄金充椁，加之以丹矸，重之以曾青，犀象以为树，琅玕、龙兹、华觐以为实，人犹且莫之抇也。是何也？则求利之诡缓，而犯分之羞大也。（《正论篇》）

礼者，谨于治生死者也。生、人之始也，死、人之终也，终始俱善，人道毕矣。故君子敬始而慎终，终始如一，是君子之道，礼义之文也。夫厚其生而薄其死，是敬其有知而慢其无知也，是奸人之道，而倍叛之心也。君子以倍叛之心接臧谷，犹且羞之，而况以事其所隆亲乎！故死之为道也，一而不可得再复也，臣之所以致重其君，子之所以致重其亲，于是尽矣。故事生不忠厚，不敬文，谓之野；送死不忠厚，不敬文，谓之瘠。君子贱野而羞瘠。（《礼论篇》）

案：这两则言论，一部分是针对墨子"节葬"说而发。墨子说："故古圣王制为葬埋之法，曰：棺三寸足以朽体，衣衾三领足以覆恶。以及其葬也，下毋及泉，上毋通臭，垄若参耕之亩，则止矣。"（《节葬下》）掘之与抇，今本《墨子·节葬篇》中不载其事，荀子所指者，或为当时墨徒之说。上引《正论篇》同一段又说："夫乱今然后反是，上以无法使，下以无度行……安禽兽行，虎狼贪，故脯巨人而炙婴儿矣。若是，则有（又）何尤抇人之墓，抉人之口，而求利矣哉？"可知当时确有"抇人之墓，抉人之口"的恶劣风气。这本是世道人心的问题，不料竟被墨子之徒作为借口，利用来打击儒家丧葬之制，借以宣扬他们始祖节葬之说。被荀子斥为"世俗之说""奸人之道"者，盖即此辈乎？

※　　※　　※　　※

宋钘，与孟子同时，《孟子》中有一段关于他的记载："宋牼将之楚，孟子遇于石丘，曰：'先生将何之？'曰：'吾闻秦楚构兵，我将见楚王说而罢之，楚王不悦，我将见秦王说而罢之。二王我将有所遇焉。'"（《告子篇》）本此，宋钘确有墨子的精神，与当年墨子闻公输般为楚造云梯，将以攻宋，急自鲁至楚，说而罢之之气概正同。陶潜《圣贤群辅录》附记"三墨"，不取"相夫氏之墨"，而以宋钘、尹文为"三墨"之一。俞正燮《癸巳类稿·墨学论》，亦以宋钘为墨徒。但《汉书·艺文志》则把宋子列入小说家，班固自注："荀卿道宋子，其言黄老意。"（案：班氏盖指"见侮不辱""人之情欲寡"等说。）据注文，则班氏视宋子为道家。近人顾颉刚有《从〈吕氏春秋〉推测〈老子〉之成书年代》一文（原载燕大《史学年报》第四期，后收入《古史辨》第四册），文中以宋钘为主张调和杨墨二家学说的人，也就是说，宋钘是道、墨之间的人物。顾氏引《荀子·正论篇》"子宋子曰：明见侮之不辱，使人不斗。人皆以见侮为辱，故斗也；知见侮之为不辱，则不斗矣"一段，认为宋子主张不斗，即墨子之非攻。又引《正论篇》另一段，"子宋子曰：人之情欲寡，而皆以己之情欲为多，是过也。故率其群徒，辨其谈说，明其譬称，将使人知情欲之寡也"，认为同于杨朱"全生保真，不以物累形"之说。据此，顾氏对宋钘所下的断语是："所以他的学说，很分明地以杨朱之说治身而以墨子之说救世。"并引《庄子·天下篇》述评宋子之语，来证明这观点。《天下篇》说："以禁攻寝兵为外，以情欲寡浅为内。"顾案："他的调和杨墨的宗旨，这两句里说得再清楚没有了。"又引《天下篇》："不累于俗，不饰于物，不苟于人，不忮于众，愿天下之安宁以活民命，人我之养，毕足而止，以此白心。古之道术有在是者，宋钘、尹文闻其说而悦之。"顾案："这一段里讲的，也是前半为杨朱说，后半为墨子说。杨朱的后学者虽不易考，但宋钘们的变化了他的学说而延长其生命，这是一件可以确定的事实。"但我们认为，据《天下篇》说宋钘"其为人太多，其自为太少……先生恐不得饱，弟子虽饥，不忘天下"等语，又可能是吸收道家的修养工夫，以增益于墨家者，因此宋钘是否像顾氏所说为调和杨墨之说者，则仍难以确定。盖《荀子·正论篇》所引宋子之说，可属道家的通义，不必单同于杨朱。

既明宋钘思想的大概，则知以《非十二子篇》评墨子之语衡宋钘，显然未中要点，此即说明荀子两两骈叙、一箭双雕论式之不当。但荀子在他篇中，则将墨、宋分论，如《天论篇》："墨子有见于齐，无见于畸；宋子有见于少，无见于多。"又《解蔽篇》："墨子蔽于用而不知文，宋子蔽于欲而不知得。"此外，荀子尚有长文论宋钘，兹一并引之，并略予疏导。

子宋子曰：明见侮之不辱，使人不斗；人皆以见侮为辱，故斗也；知见侮之为不辱，则不斗矣。应之曰：然则亦以人之情为不恶侮乎？曰：恶而不辱也。曰：若是，则必不得所求焉。凡人之斗也，必以其恶之为说，非以其辱之为故也。今俳优、侏儒、狎徒詈侮而不斗者，是岂钜知见侮之为不辱哉！然而不斗者，不恶故也。今人或入其央渎，窃其猪彘，则援剑戟而逐之，不避免伤，是岂以亡猪为辱也哉！然而不惮斗者，恶之故也。虽以见侮为辱也，不恶则不斗；虽知见侮而不辱，恶之则必斗，然则斗与不斗邪，亡于辱之与不辱也，乃在于恶之与不恶也。夫今子宋子不能解人之恶侮，而务说人以勿辱也，岂不过甚矣哉！（《正论篇》）

案：宋子说"明见侮之不辱，使人不斗"，仅就"不斗"言，此与墨子非攻思想合，但所以不斗之故则不同。顾颉刚在前引的一文中，就曾注意到此中的不同，他说："不过他（宋子）的主张和墨子的比较，归宿虽同而动机则异。墨子非攻的动机，由于战争的不仁不义与其不中天鬼人之利；他则以侮为不足辱，侮既不辱，自然消灭了争斗之心。即此可见他们的立场有外内的不同。"依宋子，人与人之间所以有斗，是因人一旦遇有侵侮之事，就认为是一种羞辱，斗即因感于羞辱而起，因此提出，假定人能做到见侮而不以为辱，斗则不生。很显然，"明见侮之为不辱"不是一经验命题，它代表一种理想，代表人生的修养，不由相当的工夫，是不易做到的。在荀子，却认为，"凡人之斗也，必以其恶之为说，非以其辱之为故也"。这是说人之所以要斗，是因人有好恶之情；人既有好恶之情，见侮就必然生恶，由恶侮而生斗，乃情之不容已者。这是双方的说辞。今评断如下：荀子之说，孤立地看，自然无问题，若必欲以此攻宋子则非是。盖宋与荀双方并不代表两种必然相反的意思，人之有斗，说因人之"恶侮"可，说因人之"见侮为辱"，亦无不可；见侮为辱，正因人情之有恶。荀子之视宋说为不能相容，不免执着己见，于对方言论未能有一同情的理解。宋子言"见侮之不辱"，目的在为人与人间的争斗，提供一解消之道，假如由修养培育成容忍之量、宽恕之情，则人不仅能见侮不以为辱，恶之情亦可不生。

子宋子曰：人之情欲寡，而皆以己之情为欲多，是过也。故率其群徒，辨其谈说，明其譬称，将使人知情欲之寡也。应之曰：然则亦以人之情为（原有"欲"字，据卢文弨说，删）：目不欲綦色，耳不欲綦声，口不欲綦味，鼻不欲綦臭，形不欲綦佚。此五綦者，亦以人之情为不欲乎？曰：人之情，欲是已。曰：若是，则说必不行矣。以人之情为欲以此五綦者而不欲多，譬之是犹以人之情为欲富贵而不欲货也，好美而恶西施也。古之人为之不然，以人之情为欲多而不欲寡，故赏以富厚而罚以杀损也，是百王之所同也。……今子宋子严（同"俨"）然而好说，聚人徒，立师学，成文典（从王念孙校），然而说不免于以至治为至乱也，岂不过甚矣哉！（《正论篇》）

案：宋子说"人之情欲寡"，与《天下篇》"以情欲寡浅为内"义合，以情欲寡浅为内者，即以寡欲为内心修养的工夫。从理论的程序看，这正是"见侮不辱"理想所以可能的工夫所在。一说到人生的修养工夫，这是"应然"，不是"实然"。如从实然境域说"寡欲"，自不甚合于现实人情，荀子即就现实人情之欲多不欲寡批驳宋子，是很不相应的。荀子不了解，"人之情欲寡"，正代表一个人生的理想，这要通过工夫才能到达。孟子不也说"养心莫善于寡欲"吗？这因为寡欲工夫，是任何宗教、任何道德学说所必须具备的。荀子说："古之人为之不然，以人之情为欲多而不欲寡，故赏以富厚而罚以杀损也。"从外王之治道说，确是如此；就人生之修养说，则殊无理。荀子不能辨别内圣与外王本质上的差异（此亦证其道德主体未立），因此荀子以"然则亦以人之情为不欲綦色、声、味、臭、佚"，及"以人之情为欲此五綦者而不欲多，譬之是犹以人之情为欲富贵而不欲货也……"等语驳宋子，是全不相干的。《天下篇》说宋子"其为人太多，其自为太少"（荀子讥"宋子有见于少，无见于多"，亦不相干），证明宋子颇能实践他自己的理论。《逍遥游》也称他"举世誉之而不加劝，举世非之而不加沮"。这样看来，不论从墨家或道家观宋子，他的人格都到达相当高的层次。荀子说他"聚人徒，立师学，成文典"，又可知宋子在当时俨然一家宗师，且是具有很大影响力的笃行人物。

五　评慎到、田骈

尚法而无法，下修而好作，上则取听于上，下则取从于俗，终日言成文典，及纠察之，则偶然无所归宿，不可以经国定分；然而其持之有故，其言之成理，足以欺惑愚众，是慎到、田骈也。

慎子，赵人，为齐稷下先生。《史记·孟荀传》谓慎到"赵人，学黄老之术"，而《汉志》则入法家，班固自注："名到，先申韩，申韩称之。"荀子别有评慎子言二则，一见《解蔽篇》"慎子蔽于法而不知贤"，一见《天论篇》"慎子有见于后，无见于先"。与《天下篇》称慎到之言合观，慎到盖以道家为体，而用于法家者。

慎到弃知去己，而缘不得已，泠汰于物，以为道理。曰：知不知，将薄知而后邻伤之者也。謑髁无任，而笑天下之尚贤也。纵脱无行，而非天下之大圣。椎拍輐断，与物宛转。舍是与非，苟可以免。不师知虑，不知前后，魏然而已矣。推而后行，曳而后往，若飘风之还，若羽之旋，若磨石之隧，全而无非，动静无过，未尝有罪。是何故？夫无知之物，无建己之患，无用知之累，动静不离于理，是以终身无誉。故曰："至于若无知之物而已矣，无用圣贤，夫块不失道。"豪杰相与笑之曰："慎到之道，非生人之行，而至死人之理，适得怪焉。"（《庄子·天下篇》）

案：近人傅斯年、顾颉刚、容肇祖等，因觉《天下篇》所云"弃知去己""舍是与非""块不失道"等义，均与《庄子·齐物论》相合，因此遂疑《齐物论》可能为慎到所作（说见前引顾文）。吾意从义理看，确是如此。如《齐物论》："六合之外，圣人存而不论；六合之内，圣人论而不议；春秋经世，先王之志，圣人议而不辩。故分也者，有不分也；辩也者，有不辩也。……故知止其所不知，至矣。"此与慎到的"弃知""知不知"义合。又如《齐物论》首段："南郭子綦隐机而坐，仰天而嘘，荅焉似丧其耦。颜成子游立侍乎前，曰：'何居乎？形固可使如槁木，而心固可使如死灰乎？今之隐机者，非昔之隐机者也。'子綦曰：'偃，不亦善乎，而问之也。今者吾丧我，女知之乎？……'""丧其耦"，与"吾丧我"，皆慎到"去己"义也。又《齐物论》："故有儒墨之是非，以是其所非而非其所是。……彼亦一是非，此亦一是非，果且有彼是乎哉？果且无彼是乎哉？"此即慎子"舍是与非"之说。（以上互证，系采自顾文。）《天下篇》评慎到其他诸义，皆可由"弃知""去己""舍是与非"三义推知，而此三义正代表道家的基本精神。

反观荀子之论慎到，马其昶释《天下篇》"而笑天下之尚贤……不知前后"等句云："荀子云：'慎子蔽于法而不知贤，是笑尚贤也。

慎子有见于先，无见于后，是不知前后也。'吾意:《天下篇》述慎到'椎拍輐断，与物宛转……若飘风之还，若羽之旋'，正是描述由'弃知去己'的工夫，所达到的逍遥无待的境界，这种境界表现于世用，则即如荀子所谓'上则取听于上，下则取从于俗'，也就是老子'和光同尘'之意。"荀子又评慎到"尚法而无法"。《韩非子·难势篇》引慎子语:"将至天下，势而已矣，贤何事焉。"慎子"尚法""尚势"的主张，大概就是《汉志》把他列入法家的根据，也就是他用世的基本法术。但何以说他"尚法而无法"？这因为在荀子看，礼是法的根据，故曰:"礼者，法之大分。""非礼，是无法也。"慎子不论从道家或法家看，与礼都是无缘的，所以说他"尚法而无法"。同时荀子赖以"经国定分"者在礼，慎子既与礼无缘，故曰"不足以经国定分"。

※　　　※　　　※　　　※

田骈，《史记·孟子传》:"齐人，学黄老道德之术。"《汉志》列入道家，班固自注云:"名骈，齐人，游稷下，号天口骈。"王应麟考证引《七略》:"田骈好谈论，故齐人为语曰天口骈。"《天下篇》论其学与彭蒙、慎到并列:"公而不党，易而无私，决然无主，趣物而不两;不顾于虑，不谋于知，于物无择，与之俱往。"可与称慎到语互证。"不顾于虑，不谋于知"，同于"弃知";"公而不党，易而无私"，同于"去己";"于物无择，与之俱往"，同于"舍是与非"，"决然无主，趣物不两"，同于"与物宛转"。故《天下篇》于述慎子之学竟云"田骈亦然"。《吕氏春秋》中有记田骈事二则，亦足以观其学。其一:"田骈以道术说齐王，王应之曰:'寡人所有者，齐国也，道术难以除患（此句据《淮南子》补)，愿闻齐国之政。'田骈对曰:

'臣之言，无政而可以得政。譬若林木，无材而可以得材。……骈犹浅言之也，博言之，岂独齐国之政哉？变化应求而皆有章，因性任物而莫不宜当；彭祖以寿，三代以昌，五帝以昭，神农以鸿。'"（《执一篇》）其二："客有见田骈者，被服中法，进退中度，趋翔闲雅，辞令逊敏。田骈听之毕而辞之。客出，田骈送之以目。弟子谓田骈曰：'客士欤？'田骈曰：'殆乎非士也。今者客所弇敛，士所术施也；士所弇敛，客所术施也。客殆乎非士也。故火烛一隅，则室偏无光。骨节蚤成，空窍哭历，身必不长。众无谋方，乞谨视见，多故不良，志必不公，不能立功。好得恶予，国虽大，不为王，祸灾日至。故君子之容，纯乎其若钟山之玉，桔乎其若陵上之木；淳淳乎慎谨畏化，而不肯自足；乾乾乎取舍不悦，而心甚素朴。'"（《士容篇》）这二则言论含义虽不甚明朗，但就"变化应求""因性任物""慎谨畏化，而不肯自足""取舍不悦，而心甚素朴"诸语看，无疑属道家义。但以荀子评语衡之，似不甚切当。"尚法而无法，不修而好作"，固无所指；据《淮南·人间训》"唐子短陈（田）骈子于齐威王，威王欲杀之，陈骈子与其属出亡奔薛。孟尝君闻之，使人以车迎之"，及《战国策·齐策》"齐人见田骈曰：'闻先生高议，设为不宦，而愿为役。……今先生设为不宦，赀养千钟，徒百人，不宦则然矣，而富过毕也'"，所记田骈事，与荀子所谓"上则取听于上，下则取从于俗"，似亦不类，岂荀子别有所本？今不得知矣。

六　评惠施、邓析

　　不法先王，不是礼义，而好怪说，玩琦辞，甚察而不急（从王念孙校），辩而无用，多事而寡功，不可以为治纲纪；然而其持之有故，其言之成理，足以欺惑愚众，是惠施、邓析也。

惠施，宋人。《汉志》《惠施篇》在名家。和庄子同时，并相善。《庄子·秋水篇》载："庄子与惠子游于濠梁之上，庄子曰：'儵鱼出游从容，是鱼之乐也。'惠子曰：'子非鱼，安知鱼之乐？'庄子曰：'子非我，安知我之不知鱼之乐。'"又《徐无鬼篇》载："庄子送葬，过惠子之墓，顾谓从者曰：'……自夫子之死也，吾无以为质矣，吾无与之言矣。'"与庄子之交，即可见一斑。荀子论惠施为"好怪说，玩琦辞"，惠氏的"琦辞""怪说"，见于《天下篇》。

惠施多方，其书五车，其道舛驳，其言也不中。历物之意，曰："至大无外，谓之大一；至小无内，谓之小一。无厚，不可积也，其大千里。天与地卑，山与泽平。日方中方睨，物方生方死。大同而与小同异，此之谓小同异；万物毕同毕异，此之谓大同异。南方无穷而有穷，今日适越而昔来，连环可解也。我知天下之中央，燕之北、越之南是也。泛爱万物，天地一体也。"惠施以此为大，观于天下而晓辩者，天下之辩者相与乐之。……惠施日以其知与人之辩，特与天下之辩者为怪，此其柢也。然惠施之口谈，自以为最贤。曰："天地其壮乎！"施存雄而无术。南方有倚人焉，曰黄缭，问天地所以不坠不陷，风雨雷霆之故。惠施不辞而应，不虑而对，遍为万物说。说而不休，多而无已，犹以为寡，益之以怪。以反人为实，而欲以胜人为名，是以与众不适也。弱于德，强于物，其涂隩矣。由天地之道观惠施之能，其犹一蚊一虻之劳者也，其于物也何庸。夫充一尚可曰愈，贵道几矣。惠施不能以此自宁，散于万物而不厌，卒以善辩为名。惜乎！惠施之才，骀荡而不得，逐万物而不反，是穷响以声，形与影竞走也。悲夫！

案：由"惠施多方"，至"天下之辩者相与乐之"，是述惠施之说，共十条，即荀子所谓琦辞怪说。由"惠施日以其知与人辩"起，到末了，乃评惠施之学，与荀子所论，有详略之分，义则大同。《天下篇》"遍为万物说，说而不休，多而无已"，"惠施不能以此自宁，散于万物而不厌"，即荀之"甚察而不急"之义。《天下篇》"由天地之道观惠施之能，其犹一蚊一虻之劳者也，其于物也何庸（功）"，又与荀子"辩而无用，多事而寡功"合。两家虽皆未顾及惠施辩说本身的价值，但亦可反映儒、道两家在当时对惠施实持共同的看法。

《荀子·不苟篇》尚有评惠施、邓析言一则：

> 君子行不贵苟难，说不贵苟察，名不贵苟传，唯其当之为贵。……山渊平，天地比，齐秦袭，入乎耳，出乎口，钩有须，卵有毛，是说之难持者也，而惠施、邓析能之。然而君子不贵者，非礼义之中也。

案：此所列举除"入乎耳，出乎口"有误外，共有五事，尤属荀子所谓琦辞怪说。"山渊平"，《正名篇》断之谓"惑于用实以乱名"，亦"惠子蔽于辞而不知实"之实例。《天下篇》有"天与地卑，山与泽平"，与《荀子》"山渊平，天地比"所指者同。"卵有毛"，属《天下篇》述"辩者之徒"二十一事之一。"齐秦袭""钩有须"，亦类于"辩者之徒"之怪说。可知当时辩者之徒之怪说，不止二十一事。《荀子》与《天下篇》各据其所闻而录之耳。

※　　※　　※　　※

邓析,《汉志》有《邓析子》二篇在名家,自注云:"郑人,与子产同时。"《左传·定公九年》:"郑驷歂杀邓析而用其竹刑。"《吕氏春秋·离谓篇》:"子产治郑,邓析务难之,子产患之,于是杀邓析而戮之,民心乃服,是非乃定,法律乃行。"所载与《左传》略异。《列子·力命篇》:"邓析操两可之说,设无穷之辞,数难子产,子产诛之,而用其竹刑。"则是将子产、驷歂误合为一人记之。然邓析长于智辩,盖可无疑。不过荀子将之和惠施同讥,则显属不当。因惠施之辩说,绝非邓析之时所能梦见。《不苟篇》所列有类于"辩者之徒"之怪说,荀子竟凭之以评邓析,尤属风马牛不相接。荀子对好辩之士下断语,显只以惠施为对象,因邓析有类似处,故亦附及并论。若然,则荀子评邓析之语,不值深论矣。由此,《汉志》列邓析为名家亦不当,大概亦误于荀说。

七　评子思、孟子

略法先王而不知其统,犹然而材剧志大,闻见杂博。案往旧造说,谓之五行,其僻违而无类,幽隐而无说,闭约而无解,案饰其辞而祗敬之曰:真先君子之言也。子思唱之,孟轲和之,世俗之沟犹瞀儒,嚾嚾然不知其所非也。遂受而传之,以为仲尼、子弓(从郭嵩焘校)为兹厚于后世,是则子思、孟轲之罪也。

子思,孔子孙,《汉志》有《子思子》二十三篇,早佚。相传《中庸》为子思作,但究无确证。子思学说既不能详,则荀子论子思之是非亦不可得而深究。

　　孟子，邹人，尝受业于子思之门人，故学承孔氏，弘扬内圣之道。先秦儒家，孔子创宗，孟子立教，儒学到孟子，始有较严密之理论。孟子最大的贡献在人性论。孟子以前的老传统，"性"同于"生"，至孟子则扭转了这个传统，由心觉了解性；从心觉了解性，即从人善心的自然流露处指证人之善性，为儒家提供了内圣工夫所以可能的根据。因此，其说遂成为后世性论的主流。

　　荀子评孟子"略法先王而不知其统"。《儒效篇》云："逢衣浅带，解果其冠，略法先王而足乱世术，缪学杂举，不知法后王而一制度……是俗儒者也。"这两则言论意趣相同，不知法后王一制度，即"不知其统"之谓。"缪学杂举"，同于"闻见杂博"，亦"不知其统"义。此皆不以法先王为非。荀子评惠施、邓析，就径以"不法先王，不是礼义"为理由；同时下文中亦主仁人之事在"上则法舜禹之制，下则法仲尼子弓之义"，"法舜禹之制"，即是法先王。所以孟子之罪，不在"略法先王"，而在"不知其统"。"案往旧造说，谓之五行"，杨注："五行，仁、义、礼、智、信也。"梁启超云："此文谓子思、孟轲'案往旧造说，谓之五行'，今子思书虽佚，然孟子书则实无五行之说。杨注谓：'五行即五常，仁义礼智信。'然果属五常，似不能谓为'僻违无类，幽隐无说，闭约无解'。故此数语不甚可晓。"（转引自梁叔任《荀子约注》）《太炎文录一》："五常之义旧矣，虽子思始倡之亦无损，荀卿何讥焉？寻子思作《中庸》，其发端曰：'天命之谓性。'注曰：'木神则仁，金神则义，火神则礼，水神则智，土神则信。'《孝经》说略同此（《王制》正义引）。是子思之遗说也。沈约曰：'《表记》取《子思子》。'今寻《表记》云：'今父之亲子也，亲贤而下无能；母之亲子也，贤则亲之，无能则怜之。母亲而不尊，父尊而不亲。水之于民也，亲而不尊，火尊而不亲。土之于民也，亲而不尊，天尊而不亲。命之于民也，亲而不尊，鬼尊而不亲。'此以水火土比父母于子，犹董生以五行比臣子事君父。古者鸿范九畴，举五行，傅人事，义未彰著，子思始善附会，旁有燕齐怪迂之士，伭搪其说，以为神奇。耀世诬人，自子思始。宜哉荀卿以为讥也。"章说极尽附会之能事，不足取。子思是否作《中庸》，仍待考。今即假定《中庸》为子思作，而章氏所引"天命之谓性"旧注文，以五行附会儒义，即是可通，但与"天命之谓性"一句何涉？此其一。章氏引《礼记·表记》文，全不类儒义，亦显然非先秦文字，章氏明知"此以水火土比父母于子，犹董生以五行比臣子事君父"，为何不信《表记》此文正是汉代之作？此其二。《洪范》五行，孔孟皆不采其说，子思是否倡其说，太炎既举不出确凿证据，则以为"子思始善附会"，显属悬测。此其三。本此三义，故章说无可从之理。梁氏谓"此数语终不甚可晓"是也。荀子所说，或别有所本，今既不得知，亦不必强作解矣。

综观荀子评孟子语，除"略法先王而不知其统"外，其他皆无甚意义。根据我们对孟荀两系统的了解，荀子似是察觉孟子内转之局，而要向外开，朝外王方向转，但何以对孟子正面立说，若一无所知者？孟子又不是一默默无闻的小人物，何以荀子竟无一言中其说？《性恶篇》本针对孟子性善说而发，但细案荀子所传达孟子意，亦尽属误解。先秦儒家在孔子以后，唯孟荀两大儒，何以荀子对孟子竟如此疏隔？此诚难以索解矣。我怀疑，荀子一生，根本未见《孟子》一书，所述者或多据失实之传闻。但复可疑者，依据传闻而定人之罪，虽小智者，其诬妄亦不至此，荀子何独屑为？此亦不能索解者。

八 评论诸子的标准及其限制

最后，我们要指出荀子评论诸子所持的标准，及此标准在运用中所显的限制。

荀子评论诸子的标准，可直接由《非十二子篇》评论诸家的言论中寻出。

（1）不足以合文通治。（评它嚣、魏牟）

（2）不足以合大众，明大分。（评陈仲、史鳅）

（3）不知壹天下、建国家之权称……曾不足以容辨异，县君臣。（评墨翟、宋钘）

（4）尚法而无法……不可以经国定分。（评慎到、田骈）

（5）不法先王，不是礼义……不可以为治纲纪。（评惠施、邓析）

（6）略法先王而不知其统……甚僻违而无类。（评子思、孟子）

这样我们可以一目了然，知荀子非十二子是本于一非常凸出的政治意识，而此意识中所涵的内容即"礼义之统"。因此我们可以判断，荀子评论诸子所持的标准，是一"足以完成治道的礼义之统"。这正是他全副精神所倾注的重心，也是他各部分思想所辐射的焦点。这个重心，这个焦点，是荀子一生思想活动所得的结晶，也是他刻刻所不能忘怀的。这一思路在先秦儒学史上所占的地位，及其所代表的价值，在本书前数章中早已屡道及，这里不必再多说，而拟从他系统中跳出来，看看他运用此标准评论诸子所显的限制。

一说到限制，首先必须知道，我们认识一系统的限制与认识系统本身的思想，这两种"认识"的意义不同。认识系统本身的思想，靠理解，是智的活动；认识一系统的限制，除以对系统的全盘了解作根据外，还要了解此一系统与彼一系统之间的关系，及此一系统与彼一系统所代表的不同价值的层面。这不止是一直往的智的活动，而需一能逆反的超知活动。由直往的智的活动升到超知活动，这升起即代表一种智慧。庄子所说的"知，止其所不知"是一种智慧；孔子的"知及之，仁不能守之"更是一种智慧。只有靠这种智慧才能使人觉察到自身以及他人的限制，而后能步步超升此限制。通观荀子之言，显然未能涌现出这种智慧。他所评论的十二子，实各表现一面之价值，而荀子一律用"足以完成治道的礼义之统"为其衡断的标准，此虽尚不至如孟子所说的"执一以废百"，但"执一"是一事实。"执一"的后果是使自己对各家的思想不能予以一客观而同情的理解，掘发各家本质上的意义，及其所代表的价值；这一步做不到，不仅不能使对方悦服，自家所言亦只表现主观的偏见，这便是"执一"造成的自限。荀子非十二子表现着这种自限是显然的。荀子论诸子只知"这是你的错处，那是你的不足"，而不能知那些有错而不足的思想，它仍有其不错而自足之处。这便表示荀子对"此一系统与彼一系统之间的关系，及此一系统与彼一系统所代表的不同的价值层面"一义不了解。这便是自限。只求知对方弊病的理解，便只是一直往的智的活动。凡是本于一直往的智的活动，只知其弊而不知其不弊的评论，皆不足以促成文化的进步，反易限于"彼亦一是非，此亦一是非"的争论局面。因此，真正理想的评论，不是只求知其弊的评论，且欲兼知其不弊，使各各还其应得之地位，并使其与我之所言有互补之益者。这就是说，真正理想的评论，是对各家的思想做一种舍其糟粕，取其精粹，将之消融到一更丰富更高的文化系统、价值系统中去的疏导与综合的工作。如此，然后对文运的推进、新文化的创造始有助益。荀子尚不足以与语此。荀子说："凡人之患，蔽于一曲，而暗于大理。"（《解蔽篇》）又说："万物为道一偏，一物为万物一偏，愚者为一物一偏，而自以为知道，无知也。"（《天论篇》）这本是智慧之语，可是并未能融化入自己的文化活动中，这些话我们正可拿来评论荀子自己。这可以证明荀子在《解蔽篇》所说的这蔽那蔽，只是由直往的泛智之照察而知，自身的文化活动仍不免限于自己所斥之蔽。自限于蔽，遂不能与各家相观而善，相悦而解，言辞间总不免流于忿激。荀子所以坠入自陷的境地，就其已表现者看，是因缺乏"能反的超知活动"；根源地讲，则由于他道德意识不够。上文所说的真正理想的评论，不只是智之事，这种态度是植根于道德意识的。开放的道德意识，才是达成"道并行而不悖"一理想的根据。

附　录

我怎样研究荀子
——兼谈整理诸子的方法

我研究荀子，从开始阅读，到《荀子与古代哲学》一书的写成，首尾曾拖了七年。平日零碎的时间不算，我曾有三个暑假，两个寒假，集中全力在这一个工作上。这工作虽耗费我许多精力，事后回想，觉得除了写成一本书以外获益也真不少：（1）培养了我阅读古书的能力。（2）使我知道如何做注疏的工作，并真正了解注疏体的功能与缺陷。（3）使我注意近人整理诸子的方法。这个方法上的问题，曾引我有过长期的思索。（4）使我能以荀子为中心，去通过先秦各家的思想，并把荀子的思想和各家相关的部分一一较量。我的研究工作既曾使我得到这许多益处，如果把研究的经过，扼要地写出来，也许对想从事中国哲学研究的人，尤其是有志整理中国诸子学的，会有些参考的价值。

一

我开始读《荀子》，是一九五六年的冬天。当时我读书，还没有能具备一个客观的心态，对所接触的东西，做点如实的了解，多半是为了写文章才读书。读《荀子》，起初的目的，也只是想写篇文章。我那时，真是把读古书看得太容易，写文章也未免太随便了。当我读（事实上只是翻翻而已）《孟子》《墨子》《韩非子》，各写了一篇文章以后①，想就《荀子》也写一篇文章时，我受到了挫折。这因为历来对孟、墨、韩诸子，讲说得较多，有不少观念可以借用，取来做篇文章并不难。而《荀子》向来是被忽视的；近世以来，在学术上虽逐渐引起一部分人对它的重视，但谈到它的文字，多嫌零星琐碎，可取用的就很少，我无法凭借他人的理解，写成一篇完整的文章。就因为受了一点挫折，才使我游荡的心，暂时定下来，花了两个月的时间，参考注解把《荀子》读了一遍，对这个庞杂的系统，竟仍是一片茫然，勉强写成《荀子基本精神的解析》一文②。在这篇文章写完之后，我企图广泛阅读先秦旧籍的信心顿失，这也是我第一次真正感到读古书的困难了。

　　当然，我并没有知难而退，只停顿了一个短时期，经过一番考虑，就决定要以《荀子》这本书作为我纯学术性工作的首次磨炼。我选择《荀子》，是由于下面的几点认识：（1）《荀子》这本书，分量够重，内容也够博杂，要理出一个系统，对我的耐心和能力，都可以做一次考验。（2）荀书的内容，牵连甚广，和他以前的孔、孟、老、庄、墨，以及他以后的韩非，都有或浅或深的关系，要梳理这些关系中的是非得失，对各家的思想，都不能不有一步深入的探讨。这样，研究荀子，就无异是研究了先秦诸子。（3）荀子是一个被埋没了两千多年的大思想家，从正统的偏见中跳出来，把他的思想价值予以彰显，并重新认识他对中国历史文化所产生的影响，这实在是我们应尽的责任。一直到现在，大学中文系的学生，常问我先秦诸子应选哪一家？我回答总希望他们读《庄子》或《荀子》。读《庄子》可以使人开扩心胸，培养清灵妙悟，不拘束于一家之言。但读《庄子》也容易生弊。孔子尝言"好智不好学，其弊也荡"，也就正是读《庄子》最容易发生的弊病。读《荀子》可能不容易读通，但不会有什么流弊。初学的青年，最忌封闭在一点上，应能由点成线，由线成面，这样为学才能有一个广博的基础。如想对古代的学术思想有一广博的了解，《荀子》的确是一个好的入路。

　　我第一次读《荀子》，读的是新兴书局出版的《荀子集解》。读后才知道，这个本子有"集解"之名，无"集解"之实。因为书中所收的注解除杨倞外，就只有卢文弨的补注，清末王先谦的《荀子集解》问世以后，这个本子就应淘汰了。不负责任的书商，竟仍冒"集解"之名出版，欺骗初学者，是很不应该的。当我沉下心来，再度研读《荀子》时，用的是王氏的《集解》。这个本子的前面，附有两万多字的考证，其中包括历代对《荀子》一书的考证，也有一部分是谈到荀学的，凡读《荀子》的人，都宜先读，对荀子其书其学其人，都可以得一概要。同时，我们看了这些文字以后，可以知道，自古以来，尤其是有清一代，虽有许多人读《荀子》，但没有一个人能了解荀子思想的特征何在！这因为《荀子》的思想内容，不是正统儒家的思路所能概括，而历代的士人，思想的标准，却限定在所谓正统的界域之内，界域以外的，他们是不加措思的。我最后完成的《荀子与古代哲学》一书中，曾特别着重他那些不合正统的部分，一一彰著其义，并很公平地衡断其间的得失。

　　我第二次细读《荀子》以后，发现王氏《集解》不能解决的问题还很多，我于是试着作一些补充的解释，日久也曾累积了四百多条。当时我颇有志，搜罗王先谦以后各家的注释，成一本新"集解"，后因我对训诂音韵之学缺乏训练，总不敢冒昧从事，以免徒劳。但我为要对荀书主要各篇的原文，有一透彻的了解，还是选了十篇（《劝学》《非十二子》《儒效》《天论》《正论》《礼论》《乐论》《解蔽》《正名》《性恶》）做了一本"选注"③。当我在做选注的工作时，王引之的《经传释词》，和吴昌莹的《经词衍释》，是我经常翻阅的，对工作有很大的助益。嗣后，我才注意到《经义述闻》《读书杂志》和《古书疑义举例》等朴学类的书在学术上的价值。专谈义理的人，常觉这些文字上的工作实微细不足道。凡是做过古籍基层研究工作的，才能知道这一步工作，实是在思想上作高深探索时不可缺少的基础。

《荀子》选注的工作尚未完成，偶然发现世界书局新出版了一部梁叔任的《荀子约注》，初使我非常兴奋。《约注》是以王氏《集解》做底本，又增加了王懋竑、王绍兰、俞樾（《荀子诗说》）、孙诒让、陶鸿庆、刘师培、杨树达、高亨、刘念亲、钟泰、于省吾，日人久保爱、猪饲彦博、物茂卿、冈本保孝、兼山、冢田虎、古屋鬲、桃源藏、太宰纯共二十人的校释。采集不能说不丰富，读起来也较王氏《集解》简便许多。可惜撷取并不够精，许多读不通的章句，依旧轻轻放过。于是我开始搜寻梁氏采辑诸家的原著，先后只读到过孙诒让的《札迻》，刘师培的《荀子补释》《荀子斠补》，和钟泰的《荀注订补》，其中以钟氏的《订补》工作做得最好，后来这本书曾被我的朋友李涤生教授借去，对他《荀子集解》订补的工作，曾有很大的帮助。

选注工作完成以后，我进一步对选出的十篇，就每篇的范围，对它的思想加以疏解，后来写成了十篇独立的论文，题名"荀学十论"，约十二万字，其中有五篇（《劝学》《非十二子》《天论》《解蔽》《性恶》）曾络续在香港的《人生》杂志发表过。我是一个兴趣颇广的人，对荀子做完了这两部分工作以后，再也无法继续下去，我的注意力开始转移到历史上的考据与义理之争。为了彻底明白这一宗公案，曾花了两年时间，把晚明到清末这一时期思想上的许多问题做了一番整理，这一步工作的结果，使我写成《中国近三百年思想研究》一书。这本书开始于一九五九年的寒假，完成于一九六一年的暑假。就在这同一个时期，我在天主教耶稣会主办的静山退省院，向修士和神父们讲《易经》《诗经》《尚书》，这使我课余的时间，自然会逐渐集中向经学方面。依据当时的情形看，我的工作，是不可能再回到荀子上去的。事情发生得很偶然，一九六一年的秋天，台中有位书商，突然问我有没有书要出版。我很想把《荀学十论》印出来，于是就把旧稿取出，自己再审阅一遍。不看也罢，一看之下，发现不妥的地方很多。两年的时光，我自己已有了不少进步。连自己看了都不满意的书，还有什么值得出版的价值？一念之下，就决定了"十论"的命运。继想，"十论"只是十个分题，要对荀学的全貌有一认识，应通过一步综合性和系统性的整理。这个新的意念，使我对荀子研究的热情，重又燃烧起来。

把其他的工作都放下，下了决心，连续又把《荀子》全书仔细看了两遍，并把书中主要概念和要点一一归纳起来。要整理一家思想，必须通过详细的纲目法，把这一家思想中的要点巨细不遗地笼罩住，然后思想的骨干和脉络，才能朗现于目。我处理资料，不善用卡片，只是在读书时把文中要点随时记在天地的空白处，重要名词概念，用红蓝笔特别钩出，然后再分门别类抄到另一张白纸上去，每一条或每一概念之下，都注明原书的页数，以便写书时复查。我写一本书，对书中章节标题的构思，就是用已分别门类的资料做基础。章节决定以后，开始书写，每章每节所需要的资料，只要按类寻求，十分方便。用这个方法，书必须是自己的，书如果不是自己的，第一钩书不便，第二书还了以后，所整理的资料，失其所依，就全部没有用了。

全书的材料整理以后，用什么方式来表现它？这个问题颇困扰过我。当时我想，如何才能使考据和义理两种方式熔冶于一炉？如完全不顾考据这方面的成果，单引原文，读者如何能懂？又想如吸收考据成果，随文加注，行文岂不太累赘？经过试验，才知道"熔冶一炉"的理想只是妄想。这是两种不同性质的工作，无法在一部书中同时包罗。所以我的《荀子与古代哲学》，还是沿用一般讲古典的方式，所引原文，一律不加注释，读者要懂原文，只好自己去参考《集解》。不过我仍有一点改进的地方，在原书中有些字虽经各家校注，证明确实是错了，但仍保持原样，我为了方便读者，多半都改正了。

当写这最后一稿的时候，我发现以前所做的"选注"和"十论"的工作，并没有白费。尤其是"十论"给予我许多的方便。"十论"中的精华，大部分也已采撷在现在这本书里。最后一稿的目的，是要把荀子的思想，做一个系统的整理。这个系统，只是根据我们对荀子思路的了解，并借用他原有的观念，替他架设的。不这样做，就不合现代人理论表达的习惯；不合现代人理论表达的习惯，就不容易使具有现代头脑的人接受。但架设的这个系统，既是通过我们的思构完成的，我们谁也不敢说，这就是原作者思想的真面目。因此使我知道，一本古籍，凡是通过新方式整理过的，都必然包含整理者带进去的若干新的成分。一本本整理古籍的新书，无论你对原书有多深的体会，仍只能算是一家之言。所以一本重要的古籍，有几本不同角度的研究报告，对读者是有益的。

当我为荀子的思想架构系统时，手前有两本同类的著作可供参考，一本是陈大齐先生的《荀子学说》④，一本是牟宗三先生的《荀学大略》⑤。前书使我在材料的分类和分配上，得到许多方便；后一书对我在对原书作深一层的理解上，启发独多。《学说》一书，文字朴实，条理清晰，就荀子说荀子，对初学者，是一本很好的参考书。《大略》一书，在思想方面牵涉甚广，字数又过少，文约义丰，初学者恐不能消受。如要领会此书，必须先对《荀子》原书熟读。后来我又知道，近人用新方式整理荀子思想的还有两种：一是陈登元的《荀子哲学》，一是杨筠如的《荀子研究》⑥，都是数十年以前的作品，粗陋、芜杂、附会之病，实不可免。唯杨著有"前论"一章，专考证荀子其人与其书，对专治子学考证的人，有参考价值。

提到考证，不禁使我想到《荀子》一书各篇的真伪问题。这方面我也做过一些工作。曾把《韩诗外传》、大小《戴记》和荀书重出的文字，一条条地找出来。后来读到杨筠如的《荀子研究》，才知道他已把这些重出之文一一表列过。他认为这些重出之文，都是后人羼入的，研究时只好割爱。我的看法是，究竟是后人羼入，抑是后人从荀书传抄，已是一个永远无法确定的问题。同样的，荀书中哪些是真，哪些是假，也是永远无法提出可靠证据的。《荀子》如此，其他各子书亦无不如此（甚至《论》《孟》也不能例外）。我认为，现在我们研究某一家的思想，并不可能单指某一个人，实无异是在研究一个学派，其中究竟哪些思想是属某一个人的，已无法确知。明乎此，由于考证子书而引起的许多争论，实在是不必要的。⑦

我对荀子系统整理的工作，开始于一九六一年的寒假，到一九六三年的暑假才完稿，今定名为《荀子与古代哲学》。它与陈大齐先生的书有很大不同。陈著的特色，一在就荀子本身了解荀子，二是作客观的叙述，避免对荀子的思想作评价。我这本书的特色是就整个先秦思潮了解荀子，并与先秦各家思想，互较其得失。尤其与孟子，我随处都在把他们的不同显示出来。

二

书成以后，才在友人处找到顾颉刚编著的全套《古史辨》,《古史辨》第四册是讲诸子的，由罗根泽主编，在自序里，他谈到整理诸子的方法：

（一）人的研究（评传）

（二）书的研究

（1）文字内容的研究：

（a）校注

（b）通释

（c）标点

（d）索引

（2）著作年代的研究——包括人物考

（三）学说的研究

（1）侧重人者：

（a）个人的研究

（b）派别的研究

（c）历史的研究

（d）比较的研究

（2）侧重学术者——问题之研究

（四）佚子的研究

　　（五）历代人研究诸子的总成绩

　　（1）子学考

　　（2）历代人眼光中的诸子

　　现在《古史辨》这套书已甚不易得，所以我把这个方法的纲要录出来。这个纲要，实在是把古今研究诸子的各种方式，都归纳在这里。为便初学，我把它简略说明一下。

　　（一）人的研究——评传。由于诸子个人的材料有限，这工作事实上恐不易着手。

　　（二）书的研究——（1）文字内容的研究:（a）乾嘉以来，校注的工作，每本子书几乎都奠定了一个好的基础。民国以后，这方面的工作迄未中断⑧。具有训诂音韵训练的青年，如继续从事，当可使校注工作更臻完美。（b）通释的方式，我认为已太旧，似可放弃。（c）我读到的子书，都已有了句点。商务版"万有文库"中的几本子书选注，且有了最详细的新式标点。（d）有志于索引工作的，可以仿照《十三经索引》做一部《诸子学索引》，当有益于士林。（2）关于子书和诸子人物考，钱穆的《先秦诸子系年》，蒋伯潜的《诸子通考》，在这方面下的功夫都很深，要把这方面的工作再推进一步，因限于文献，恐已甚难。

　　（三）学说的研究——（1）侧重人者:（a）个人的研究不易着手，理由同于（一）。（b）派别的研究方面，《诸子通考》绪论第三节有"诸子的派别"，把先秦旧籍中关于诸子派别的叙述，大致已搜齐。（c）（d），历史的研究要靠材料，比较的研究要靠识见，以往还很少人在这方面下功夫。（2）问题之研究，亦就是思想方面的整理，整理诸子最后的目的，就在这一部分。这方面的工作，至今做得还十分不够，有志于中国哲学的青年，值得朝这方向下点苦功。

（四）佚子的研究——除非我们能发现新的材料，就现有的看，还没有什么值得大做的工作。

（五）历代人研究诸子的总成绩——（1）罗氏定下的"子学考"一目，与前面"人物考""著作年代的研究"是重出。（2）至于历代人眼光中的诸子，这似可从辑录古人对诸子的评语下手，《庄子·天下篇》，《荀子·非十二子篇》，和司马谈的《论六家要旨》，都是这方面最重要的资料。一九六四年六月由艺文印书馆出版的《诸子十家平议述要》一书，所做的工作，就正是属于这一范围的。

依照罗氏的归纳来看《荀子与古代哲学》，它的工作自然是属于第三种。我对荀子思想产生的历史线索，没有放过；我对荀子与各家思想（尤其是孟子）的比较，更是用心。此外，凡是重要的问题，无不竭力彰显、疏导，对问题的看法，如有与时贤相左的，往往亦加以评述，绝不作模棱之语。至于这本书对诸子学究有何贡献，要等待读者们去做批评了。

一九六六年七月十三日

注释

① 当时我的三篇文章的题目是：（1）《孟子贵民思想与民主政治》，（2）《墨子思想检论》，（3）《法家反人文思想的历史观》，都曾发表在《民主潮》杂志上。

② 此文曾发表于一九五七年六月一日出版的香港《人生》杂志上。

③ 叶绍钧曾有过一本《荀子选注》，我也参考了他的解释。

④ 中华文化出版事业委员会一九五四年七月初版。

⑤ "中央文物供应社"一九五三年十二月初版。

⑥ 商务于一九六五年二月已予重版。

⑦ 例如对老子《道德经》一书的考证，民国以来就这一问题发表的文字不下百余万字（参看《古史辨》），结果仍得不出一个真是非。这对从事学术的人，真是太大的浪费。

⑧ 如陈启天的《韩非子校释》，尹仲容的《吕氏春秋校释》，钱穆的《庄子纂笺》，都有超过前人的成绩。